立木茂雄 著

災害と復興の社会学

萌書房

目　次

第1章　災害とは何か …………………………………………………… 3

　1. はじめに——筆者と災害との関わり ………………………………… 3

　2. 災害は社会的に構築される …………………………………………… 5

　　　2.1　東日本大震災に至るまで（5）　2.2　ハイチ地震・チリ地震・クライストチャーチ地震（6）　2.3　ハザードと脆弱性（12）　2.4　戦後日本の自然災害と死者数（13）

第2章　災害脆弱性の社会学(1) ………………………………………… 17

　1. 防災と減災 …………………………………………………………… 17

　　　1.1　「東北地方太平洋沖地震」と「東日本大震災」（17）　1.2　防災と減災（18）

　2. 阪神・淡路大震災における災害脆弱性 …………………………… 20

　　　2.1　脆弱性は社会学の守備範囲である（20）　2.2　ワイブル分布を用いた西宮市における累積死亡率と全国との比較（21）　2.3　災害脆弱性は地域ごとに異なっていた（26）

　3. 災害社会学小史 ……………………………………………………… 31

第3章　災害脆弱性の社会学(2) ………………………………………… 35

　1. 災害リスクはハザードと脆弱性の関数である …………………… 35

　2. 高齢者，障害者と東日本大震災 …………………………………… 36

　　　2.1　高齢者の被害——性差と地域差（36）　2.2　宮城県における被害の特徴（39）　2.3　障害者の死亡率は全体死亡率の2倍だったのか（40）　2.4　障害者の被害——障害者施設入所率の違いと死亡率の県別格差（43）　2.5　高齢者施設の立地，地域福祉・医療の進歩が被害を大きくしていた（47）

i

3. 障害とは何か？——個人モデルから社会モデルへ ……………………… 49

    3.1 「災害弱者」という言葉（49） 3.2 障害の社会モデル（50） 3.3 障害者と「はらわたのふるえ」（53） 3.4 災害時の配慮の誘発を国際的な文脈から捉える（54）

  コラム　災害時要配慮者を想定した思考シミュレーション実験　（60）

第4章　災害過程を知る (1) ……………………………………………… 65
——発災から復旧期までの社会の動きを学ぶ

1. 災害過程への実証的研究 ………………………………………………… 65

    1.1 定量的調査とエスノグラフィー調査（65）

2. 西宮エスノグラフィー調査 ……………………………………………… 66

    2.1 調査の前提（66） 2.2 移動距離と時間経過（68） 2.3 移動の3パターン（70） 2.4 時間経過と被災者の見る世界（72）

3. 1999年3月兵庫県復興調査 ……………………………………………… 75

    3.1 調査の前提（75） 3.2 兵庫県生活復興調査（1999年）（76）

4. 災害過程 …………………………………………………………………… 80

    4.1 被災者の心理的時間区分（80） 4.2 災害過程と被災者の範囲（81）

第5章　災害過程を知る (2) ……………………………………………… 85
——10^3 時間・10^4 時間以降における社会の動きを学ぶ

1. 災害過程とそれぞれの時期 ……………………………………………… 85

2. 復興期の社会の姿とは？ ………………………………………………… 86

    2.1 阪神・淡路大震災の被害額（86） 2.2 年度別の復興事業費の推移（86） 2.3 阪神・淡路大震災後の全国と兵庫県の経済活動比較（88） 2.4 分野別の社会・経済的再建の比較（91） 2.5 見えてきた4パターン（92）

第6章　災害に対して社会組織はどのように反応するのか (1) ……… 97

1. 災害対応の組織的過程の社会学——DRC モデル 97

　　　　1.1　DRC モデルとは（97）　1.2　DRC モデルの具体例（98）

　　2. 2007 年能登半島地震における災害時要援護者への対応について 100

　　　　2.1　能登半島地震と要援護者対応検証ワークショップ——目的と調査方法
　　　　（100）　2.2　地域組織の対応（102）　2.3　介護保険事業者組織の対応
　　　　（104）　2.4　行政組織の対応（106）　2.5　考　察（107）

第 7 章　災害に対して社会組織はどのように反応するのか (2) 111
　　　　　——災害ボランティア組織・活動の諸相

　　1. 災害対応の組織的過程と集合行動 111

　　　　1.1　はじめに（111）　1.2　D-T-R-A モデル（111）

　　2. 日本海重油災害時のボランティアと行政の協働 114

　　　　2.1　ボランティア（114）　2.2　重油災害の発生からボランティア受け
　　　　入れまで（115）　2.3　神戸ベテランズのノウハウ（116）　2.4　三国町
　　　　と美浜町（118）　2.5　ボランティアと D-T-R-A モデル（121）

第 8 章　災害時に創発される多元的組織ネットワークの社会学 123

　　1. 阪神・淡路大震災におけるボランティア組織と行政との確執や協働の事例 124

　　　　1.1　芦屋ボランティア委員会の場合（124）　1.2　3 つのボランティア
　　　　組織の違い（126）

　　2. 多元的組織ネットワークが形成されるための構造的・機能的な要件 129

　　　　2.1　組織を 4 つに分類する（129）　2.2　ピラミッド組織とネットワー
　　　　ク組織——「公・共・私」型社会論の立場から（130）　2.3　フォーマル組織
　　　　とインフォーマル組織とは——組織社会学の立場から（132）　2.4　対境担
　　　　当者モデルと中間支援者モデル（135）　2.5　異組織間連携における変化
　　　　マネジメント——EMON とフィードフォワードの視点から（137）

第 9 章　災害ストレスとトラウマ（心的外傷）の社会学 141

目　次　iii

1. 「こころのケア」の震災報道 …………………………………………… 141
2. 子どもの「こころのケア」が叫ばれると，被災地の家族には
   どのようなことが起こったか？ ……………………………………… 143
   2.1 「こころのケア」と母親・子ども（143）　2.2 ストレス刺激とスト
   レス対処資源——BASIC-Ph モデル（145）
3. 被災幼児の「心のやすらぎ保育」に参加した母親への質問紙調査 …… 148
   3.1 調査方法（148）　3.2 結　果（149）　3.3 結果の検討（152）　3.4
   まとめ（154）

   コラム　BASIC-Ph を通してストレス対処資源を見つけてみよう　（157）

第10章　災害と家族 ………………………………………………………… 161

1. はじめに ………………………………………………………………… 161
2. 家族システム円環モデル ……………………………………………… 162
   2.1 健康な家族システムとは（162）　2.2 家族システムと個人の意識・
   態度（164）
3. 震災後の心身ストレス・復興感と家族のきずな・かじとりの関係 …… 168
   3.1 1999年兵庫県生活復興調査（168）　3.2 災害時の家族システムと
   「信頼の解き放ち理論」（170）　3.3 まとめ（175）

第11章　災害とコミュニティ(1) ………………………………………… 179
　　　　——阪神・淡路大震災

1. 社会調査から見る被災者の生活再建過程 …………………………… 179
   1.1 社会調査による生活再建過程のモニタリング（179）　1.2 復興カ
   レンダー（2005年調査）（179）　1.3 被害の程度による復興カレンダー
   の差異（181）　1.4 阪神・淡路大震災における復興事業の基本構造（183）
2. 生活再建とは何か ……………………………………………………… 184
   2.1 被災者の生活復興感と生活再建（184）　2.2 生活再建7要素モデル
   ——市民・被災者との協働から（186）

3. 生活再建 7 要素モデルと生活復興感 ………………………………… 189

　　3.1　2001 年兵庫県生活復興調査（189）　3.2　市民性尺度・行政とのかかわり尺度と生活復興感（192）　3.3　2003 年・2005 年生活復興調査——生活復興過程の 2 つの道筋（195）　3.4　神戸市・兵庫県震災 10 年草の根検証（199）

4. 生活復興パネル調査 …………………………………………………… 200

　　4.1　調査対象（200）　4.2　生活復興感と「つながり」（200）

第 12 章　災害とコミュニティ (2) …………………………………… 205
　　　——東日本大震災

1. はじめに ………………………………………………………………… 205

2. 名取市生活再建草の根検証ワークショップ ………………………… 207

　　2.1　調査対象・調査方法（207）　2.2　名取市と神戸市における生活再建ワークショップ結果の比較（208）　2.3　プレハブ・借り上げ仮設居住者に特徴的な生活再建要素（209）

3. 2014 年度名取市生活再建現況調査 …………………………………… 212

　　3.1　調査対象（212）　3.2　調査項目（212）　3.3　分析の方法（214）　3.4　生活再建 7 要素モデルは被災名取市民の生活復興感をどの程度説明できたか？（214）

＊

引用・参考文献 ……………………………………………………………… 233

あとがき ……………………………………………………………………… 241

索　引 ………………………………………………………………………… 247

〈兵庫県(阪神・淡路大震災)〉

〈神戸市周辺(阪神・淡路大震災)拡大図〉

〈東北地方(東日本大震災)〉

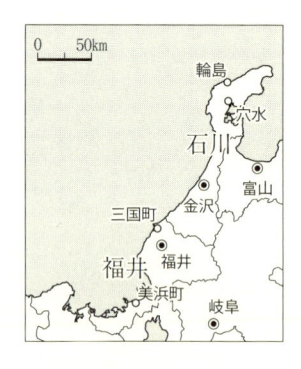

〈北陸地方(能登半島地震・
日本海重油災害)〉

《本書で取り上げた事例》

災害と復興の社会学

第1章

災害とは何か

1. はじめに——筆者と災害との関わり

　2011年3月11日の東日本大震災は，災害の瞬間が上空からの映像として残されたおそらく最初の巨大災害だと言えるだろう。仙台市若林区と名取市の間を流れる名取川を津波が遡上している真っ最中のライブ映像がNHKのニュースで全国に放送された。

　この映像は東日本大震災で直接の被害を受けた被災者たちは見ていない。停電，津波被害があり，避難所でも映像を見られる環境はなかった。だから被災者が，自分たちはこんな風になっていたのだと初めて知るのは，被災から時間がかなり経ってから，YouTube経由のようなかたちでだった。

　車が走り，津波がすぐそばに迫る。ビニールハウスが津波に押し流される。そんな中にも人がいる。災害のまさにリアルタイムの現場をNHKが実況中継していた。多くの人がそこにいて，大変過酷な状況が出現した。この津波での死者・行方不明者数は1万8,812人だった。津波の被害に加え，その後の避難生活で感染症や高血圧による脳血管障害といったかたちで亡くなられた方もいる。これを震災関連死と言うが，このような死者数を含めると，現時点で確認できているだけで2万人以上が命を落とされたという大災害である。

　被災地に筆者が入ったのは3月の第3週だった。仙台市宮城野区高砂地区，そして映像にもあった名取川の左岸の仙台市若林区東六郷地区，右岸の宮城県名取市閖上地区一帯を巡検した。衛星写真からでも津波が内陸部まで浸し，茶色くなっている痕跡が見て取れた。

名取市では923名の人的な直接被害が生じたが，その大部分は閖上地区に集中し753名もの市民が亡くなった（名取市，2015）。その名取市閖上地区を中心とした被災者の生活再建の支援に筆者は当初から関わってきた。余談であるが，名取市までは筆者の住む神戸から日帰りで行ける距離である。多いときは月に2〜3回行っているが，朝8時15分発の飛行機に乗って仙台空港に到着が9時半。名取市役所の方々が迎えに来てくれて，10時から会議をはじめとしたさまざまな用務が5時まで続く。うまくいくと5時半の便で帰ってこられる。そのようにして，日帰りの出張を繰り返しながら名取市での生活再建支援の仕事に関わってもうすぐ5年になる。

　また，名取市の対岸の仙台市若林区に東六郷地区があり，住民が戻り始めている。ただし全員ではなく，「津波が来て人が亡くなったところだから，もうここには住めない」と言って移転していった人たちもいる。東六郷地区は農村地区で，農家の集落があったが，その人口は被災前の6〜7割まで落ち込んでおり，コミュニティの維持が集落単位では難しくなっているため，複数の集落で地域のことを考える取り組みの支援も2013年から続けている。

　巨大災害で被災すると，その影響はどれくらい続くのだろうか。2〜3日，もしくは1週間から10日，あるいは1カ月程度だろうか。1995年の阪神・淡路大震災からの生活再建を20年以上フォローしてきた経験を踏まえると，災害によって住まいも暮らしも，職も，場合によっては愛する家族も失われた場合，「自分がもはや被災者ではない」と半分の被災者が思えるようになるのに10年（木村他，2006），ほとんどの被災者がそう思えるようになるには地域によっては，それ以上の年月が必要であった（木村他，2015）。それくらい，生活を元に戻してゆくのは時間のかかる作業なのである。なので，名取市や若林区六郷東地区と筆者との関わりは，東日本大震災から少なくとも10年近くは続くものと思う。被災後の時間の流れについては第4章，第5章で詳しく見てゆく。

　宮城県では被災者のうち，障害者手帳を持った人の死亡率が，宮城県全体の死亡率1.1％に比べて2.4％と倍以上になっている。その理由についても研究を続けている。後の第3章で詳しく見るが，福島県では全体死亡率に対して障害者死亡率は8割程度とむしろ少なく，岩手県でも1.2倍強だった。宮城県でのみ障害者の死亡率が高かった理由は，本章の内容にも関係してくる。

仙台市で，障害者手帳所持者の調査を2015年の1～2月に行った。それを踏まえて，2015年3月15～18日にかけて，仙台で国連防災世界会議が開かれた。なぜ宮城県で障害者の全体死亡率が高かったのか，その背景にあるのはどういうことなのか，これから何をしていかなければならないのかということを国連防災会議期間中のフォーラムの場で発表した。同じテーマについて，翌々月の5月には国連社会経済局西アジア地区の拠点があるレバノンのベイルートの国連ハウスで，6月にはニューヨークの国連本部で開催された障害者の権利条約の締約国会合期間中に経済社会局主催のパブリックフォーラムで同様の発表を行った。国際社会における障害者の権利保障の動きが，日本国内の要配慮者への取り組みとどのように連動しているのか，といったことも本書の第3章で紹介したい。

2. 災害は社会的に構築される

2.1　東日本大震災に至るまで

　2011年3月11日に東日本大震災が起きた。しかし，地球規模で考えた場合，地球の時間の流れで言うならばほぼ同時に，太平洋の環上でたくさんの地震災害が起こっている（**図1-1**）。まず2010年1月12日のハイチ地震。次いで，その2カ月少し後のチリ地震。そして，東日本大震災の起こった2011年には，2月にニュージーランドで起こった地震によりクライストチャーチの中心部が被災し，日本からの語学留学生たちが犠牲になっている。

　そして，3月11日に東日本大震災が起きた。災害研究者というものは，災害が起こるとともかく現場に駆けつける性がある。クライストチャーチ地震についても，突発災害調査が行われ，報告会が東京で開かれていた。それが3月11日で，普段は沈着冷静な防災研究者たちが慌てふためいたり放心したりする様子を見せた，という話が印象に残っている。

　東日本大震災を起こした東北地方太平洋沖地震に至るまでの3つの震災を引き起こした地震，ハイチ地震，チリ地震，クライストチャーチ地震を比較してみよう。

　そもそも災害や防災と言うと，理学部や工学部の専門分野のような感じがす

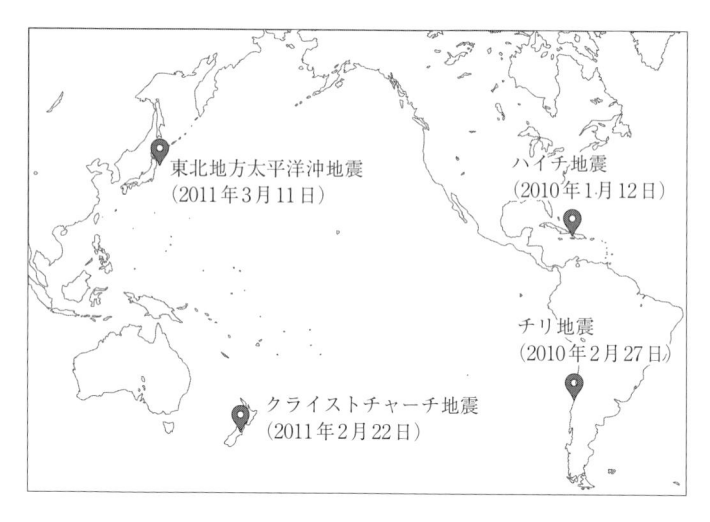

図1-1　東日本大震災直近の震災を起こした世界の地震

るかもしれない。なぜ災害が社会学の対象になるのか，本章の一番大きなトピックである。結論を先に言うと，災害は極めて社会的な現象なのである。それをこれから見ていこう。

2.2　ハイチ地震・チリ地震・クライストチャーチ地震

　まず2010年1月12日に起きたハイチ地震である。この震災については，*New York Times*をはじめとしたメディアで，壊れたスーパーマーケットに人々が入り込んで強奪をしている様子が全世界に配信された（図1-2）。

　災害が起こるとパニックが生じて略奪が起こる。そのような報道がステレオタイプ（定型的）なパターンとしてあるが，ハイチの震災はまさにそれに当てはまった。世界中でおそらく，行政の統治能力が一番低かったと言えるハイチで災害が起こると，このような略奪が起こった，という報道が全世界に向けてなされた。店から略奪したものを持って子どもが逃げていく。警備員が銃で略奪者を狙い撃ちしている状況だからである（図1-3）。開発途上国で災害が起きればこのように略奪が起こり，暴力がはびこり人々はパニックの中でものすごく苦労するのだ，というストーリーが世界中に報道された。

発信されたのだからそういった事象があったのは確かに事実かもしれない。ただし、ハイチは、行政府も、社会の流通を担うインフラも、そもそも被災する前から非常に脆弱な国であった。国連ハイチ特使のホームページによれば、人口の58％はきれいな水が飲めず、また58％の子どもたちが栄養失調であり、55％の国民が1日1.25ドル未満で生活していた（DRI調査レポート No.27, 2010）。地震後には大統領や首相も被災者になって街頭の避難者に混じり途方に暮れていた（産経新聞、2010年3月1日）。このような国で災害が発生すると何が起きるか。そもそも普段から流通や配送も怪しかったところに加え、物資の提供が止まれば人々はいかにして生き延びるのか。物資がある店舗に入って行って工面せざるを得なくなる。それを国際的なメディアは「略奪」という言葉で語ったわけだが、それ以外に生き延びる手立てがない社会で、これを本当に「略奪」というのか、「犯罪」というのだろうか。

ラ・サリーヌ地区で、店の倒壊跡から投げ下ろされる生活必需品を受け止める群衆。ナイフや尖った木片を振り回し、人から物を奪おうとしている人々もいる。
（出典） Photo: Damon Winter (*The New York Times*, 2010年1月16日)。

図1-2 ハイチ地震後の報道写真（1）

ポルトープランスのダウンタウンで、銃声が鳴り響く中、走る人々。街の至るところ、特に配給所の周りで略奪と暴動が悪化しているという報告がある。
（出典） Photo: Damon Winter (*The New York Times*, 2010年1月16日)。

図1-3 ハイチ地震後の報道写真（2）

開発途上国でもし災害が起こったらこんなことが起こるだろう，という予見があり，それに基づいた編集意図に沿った非常に少数の現場の写真が採用されて，世界に発信されていた。実際は，別の場所では，もちろん物資が入ってこないから商店などのものを使わざるを得ないにしても，もう少し秩序立って物資が行き渡るようにされたところもあった。でもそういったところは報道されなかった (Global Voices, 2010; Tierney, K., 2014)。

翌月 (2010年2月27日)，チリで地震が起こり，およそ150万人が避難を余儀なくされた。この地震について同じ *New York Times* が掲載した写真は，生き残った可愛らしい女の子が犬を慰めているものだった (図1-4)。これが，チリ地震の報道の物語である。もう1枚，倒壊した建物の前で，レスキュー部隊が集まって，生き埋めになった人たちの探索・救助活動が行われている風景があった (図1-5)。1カ月前のハイチ地震の後ではまったく報道されなかったのに，チリ地震の後で特徴的に報道されているのは救助隊の姿である。消防，救急の隊員が，被災者を救い出している。あるいは，小さな子どもが犬を落ち着かせるようにケアをしている。これが，チリ地震後の報道の背後にある大きな物語である。

翌年の2011年2月22日，今度はニュージーランドで地震が起きた。クライストチャーチ市の中心部では，石造の建造物が瞬時に倒壊した。ここでは多数の日本人留学生が亡くなっている。石造の建物は倒壊するときに埃を巻き上げる。そのときの市内中心部の様子を空撮した映像が世界中に配信された。そして中心市街地の歴史的な建造物がある一帯が一番被害に遭った地震だった。クライストチャーチ地震は，Mw (モーメントマグニチュード) 6.3の直下型地震で死者は185名だった (Bradley, B. & Cubrinovski, M., 2011)。

この3つの地震それぞれの特徴をここで見ていこう。地震が発するエネルギーの大きさは，どれくらいの面積で破壊が起こり，ずれによって断層面が生じたかを対数尺度 (マグニチュード) で表す。そのエネルギーで見ると，ハイチ地震はMw7.0, 対してチリ地震はMw8.8である。地震のエネルギー量は対数尺度になるため ($\log$ (地震のエネルギー量) = 4.8 + 1.5 × マグニチュード (国立天文台, 2014))，マグニチュードが1単位上がると約32 (10の1.5乗) 倍，2単位上がると1,000 (10の1.5×2乗) 倍の違いになる。両者のマグニチュードの違いは1.8な

ので地震エネルギーとしては約500（10の1.5×1.8乗）倍くらい違う。にもかかわらずMw7.0のハイチ地震では，およそ31万〜32万人が亡くなったと推定されている。このような巨大な死者数が発生した1つの理由は，ハイチ地震の震源が首都ポルトープランスからわずか約15kmであったために地震エネルギーの直撃を受け，ポルトープランスの震度は改訂メルカリ震度Ⅶ（日本の気象庁震度階で4程度）であったことが考えられる。

2カ月後，チリの地震はMw8.8で，ハイチ地震のMw7.0と比べてはるかに大きなエネルギーがここで発生した。しかしながら震源地は首都でチリ最大の都市サンティアゴから300km以上離れており，距離によって地面の揺れは大幅に減衰され，そこでの震度はⅦ（改正メルカリ震度）であった。サンティアゴとポルトープランスの震度はほぼ同様であったにもかかわらず，震災による死者はハイチ地震の死者数の約650分の1の485人だった。

ここで，第2.1項で触れた問

タルカで，被害を受けた家の前に座る女性。住民は，少なくとも20回を数えるマグニチュード5以上の余震（最高でマグニチュード6.9）にもショックを受けている。

（出典）　Photo: Sebastian Martinez/Associated Press（*The New York Times*, 2010年2月27日）．

図1-4　チリ地震後の報道写真（1）

コンセプシオンで瓦礫から生存者を引き出す救急隊員。

（出典）　Photo: Associated Press（*The New York Times*, 2010年2月27日）．

図1-5　チリ地震後の報道写真（2）

題に戻ってみよう。なぜ，社会学の専門分野として災害社会学があるのか？死者数を見ただけでも，もし地震災害が理学・工学的にすべて説明できる現象ならば，マグニチュードや震度が大きいところほど死者数が多いはずではないか。それなのに，震源が近かったとはいえMw7.0のハイチ地震では，サンティアゴとほぼ同じ震度階Ⅶ（改正メルカリ震度）のポルトープランスを中心に31万人以上の死者が発生した。あるいは，地震エネルギーとしては約35（10の1.5×1.1乗）分の1程度も小さなMw6.3のクライストチャーチでは185人も死者が発生した。これはどう考えたらよいのか。

　地震の揺れの規模と，人が亡くなることの関係は，単純に地震のエネルギーが大きかったら，そして震源が近かったからたくさん人が死ぬというようなものではない。Mw7.0のハイチ地震でなぜ31万人以上もの人が亡くなったのか。ハイチは国連加盟国の中で最貧国に位置づけられ，建物を建てるときに耐震基準さえ存在しない。日本では，1978年の宮城県沖地震を踏まえた新しい耐震基準が1981年に導入され，阪神・淡路大震災時にも，1981年以降に建てられた建物は，それほど倒壊していない。それ以前に建てられた特に木造の建物が多く倒壊して人が亡くなっている。日本のように防災に熱心に取り組んでいる国では，耐震基準を定めて，建物はその基準を満たすような取り組みが行われている。ところが，ハイチにはそもそも耐震基準がなく，住宅を造るのも，住む人にある程度お金が貯まったら少しずつ材料を買いそろえ，自分で家を造る。鉄筋の本数も少なく，鉄筋を買う余裕のない人は，レンガをただ積み上げただけの充分な強度を持たない建物に住むことになる。200万人の住む都市の中で，至るところそのような住宅が広がっている。さらに，災害に備えた防災教育の取り組みが一切されていない（産経新聞，2010年3月1日）。災害後は助け合う，災害直後は行政の手が及ばないから自分たちで何とかするという意識そのものがないのである。

　防災教育どころか，防災体制自体がほとんど存在していない状態で地震が起こったのがハイチの震災である。Mw7.0，改正メルカリ震度階Ⅶで，31万人以上もの人たちが亡くなった理由は地震の揺れのせいだけではない。これまで見てきたような社会的に脆弱な状況が，これだけの被害を産み出していた。

　ハイチ地震と対比して，チリの地震はどうなのか。Mw8.8の極めて大きい

エネルギーを持った地震が起こっても，死者は500人に満たなかった。なぜか。

チリは1960年に，地震観測史上最大規模の，Mw9.5という大変大きな地震を経験している。このときは南米のチリで起こった地震の津波が太平洋をずっと波及し，まずハワイ島で人の命を奪い，さらに対岸の日本までやってきて，太平洋側の東北地方，特に三陸海岸沿岸の一帯で死者が多く出た(1960年チリ地震津波)。この1960年のチリ地震後，チリ政権は厳格な耐震基準を定めた。これ以降建てられた建物は，地震の揺れに耐えられる強度にしなければならず，しかもその基準に合致しているかをチェックする非常に厳格な体制を作り上げた。さらに，1960年の地震を教訓にして，防災教育を徹底している。外出するときにはガスの元栓を閉めるといったことが当たり前に実行されている。さらに2010年2月のチリ地震では，4月の任期満了を目前に控えたバチェレ大統領が非常事態宣言を出しつつも，社会は機能している，チリがこの惨事を最終的に乗り越えることは疑いがない，と国民に冷静な対応を呼びかけた。そして現実に，政府の災害対応機能は維持された。耐震基準を設け，耐震設計を行い，防災教育をし，行政がきちんと災害対応を行い，探索・救助活動も行政の力で実施できたのがチリ地震である。マグニチュードでいうと極めて大きな地震ではあったが，死者は500人以下であった(産経新聞，2010年3月1日)。

一方，2011年2月のクライストチャーチ地震では，Mw6.3だった。チリ地震がMw8.8で死者が500名以下なので，その比で言うならば，Mw6.3ならばそんなに人が亡くなるはずのない地震の規模(65分の1程度)だったが，地震が起きたのはクライストチャーチの市街地の真下で，直下型地震だった。ニュージーランドは日本と同じような地震国で，防災計画もしっかり作っていたのだが，クライストチャーチ一帯で防災計画を立てるとき，やや離れた南北の断層を想定して対策を取ってきた。つまり，横揺れに対して建物が耐えられるような耐震基準を設けていた。ところが実際に起こった地震は直下型で，縦揺れを激しく生むものだった(一般に，震源から離れれば横揺れ，直下では縦揺れになる)。耐震設計上，上下動は想定されていなかったのである。このために特に中心の市街地に被害が集中した(産経新聞，2011年3月1日)。

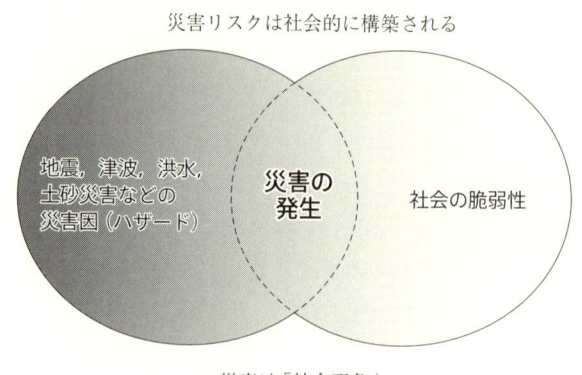

災害リスクは社会的に構築される

地震，津波，洪水，土砂災害などの災害因(ハザード)　災害の発生　社会の脆弱性

災害は「社会現象」

図1-6　ハザードと脆弱性

2.3　ハザードと脆弱性

　地震で被害が発生するのには，2つのことが関係している。1つはもちろん，地面が揺れるとか津波が押し寄せるとか，洪水，あるいは土砂が崩れるといった，災害を引き起こす誘因になる事象である。このような事象を「ハザードhazard」と呼ぶ。例えば車の運転中，急に路肩に停めないとならないときに，ハザードランプを点ける。ハザードは，危険が迫っているような出来事を指す。ハイチ，チリ，クライストチャーチ地震の対比で言いたいのは，ハザードだけによって被害が決められるわけではないということである。では，もう1つの要素というのは何かというと，社会が抱えている脆弱な部分(脆弱性)である。耐震基準がない，素人がレンガを積んだだけで家を造ってしまう，あるいは鉄筋コンクリートに充分な強度がない。よく途上国で見られるのは，セメントの適正な配合が難しいため，水で薄めすぎてしまう事態である。そうするとセメントは強度を保てない。そのようなすべてを指して，防災の世界では社会が抱える脆弱性と呼ぶ。

　脆弱な素因を抱えたところを，災害の誘因になるハザードが襲う結果として，災害の被害が生まれる(図1-6)。

　別の角度から見てみよう。2011年3月11日の地震は直後に名前が決まって

いた。日本語では「東北地方太平洋沖地震」，英語では"Tohoku-oki earthquake"という。ハザードの名称はすぐに決まった。ところが，「東日本大震災」という言葉が定着するまでには1カ月以上の時間を要した。マグニチュードの極めて大きい海溝型の地震が起こって津波が発生し，人が亡くなった。そもそもなぜ人が亡くなったかというと，実は津波が来たときに危険な場所にたくさんの人たちが住んでいたからである。被害を受ける脆弱性が極めて高いところに人が住んでいた結果として，災害となり被害が生まれたのである。

　地震と震災は違う。地震はハザードであり，震災は地震による災害のことである。人が亡くなる，住宅が失われるという災害，震災は，そもそも社会の中にある素因めがけてハザードが襲った結果なのである。言い換えるなら，災害のリスクは社会的に構築されている。地震は自然の現象だが，地面が揺れたときにそれに抗しきれない住宅に人が住んでいるから人的被害が生じるのである。揺れに抗しきれない住宅に人が住んでいるのは，極めて社会的なプロセスの結果だといえる。

　災害の被害というのは社会的な産物なのである。だから，災害は社会学の対象になる。災害は社会現象ということだ。ハザードと脆弱性が重なる結果として被害が規定されるということが，災害社会学で繰り返し何度も話をする最も根本的な見方である。

2.4　戦後日本の自然災害と死者数

　もう1つ，日本の台風の被害による死者数のデータを使って説明してみよう。日本では1913年から，気象便覧という気象統計が作られている。**図1-7**は，10年刻みで日本に上陸した台風の規模と数，その台風での死者数をグラフにしたものである。縦軸は死者数について小さい数字と大きい数字を同じ目盛りに載せるため，10の1乗・2乗・3乗という対数尺度を使っている。台風の規模，風速と半径を基に，6段階に台風のエネルギーを分けて折れ線グラフで示している。興味深いのは，1950年代の終わりから，60年代になり，M5という上から2番目の規模の台風では，死者数が減っていることである。それ以下の台風でも10年平均では，死者数の減少が見られる（福眞, 1993）。

　では，60年から何が日本社会に起こったのかと言うと，高度経済成長であ

第1章　災害とは何か　　13

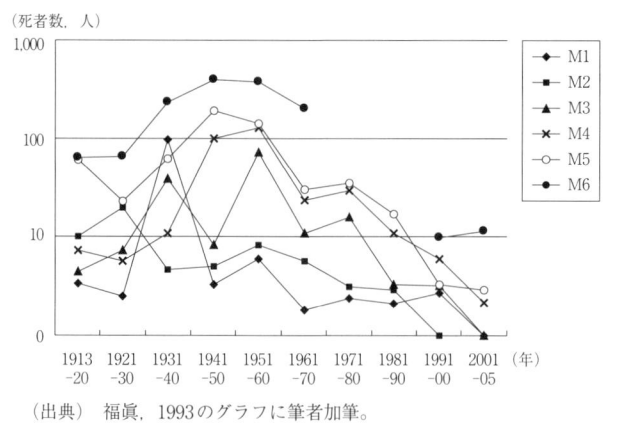

(出典) 福眞，1993のグラフに筆者加筆。

図1-7　1913-2005年の台風被害者の10年平均の推移

る。その結果，税収が増えた。日本の社会は，増えた税収を防災対策につぎ込んでいった。その結果として，それまでであれば人が100人規模で亡くなっていたような災害に対して，税収のかなりの部分を河川や海岸の整備に充てた結果として，死者数が減少した。もう1つ幸運だったのは，1960年代から90年代に入るまで，最大規模の台風が日本に上陸しなかったことがある。逆に，死者数がピークのころは40年代である。高度経済成長期とは違い，国の富を戦費に突っ込み，防災対策には一切お金を使わなかった。45年に戦争に負け，50年代初めにかけて外地にいた人たちが大勢日本に引き揚げてきた。その人たちの多くは都市部の非常に危険なところに住むことを余儀なくされた。死者数の10年平均が一番高い1959年には伊勢湾台風が日本を襲っている。**図1-8**のグラフを見てみよう。伊勢湾台風は愛知県と三重県で一番被害が大きかった台風だった。名古屋市の郊外，海側の海抜よりも低い埋立地にたくさん建てられていた公営住宅が高潮被害に遭って浸水し，5,900人もの人が亡くなった。なぜ海抜の低い低湿地帯にこういう住宅が建っていたのか。大陸からの引き揚げ者も含めて戦後都市部に流入してきた人たちは都市で働き口があったが，大多数の働き口は当時勃興していた重工業の工業地区にあった。工場のすぐそばの低湿地帯に公営住宅が建てられ，そこに多くの労働者世帯が入居した。危険なところに住むのを余儀なくされた人たちは，まさに脆弱な状態に置かれた結

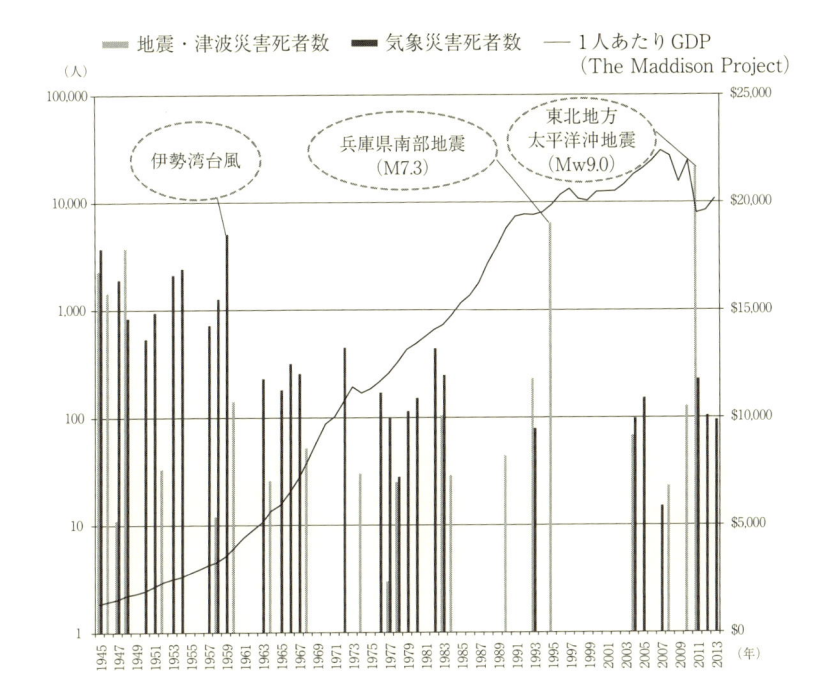

■ 地震・津波災害死者数　■ 気象災害死者数　― 1人あたりGDP
(The Maddison Project)

図中の注記：伊勢湾台風／兵庫県南部地震（M7.3）／東北地方太平洋沖地震（Mw9.0）

(注)　1. 1人あたりGDPは，1990年国際ドル基準。
　　　2. 兵庫県南部地震は気象庁マグニチュード，東北地方太平洋沖地震はモーメントマグニチュード。
(出典)　国立天文台『理科年表』平成26年版 (2014), The Maddison-Project 2013 version。

図1-8　戦後日本における主な自然災害死者と1人あたりGDPの推移

果として亡くなっていったのである（疋田，1959/2007）。

　図1-8の折れ線は，1人あたりGDP，すなわち日本の社会が1人あたりどれくらい豊かになってきたかを表している。1959年の伊勢湾台風時，日本の1人あたりGDPは5,000ドル以下だった。日本は1952年のサンフランシスコ講和条約で初めて独立国の立場を回復するが，それまで占領下にあった。占領が終わって数年で，極めて貧しい状況だった。このときに起こったのが伊勢湾台風なのである。前述の通り，台風被害で死者数が減少した背景には，60年代からの高度経済成長によって，1人あたりGDPが高まっていったことがある。その高まった分を防災対策に充てたため，1959年の伊勢湾台風以降，日本で

第1章　災害とは何か　　15

1,000人以上人が亡くなる災害は発生しなかった。伊勢湾台風以降初めて1,000人以上が災害で亡くなったのが，阪神・淡路大震災を引き起こした兵庫県南部地震である。伊勢湾台風と違い，阪神・淡路大震災当時の日本では，1人あたりGDPが2万ドルになっている (The Maddison Project)。60年代の高度経済成長期に，一生懸命構造物に投資をして，海岸や河川の堤防を強くし，ダムを造るなどしてきて，1人あたりGDPが2万ドルを超えたところで最初に起こった災害が阪神・淡路大震災だった。そして，2011年の東日本大震災。先に重要な点を述べておくと，1人あたりGDPは阪神・淡路大震災のころがピークであり，その後の日本は人口の減少が始まり，産業力や経済力が落ちてきた。1人あたりGDPが下がったところで起こったのが東日本大震災なので，阪神・淡路大震災のときのようなかたちと同じ復興は考えられない。その内実を次章で見てゆく。

第2章

災害脆弱性の社会学 (1)

1．防災と減災

1.1　「東北地方太平洋沖地震」と「東日本大震災」

　前章のポイントは，なぜ災害が社会学の対象になるのかということだった。災害はハザードとは違う。台風や地震，洪水などのハザードは自然現象であり，いつ起こるのかの正確な予測も難しく，その発生を食い止めることは基本的にできない。しかし，災害とはハザードが社会の脆弱な部分を襲う結果として生まれるというものだ。この違いについてもう少し考えてみよう（**図1-6**参照）。

　東日本大震災をもたらすきっかけになった地震ハザードについて，宮城県沖について言えば地震発生確率は97％として予測されていた。宮城県沖では定期的に地震が起こり，前回が1978年だった。頻度はおよそ30年おきだと分かっていたからである。しかし実際の震源は宮城県沖だけではなく，岩手県沖から茨城県沖にかけての広い一帯であったので，気象庁があらかじめ決めていた「東北地方太平洋沖地震」が地震の名称となった。

　地震直後から「東北地方太平洋沖地震」が使用されたが，「東日本大震災」という名前になるまでに1カ月ほどかかっている。あるときには東北大震災というようなネーミングもされたが，関東地方でも被害や死者が出ている。1カ月で被害の全体像が分かってきてから，東日本全域に対して被害が発生したことを受け，「東日本大震災」という名称に落ち着いた。どれくらいの社会的な影響をこのハザードがもたらしたのかが明らかになるまでに，1カ月以上かかったということである。

1.2 防災と減災

　災害は社会学の対象になる。災害は社会的な現象であり，災害の被害は社会的に構築されるからである。すると，次のステップがある。もし災害が社会的なプロセスで構築される社会的な産物であるならば，ただ理解するだけでなく，社会的に働きかけることで被害を小さくしていくことができるはずだ，と。被害を防ぐこと，あるいは被害を少なくすることが防災や減災である。

　被害を防ぐ防災の考え方が戦後の高度経済成長期を契機として主流の考え方になった。防災はハザードを直接対象とする。例えば海岸や海底に防潮堤をしっかり建てていれば，ハザードの力を削ぐことができる。つまり防災対策とはハザード自体のインパクトを小さくすることである。津波や高潮に対する防潮堤や，土砂災害に対する砂防ダム，あるいは洪水に対する河川堤防や遊水地などのような構造物を築いて，ハザードの持つエネルギーを減衰させていくことがこれに当たる。また，「防災」は「予防」，「防ぐ」ことなので，うまくいけば被害を出さないようにできるという考え方でもある。

　前章のグラフ（**図1-8**）で示したように，戦後日本の台風災害や水害に関しては，1960年代からの高度経済成長期で1人あたりのGDPが増し，構造物の強化による防災に税収をつぎ込めた結果，1960年から90年の終わりまでは，台風や地震による自然災害で1,000人以上の死者が出ず，「防災の勝利」だと言われていた。

　とても象徴的な出来事がある。1994年1月17日にアメリカ，カリフォルニア州ロサンジェルス市郊外ノースリッジで地震災害があった。阪神・淡路大震災のまる1年前のことである。マグニチュードでは阪神・淡路大震災よりも大きな直下型地震が起き，そこで高速道路が倒壊するなどの被害が発生した。そのときに日本の地震防災のエンジニアたちが多数調査に行った。その際，彼らは「日本ではこんな高速道路が倒壊するなんてあり得ません。日本の耐震基準から考えて，こんなことが起こることはあり得ない」と大見得を切った。そのちょうど1年後の1995年1月17日に兵庫県南部地震が起こり，大阪と神戸をつなぐ阪神高速3号線の東灘区魚崎一帯では，高速道路が倒壊した。本書のカバー写真は，その直後の模様である。そのときにエンジニアたちは，色を失ってたじたじとなる様子もなく，「いや，あれは想定以上の地震動でしたから，

防災
- 構造物による被害抑止
 (structural mitigation)

減災
- 非構造的被害抑止
 (nonstructural mitigation)
- 事前の備えによる被害軽減
 (preparedness)
- 緊急対応 (response)
- 復旧・復興 (recovery)

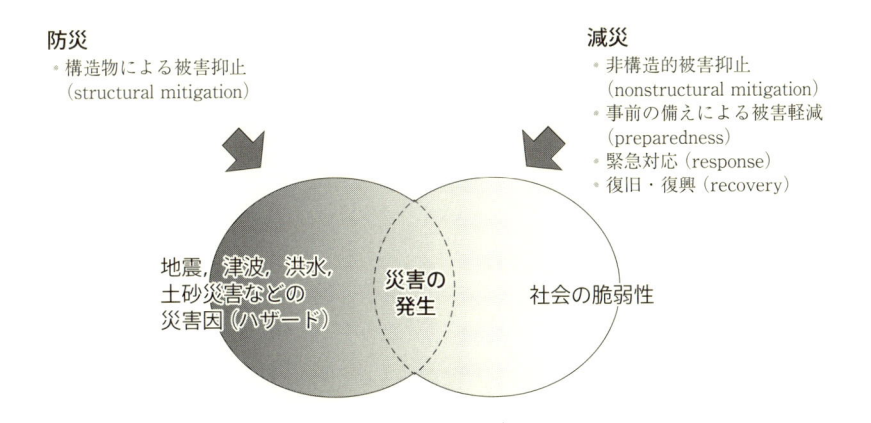

地震, 津波, 洪水, 土砂災害などの災害因(ハザード) / 災害の発生 / 社会の脆弱性

図2-1 防災と減災

我々エンジニアには何の責任もありません」というようなことを言った。しかし，この瞬間に，ハザードのインパクトを減衰する防災という取り組みは，想定以上のハザードにさらされるとまったく無力であるということが露呈した。

では，どうしたらよいか。ハザードのインパクトを小さくすることが難しいのであれば，社会が抱える脆弱性を小さくすることによっても被害は抑えられる(図2-1)。最初に考えられた方法が，非構造的な被害抑止による防災である。ところで「防災」という言葉は極めて日本的な用語である。アメリカで「防災」に対応する用語は"mitigation"である。mitigationの中で，構造物によってハザードのインパクトを抑えることを「構造的な被害抑止"structural mitigation"」と呼ぶ(林, 2001)。この考え方に対して，1995年の阪神・淡路大震災後，構造物だけで被害を抑止するのが無理だということになり，最初に注目された方策が，構造物によらない被害抑止策だった。被災直後の神戸市長田区や灘区では，住宅が倒壊して人の命が奪われただけでなく，倒壊直後に生き残っていた人たちが家の中に閉じ込められ，その後，火災が起こって，5百数十名の方が焼死している。火災が広がった理由は，木造の住宅が非常に密集して建てられていたからだ。住宅の1軒で火事が起こると，あっと言う間によそに広がるという状況である。住宅を再建するとき，今までと同じ規模の住宅を同じようなかたちで密集して建て直すと，次の地震のときにまた同じようなことが

起きる。だから，救急や消防が入れるような道は基本7メートルの幅にし，避難できる公園を地域の中に新たに造る。土地の所有者は持ち分の土地を少しずつ拠出し，道路や公園のために提供しようという話し合いが住民同士で持たれ，決定に至った。それが復興まちづくりという取り組みだった。ここで行われたのが，構造物を使わない被害抑止策（nonstructural mitigation）である。

　1995年の阪神・淡路大震災以降，構造物の被害抑止による防災と，構造物によらない被害抑止策としての都市計画や復興まちづくりによって，被害を予防する取り組みが行われるようになった。しかしそれだけでも充分ではなかった。2011年の東日本大震災が教えたことは，海の近くにいて地震による大きな揺れが来たら，逃げなければならない，ということだった。住民の避難をうながすためにはちゃんとサイレンや警報を流さないといけない。そもそも各自が自分で判断して安全なところへ逃げないといけない。それらがとても大切だと，改めて注目された。その中で，事前の備えによって被害を軽減・抑止するだけでなく，一定の被害が出ることは仕方がないとしても，できるだけその被害を小さくしていこうという「減災（disaster risk reduction）」の考え方が主流になってきた。減災とは，従来からの被害抑止（mitigation）による防災対策に加えて，事前の備えや訓練を通じた被害軽減（preparedness）や，いざ何かが起こったときに行政や事業者，市民の組織が迅速に対応できるような応急対応（response），さらに，被害を受けた場所を元に戻してゆく，あるいはよりよいものにしてゆく復旧・復興（recovery）の取り組みを全部セットにして考えようというものである。つまり減災とは，災害の被害やリスクが社会的に構築されるのであれば，社会的なプロセスを駆使して被害を抑止したり，あるいは軽減したりすることができるという考え方である。

2．阪神・淡路大震災における災害脆弱性

2.1　脆弱性は社会学の守備範囲である

　災害社会学ではハザードそのものの性質ではなく，社会の脆弱性をどう理解したらよいのか，そしてどういう手立てを打ったらよいのかという話が中心になる。ハザードは基本的に理学や工学の対象だが，脆弱性は完全に社会科学の

守備範囲になるからである。そこで，阪神・淡路大震災で，死者を生んだ災害脆弱性はいったいどのようなものであったか，実際のデータを基に2つの側面から社会学的な検討をしてゆく。

「高齢者や障害者は災害弱者となる」，「そのために特別の配慮や対応が必要である」といった言説は，阪神・淡路大震災以降，自明のこととなり，社会的な通念として広まっていった。しかし，「なぜ高齢者や障害者に被害が集中するのか」，「それはどのようなメカニズムによるのか」，「そもそも被害は高齢者や障害者だけに集中したのか」といった問いは，広く社会の注目を集めることはなかった。しかし，そのような本質的な問いを発した研究は存在している（呂他，1999; 林・村上，2003; 松本・立木，2009）。

2.2　ワイブル分布を用いた西宮市における累積死亡率と全国との比較

呂他（1999）は，西宮市での震災直接死者981名の年齢別分布と，震災前年の日本の総死亡者の年齢別分布を比較し，両者にどのような違いがあるのかを量的に検討しようとした。台湾出身の呂氏は防災科学技術研究所地震防災フロンティア研究センターの研究員だった。呂氏はチームリーダーの林春男京大教授（当時）とともに，西宮市の年齢別・5歳刻みの男女別死者数をどうモデル化したらよいか思案していた。そのときに，「ワイブル分布だ！」とひらめいた。ワイブル分布とは，信頼性工学の中でよく使われる，材料や機械の弱さ，脆さを表現する1つの道具である。横軸に時間，縦軸に故障率を取り，どれくらい時間が経過するとどれくらいモノや機械が壊れるのかを表現するために編み出された故障分布関数とも呼ばれるものだ。関数の中のパラメターであるmに注目し，mが1より小さいか，1か，1より大きいかというそれだけで，モノ・機械の故障の特徴が表現できるのである。

> ワイブル分布の故障分布関数は次式で与えられる。
> $F(t) = 1 - \exp[-(t-r)^m/\eta]$ $(t \geq \gamma, m>0, \eta>0)$
> ここに，m：形状パラメータ　　η：尺度パラメータ　　γ：位置パラメータ
> 　　$m<1$：初期故障型→故障減少型　　$m=1$：偶発故障型→故障一定型　　$m>1$：摩耗故障型→故障増加型
> （出典）　呂他，1999, pp.151-156。

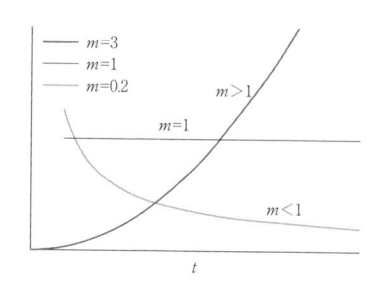

(出典) 一陣の清風 (http://avalonbreeze.web.fc2.com/38_01_02_04_weibull.html)。

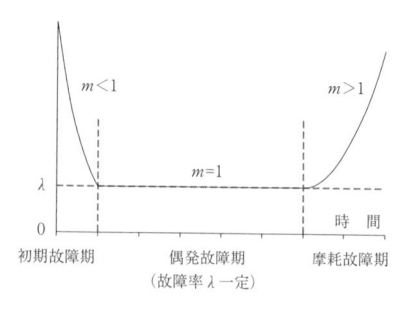

図2-2　λ(t)：故障率曲線

(出典) 図2-2に同じ。

図2-3　バスタブ曲線(故障率曲線)

ワイブル関数をグラフ化すると，**図2-2**，**図2-3**のようになる。mが1より大きい場合は，時間が経てば経つほど故障率が上がっていく。例えばパソコンを長年使っているとどこかおかしくなってくるようなものである。これを摩耗故障型と呼ぶ（$m>1$）。mが1より小さい場合は，直後に故障率が高くなる。パソコンだったら買ってすぐに経験するタイプの故障である。時間が経てば経つほど，このような故障の可能性は下がっていく。これを初期故障型と呼ぶ（$m<1$）。初期故障を無事に乗り越えたパソコンは，落とすとかコーヒーをこぼすとかして壊れるが，それらは偶発的なことなので故障率が一定になる。この時期の曲線の形状を偶発故障型と呼ぶ（$m=1$）。製品がどのような故障率の関数型をたどるかというと，買ってすぐは$m<1$，それを乗り越えたら故障率は基本的に一定となる（$m=1$）。つまり，製品の新しい古いを問わず，時間に対して故障率はある時期までは一定である。しかし，ある時期を超えると今度はへたってきて，時間が経てば経つほど故障率は上がる（$m>1$）。

呂氏や林教授がワイブル関数に目をつけたのは，人間の死亡率は生まれた直後に高く，ある時期を超えると一定になり，さらにある時期になって高齢者になってくると，年齢とともに死亡率が高くなっていくという点である。これにワイブル関数を当てはめてやるとどうなるか。震災による死者と，震災によらない，被災地以外の年齢別死亡者数が厚生労働省の統計として手に入るので，両者を比較したら，阪神・淡路大震災の故障分布関数の特徴はどのようなもの

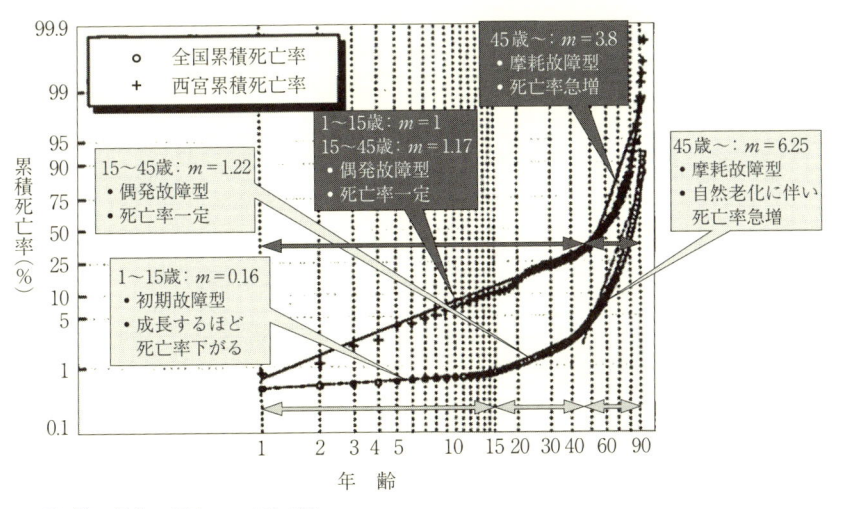

(出典) 呂他, 1999, pp. 151-156。

図2-4 年齢別全国累積死亡率と西宮累積死亡率の比較

だったかが一目で分かるではないか，と彼らは考えた。

図2-4が結果である。西宮市と全国で，この故障関数を使って，死亡率を当てはめたものだ。どちらの死亡年齢分布もワイブル関数に当てはまることが分かるが，その形状は両者で大きく異なっていた。震災前年度の日本全国の総死亡の年齢分布では，15歳までは成長するほど死亡率が下がる初期故障型，15歳から45歳までは死亡率が一定の偶発故障型，45歳以降は自然老化に伴い死亡率が急増する摩耗故障型となり，総死亡分布がワイブル分布に当てはまることが示されている。

これを踏まえて西宮市の死亡分布にワイブル関数を当てはめたとき（図2-4），2つのことが明らかになった。第1に，1歳から45歳までの死亡率は前年度の日本全国の死亡率と比較して圧倒的に高かった。「普通に人間が死んでいくという現象として今回の震災をとらえたら，やはりたくさんの若い人を殺してしまったという事実」（林・村上，2003, p. 106）が見えてきたのである。第2に，西宮の死亡分布では初期故障型の形状が存在せず，1歳から45歳まで死亡率が一定の偶発故障型の分布形状となっていた。これは，死因が個人の年齢に起因す

第2章 災害脆弱性の社会学 (1)　23

るのではなく,「どんな家に住んでいたかで, 5歳の子どもも15歳の子どもも20歳の若者も, 30歳, 40歳の人も, ほぼ一様に偶発的に亡くなって」(林・村上, 2003, p. 107) いたからである。

まとめると以下のようになる。

〈年齢別累積死亡率分布曲線の意味〉
- 15歳未満は, 平常時は死亡率減少型 ($m<1$) に対して震災時は死亡率が一定型 ($m=1$) に変化。
- 15～45歳では平常時も震災時もともに一定型 ($m=1$)。
- 46歳以上では平常時も震災時も年齢増加に伴い死亡率増加型 ($m>1$)。
- ただし死亡率の増加に関する形状パラメター m は, 平常時が6.25に対して震災時は3.8。これは, 震災時には平常時と比べて加齢による死亡率増加が半分程度のパターンになっていたことを意味する。
- 平常時の死亡率分布は加齢が大きな原因となるのに対して, 震災時は建物倒壊という加齢外の理由が大きくなるため, 信頼性工学で言う偶発故障型 ($m=1$) に近づいていたためと解釈できる。

見方を変えたら, 被災地の高齢者は全国の高齢者ほどには亡くなっていなかったということになる。m値が全国6.25に対して西宮市3.8なので, 摩耗故障型の増加の割合が, 実は被災地ではゆるやかだったからである。ここまで頑張って生き延びた高齢者は, 震災直後, 全国の高齢者よりも生きる力があったということだ。

震災直後の直接死者に限って言うならば, もし震災がなければ生きていたはずの人たちに一番典型的, 特徴的だったのは, 大学生の年齢層だった。なぜ西宮市で20歳代の若者たちが, 全国の死亡率に比べて特徴的に多く亡くなっていったのかを考えてみよう。西宮市は震災時に10の大学・短大がある街だった。そこに通う学生のうち, 下宿生たちの多くは震度7の帯の部分に位置する木造のアパートに住んでいた。収入の限られた社会人の若者たちも同じような住宅で暮らしていた。その古い下宿やアパートが地震の揺れによって倒壊して, 命を落としたのである。灘区も神戸大学をはじめ多くの大学を抱えているので,

同じだった。本来であれば亡くなるはずではなかった若者たちが，実は阪神・淡路大震災では，直接死でたくさん命を落としている。世に流布している「高齢者ほど亡くなる」というイメージとはまったく異なった震災の実像がこれなのである。故障分布関数を当てはめ，パラメーターの値を検討することで，こういった事実が浮かび上がってくる。

もう一度元に戻ろう。でもそれはどう考えても直感とは違うではないか，直感的には高齢者の方が亡くなっているように思う。それも事実であり，正しい。で

表2-1 阪神・淡路大震災の年齢別犠牲者数

年　齢	死者数
10歳未満	253
10代	314
20代	479
30代	264
40代	484
50代	872
60代	1,219
70代	1,283
80代	1,080
90歳以上	176
身元不明	9

（出典）　神戸新聞，2004年5月14日。

はなぜ2つのことが起こっているのか。実は，ここにトリックがある。2004年5月14日の神戸新聞（**表2-1**）に示されているように，全体で見たとき，確かに60歳代以上は4桁と多数が亡くなっている。先ほどのワイブル分布とこの数字と，どういう折り合いをつけたらよいだろう。震災による死者全体の6,434人のうち，10〜20歳代の死者数は前後の年代と比べて多くなっている。併せて，60〜80歳代の方も数が急増している。つまり2つのピークがあったのである。阪神・淡路大震災の1つの被害の出方として，脆弱な住宅に住んでいた人が亡くなったことがある。脆弱な住宅に住むことを余儀なくされていた層の属性には，長く同じ家に住み，その住宅を手入れすることなく，70〜80歳になるまで住んでいた方々が1つの典型である。さらに，就職や進学で阪神間にやってきた若者たちも収入が限られているから，脆弱な住宅に住むことを余儀なくされていた。

もう1つのトリックは，実は直接死を取り上げた点にある。地震による死者には，直接死と震災関連死がある。地震直後は生き延びていたけれど，その後，避難所に行ってインフルエンザにかかって亡くなってしまった人たち，不便な避難生活を余儀なくされて，血圧が高くなって脳血管障害で亡くなった，あるいは心臓病で亡くなったという人たちは，直接死には含まれない。感染症や循

第2章　災害脆弱性の社会学 (1)　25

環器系の障害で亡くなった人たちに特徴的な属性は，高齢者である。震災関連死まで含めると，高齢者ほど多く亡くなっていた。先ほどの西宮市のデータは，直接死に限ってワイブル分布を当てはめた話であり，直接死に限っていうならば，若者が極めて多く亡くなったのが，阪神・淡路大震災という災害の特徴だったということである。次には，もっと細かな地区別の解析を見てゆこう。

2.3 災害脆弱性は地域ごとに異なっていた

　災害の脆弱性は地域によって異なっていたことを，阪神・淡路大震災の別のデータで検討してゆこう。松本・立木 (2009) は，阪神・淡路大震災の神戸市における直接死者3,895名を対象に，死者が多数発生した神戸市内7区のそれぞれについて，町通り単位での死亡率を説明する構造方程式モデルを構築した。国立研究開発法人（現）建築研究所によって，住宅の全壊率や死亡率が町丁目単位のデータとしてまとめられている。また，それとは別に，神戸大学のチームが被災直後に被災地全体を歩き回り，住民に調査票を配布して，どれくらいの揺れだったのかを調査票を通じて問い合わせる調査を行っている。当時はまだ地震計の設置が非常に限られていて，細かい地点での具体的な揺れの状況は分かっていなかったため，このような調査が行われたのである。神戸大学や大阪大学，京都大学や大阪市立大学など建築学科がある大学の学生が総動員で，被災地をローラー作戦で回り，アンケートによって震度を確認した。そこから，町丁目ごとに，つまり●●町××丁目と細かく分類して揺れの度合いを割り出していった。以上に加えて松本・立木 (2009) は，国勢調査データを使って，該当町丁目に高齢者，20～25歳の人がどのくらいいるのか，あるいは住宅都市統計を用いて，その町丁目の中で世帯年収が200万円未満の世帯の割合，併せて年収1,000万円以上の世帯の割合も指数化して求めていった。

　神戸市には全部で9区あるうち，住宅の損傷が激しかった7区ごとに，人がどんな要因によって死亡していたのかという因果モデルを作った。7区というのは，東灘区，灘区，中央区，兵庫区，長田区，須磨区，垂水区である（図2-5）。基本的には震度7の帯が通ったところである。なお，当時の震度7の定義は，その一帯の住宅の3割以上が倒壊したら，震度7というざっくりとしたものであった。

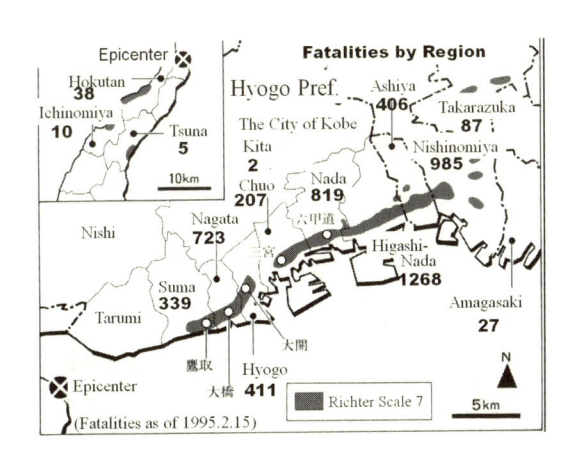

図2-5　震度7の帯と神戸市の区別犠牲者数

　この7区のそれぞれで死亡率に関係するデータを使って，どんな因果関係によって死亡率が説明できるかを，構造方程式を使って検討した。まず，図2-6は長田区の死亡率の因果関係をパス図で表現したものである。矢印の出たところが原因，指すところが結果という関係になっている。
　死亡率に対して矢印が2本入っているが，死亡率は何によって直接説明できるのかを表しており，矢印についている係数は標準偏回帰係数である。偏回帰係数は値が大きければ大きいほど影響力の強さを示すので，長田区における死亡率は基本的に2つの要因によって説明される。
　長田区では，その町丁目における全壊住宅の割合が高ければ高いほど，死亡率が高かった。もう1つは，どれくらい火災によって住宅が滅失したのかという割合である。長田区での亡くなり方は，倒壊した住宅の下敷きになって即死するか，火災で住宅が全焼し，その中に閉じ込められて焼死するかであった。住宅の全壊率については，2つの要因が影響を及ぼしている。1つは，住民のアンケートから震度を町丁目単位で推計したアンケート震度の大きさであり，揺れが大きければ大きいほど倒壊率が高くなる。もう1つは，脆弱性と名づけた要因であり，どれくらいその地域が災害に対して脆弱であったのかを，3つの指標から導き出したものである。
　長田区における災害脆弱性は，3つの指標によって説明される。1つは高齢

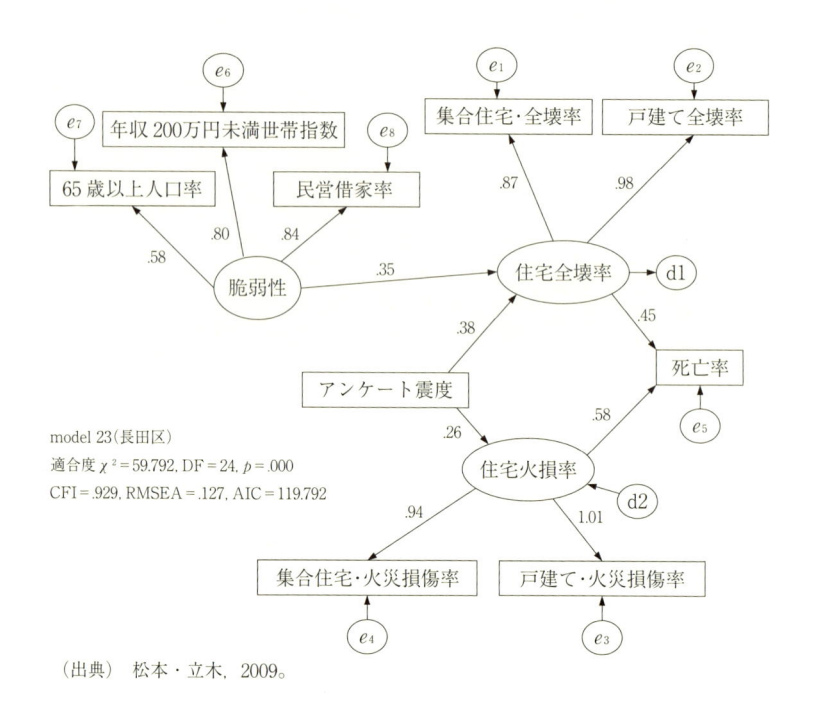

図2-6 長田区の死亡率の推定

(出典) 松本・立木, 2009。

化率である。2つ目は低年収である。3つ目は民営借家(収入が低い人が住んでいた典型的な住宅)の割合であった。災害による被害や損失は，災害誘因としての地震動というハザードおよびその暴露，そして脆弱性によって規定される(Wisner et al., 2003)。長田区の場合，町通りで高齢者や低所得層そして民営借家が多いところほど居住者の住宅は老朽化しており，そのため耐震性能が低かったと理解すべきである。

　続いては灘区を見てみよう。図2-7は長田区同様に大規模な火災延焼が発生した灘区の死亡率を推定するパス図である。灘区は三宮から見て大阪寄りに位置する，神戸大学がある区である。灘区でも住宅全壊と火損が死亡率を直接に規定しており，住宅全壊率はアンケート震度と地域の脆弱性という2つの規定因に左右されるという全体の構図は長田区と似ていた。それでは，長田区と違う，灘区の特徴はどこにあるだろうか。それは，若年層が低所得の指数ととも

(出典) 松本・立木，2009。

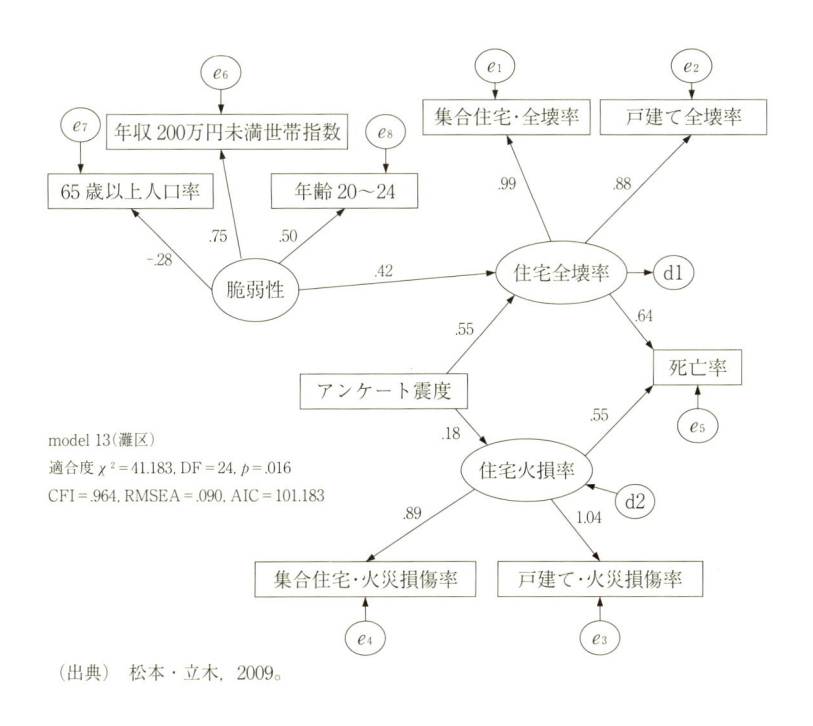

図2-7 灘区の死亡率の推定

に脆弱性の指標となっていたことである。

　灘区では年収200万円未満世帯指数と20～24歳比率が脆弱性を反映する正の指標，そして65歳以上人口率は脆弱性の負の指標となっていた。老朽化した住宅に居住することを余儀なくされていた大学生を中心とした20歳代前半の低所得層が，地震動による住宅倒壊の結果として死亡していたのである。これに対して灘区で高齢者率の高い地域は，住宅の耐震性能がむしろ高かった（すなわち脆弱性が低い）ことも併せて示唆された。

　ここまで見ると，揺れというものは物理的なものだけれど，脆弱性は社会的に構築された現象であることを，実感として持てるのではないだろうか。灘区に特徴的な，比較的に多く若い人たちが亡くなった点は，ちょうど西宮市と同じような構造になっていたということである。

　それでは，低収入ほど脆弱性の指標になるのか。灘区より1つ大阪寄りの東

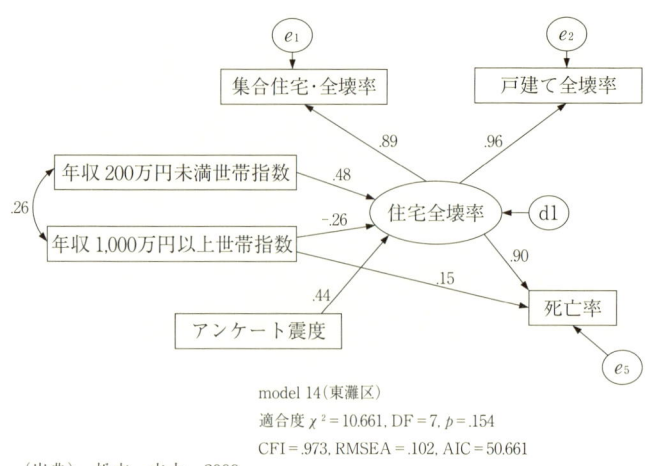

(図中ラベル)
集合住宅・全壊率 ← .89 住宅全壊率
戸建て全壊率 ← .96 住宅全壊率
年収200万円未満世帯指数 → .48 住宅全壊率
年収1,000万円以上世帯指数 → -.26 住宅全壊率
年収200万円未満世帯指数 ↔ .26 年収1,000万円以上世帯指数
アンケート震度 → .44 住宅全壊率
住宅全壊率 → .90 死亡率
年収1,000万円以上世帯指数 → .15 死亡率
d1 → 住宅全壊率
e5 → 死亡率

model 14（東灘区）
適合度 $\chi^2 = 10.661$, DF = 7, $p = .154$
CFI = .973, RMSEA = .102, AIC = 50.661

（出典）松本・立木，2009。

図2-8　東灘区の死亡率の推定

灘区の死亡率のモデルを見ると，低収入者の割合と併せて一部の高収入者の割合も死亡率と関係していた（**図2-8**）。東灘区では，アンケート震度と，年収200万円未満の世帯の指数が住宅の全壊率を説明し，全壊率が死亡率を直接に左右していた。それに対して年収1,000万円以上の世帯が多いところでは，住宅の全壊率に対する直接の影響力の係数が-0.26なので，年収1,000万円以上の世帯が多ければ多いところほど住宅は倒壊しにくかったと理解できる。直感的に分かる通り，世帯収入が高い家庭ほど，丈夫な地盤の上の堅牢な家に住んでいたということである。

ところが，東灘区において非常に特徴的なことは，また別系統で，年収1,000万円以上世帯指数が死亡率に対して統計的に意味のある正の効果を持っていた点である。これはどう理解したらよいのか。長田区や東灘区のようなモデルでは理解ができないのだが，東灘区のどこで人が亡くなったか，地図に落とし込んでみると，見えてくることがある。**図2-9**は，年収1,000万円以上の世帯の指数と死亡率を重ねて表したものである。JRと阪神電車の間で多数が亡くなっている。**図2-8**の，年収1,000万円以上世帯指数から死亡率に直接影響を及ぼしている係数の意味は，年収だけで死亡率が決まるわけではなく，と

りわけ昭和以降の宅地開発の中で，中間層の人たちがこの一帯に住宅を構えていた点にある。基本的に電鉄会社が開発した住宅地であり，戦前から都市の中間層で年収の高かった人たちの住宅が老朽化し，しかも揺れが非常に激しかったために，この東灘区の一帯で，年収の高い層でも死者が出ていたのである。さらに東灘区では，地域の高齢者率や若年層率は脆弱性の指標にはなっていなかった。

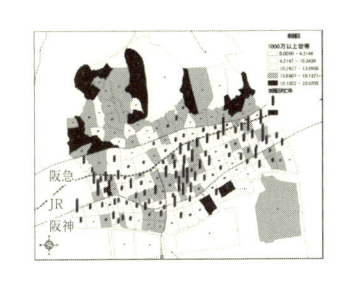

図2-9　東灘区の死亡率と年収1,000万円以上世帯指数の分布

3．災害社会学小史

災害社会学の基本的なミッションとは，できるだけ災害によって死者が出ないようにしたい，もし不幸にして被害を受けたら，できるだけ早くに生活を立て直していけるようにしたいということである。ここで，特に自然災害に関する社会学的な研究の出自について，研究史を見ておこう。

そもそも災害社会学はアメリカで1950年代くらいから始まったが，2つの大きな研究の流派がある（図2-10）。1つは，自然災害科学研究（hazards research）と呼ばれている研究の流れである。この1派が注目したのは災害脆弱性と，その脆弱性に対する防災（mitigation）という，被害を抑止する研究だった。自然災害科学研究の出発点は，1960年代の民主党ジョンソン政権時代にある。当時アメリカで非常に注目されていたのが，水害による被害だった。アメリカはこのころ，都市計画の手法を使って，被害の抑止を進めていた。具体的な手段として導入されたのが洪水保険制度である。これは自治体単位で参加することを前提とした仕組みで，当該の自治体が洪水対策に取り組んだ場合に限り，その地域の住宅の所有者は，自治体が公開する洪水ハザードマップ上で自宅が保険可能な場所であれば洪水保険に加入ができる。そして万が一，将来洪水被害に遭ったときには連邦政府から保険金が保険加入者に払われるというものであ

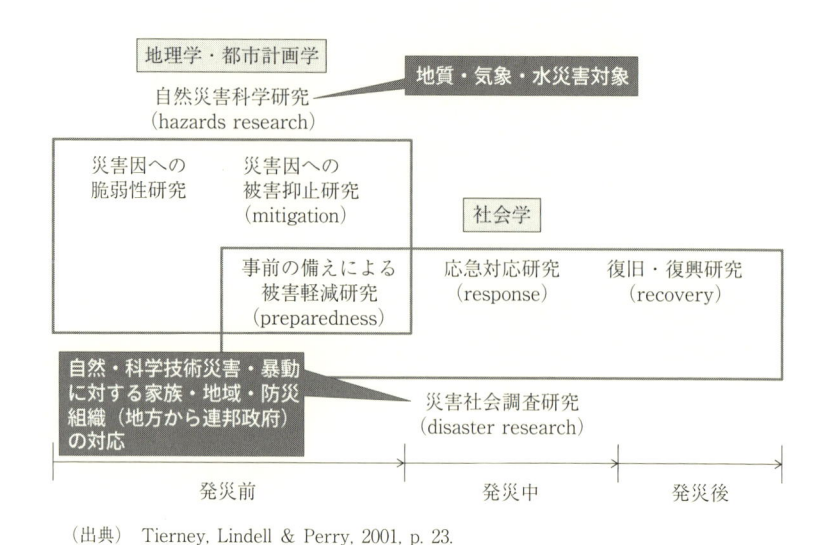

```
         地理学・都市計画学        地質・気象・水災害対象
         自然災害科学研究
         (hazards research)

   ┌─────────────────────────┐
   │ 災害因への    災害因への           │
   │ 脆弱性研究    被害抑止研究          │
   │          (mitigation)    社会学     │
   │                                    │
   │        事前の備えによる  応急対応研究  復旧・復興研究 │
   │        被害軽減研究    (response)   (recovery)  │
   │        (preparedness)              │
   │                                    │
   自然・科学技術災害・暴動
   に対する家族・地域・防災      災害社会調査研究
   組織（地方から連邦政府）      (disaster research)
   の対応
   ├──────────────┼─────────┼─────────┤
         発災前         発災中      発災後

（出典） Tierney, Lindell & Perry, 2001, p. 23.

**図 2-10　自然災害科学研究と災害社会調査研究の主要な研究領域**

る（織田，2007）。

　このアメリカの洪水保険の仕組みを築いた地理学者ギルバート・ホワイト（図 2-11）がリーダーとなってコロラド大学で創設したハザード研究所が自然災害科学研究グループの拠点となった。このグループは基本的に自然災害，特に洪水や地震などを主に取り扱い，なぜハザードが起こったときに被害が出るのかという脆弱性についての研究を進め，それを食い止めるのにはどうしたらよいか，非構造的な防災対策（nonstructural mitigation），あるいは構造的な防災対策（structural mitigation）を考え，さらには事前の被害軽減策（preparedness）として信号や警報をどのように伝達すればよいのかといった分野で研究と実践活動を展開していった。

　60 年代には，もう 1 つの主要な研究グループが立ち上がる。当時アメリカはロシア（当時のソ連）との冷戦の最中だった。2015 年の 4 月にはオバマ大統領がキューバのテロ指定国家の解除に向けて動き，アメリカとキューバの間の国交は 2015 年 7 月に回復した。しかし，筆者が小学生のころには，ソ連がミサイルをキューバに持ち込んだらワシントン D.C. もニューヨークも，キューバから
```

のミサイルで攻撃されると真剣に考えられており，第3次世界大戦が起こりかねないと，リアルに語られていた。1960年代はそのような時代だった。当時のアメリカでは，キューバからのミサイルが

図2-11　ギルバート・ホワイト教授と筆者（2000年7月，コロラド大学ボールダー校にて）

主要都市を襲ったときに，いったい人々はどんな反応をするか，パニックの可能性はあるかなどの研究に高い優先度が与えられ，アメリカ政府が多額の研究資金を研究者に提供していた。そこから当初はオハイオ大学，その後デラウェア大学を本拠とした災害社会調査研究（disaster research）グループが生まれる。このグループは，基本的には大規模な災害が起こったときの人の動きや，それに対する公的組織の対応を主要なテーマとした実証的な社会学的研究に強みを発揮した。

　やがてdisaster researchの研究者たちとhazards researchの研究者たちが合流し，今のアメリカの災害社会学が出来上がっていく。その中でもすでに，もともとあった被害抑止の研究（mitigation）に加え，被害軽減の研究（preparedness），応急対応（response）の研究，それから復旧・復興（recovery）の研究が進んだ。この4つは，災害社会学で取り扱う大事な社会的な対応であり，これらが徐々に1つの流れになったのが，およそ20年前となる。このようにして災害社会学という学問は展開してきた。

第3章

災害脆弱性の社会学 (2)

1. 災害リスクはハザードと脆弱性の関数である

　ここまで見てきたように，ハザードとは災害を引き起こすきっかけになる事象のことである。**図1-6**で言うと，左側のハザードすなわち災害の誘因に対して，脆弱性は社会が抱えている災害の素因である。誘因としてのハザードと，素因としての脆弱性の交互作用によって引き起こされる社会的な現象が災害である。誘因としてのハザードは自然科学や工学の対象だが，素因としての脆弱性は明らかに社会的なメカニズムによって維持されているので，被害が生じる理由は極めて社会的な過程が背後にあるからであり，災害という現象は社会学の対象となる。災害は社会的に構築されるからである。

　これを関数のかたちで表現すると次のようになる (Wisner et al., 2003)。

災害リスク＝f(ハザード，脆弱性)

　災害リスクは，ハザード (災害因) と脆弱性の関数である，という言い方ができる。同じことを**図1-6**のような集合のかたちで示したり，関数で示したりしているが，基本は同じことである。

2．高齢者，障害者と東日本大震災

2.1　高齢者の被害——性差と地域差

　災害のリスクがハザードと脆弱性という2つの要因で決まるのが災害リスクの考え方だとしたら，これがどの程度現実に当てはまり，現実のデータを説明できるのだろうか。直近の大災害だった東日本大震災時の，高齢者と障害者の死亡率に関する統計資料を基に見てゆこう（Tatsuki, 2013; 立木，2015a）。

　読者も耳にされているかもしれないが，東日本大震災における人的な被害は若い人に比べ，高齢者ほど集中する傾向にあった。東日本大震災で多数の死者が出た地域は，太平洋側の岩手県，宮城県，福島県の3県である。この3県の間で，高齢者の亡くなり方に違いがあり，宮城県の高齢者が最も多く亡くなっていた。まずはこの高齢者の被害の違いを見てゆき，この結果につながった理由を社会学的に考えてみよう（Tatsuki, 2013; 立木，2015a, pp. 214-215）。

　図3-1は，被災東北3県のそれぞれについて，年齢別の死者割合（グレーの棒）と同年齢の人口構成割合（透明の棒）を示したものである（警察庁，2012）。各県とも，60歳代までは人口構成割合に比べて死者の割合は低く，60歳代以上になると死者割合が人口構成割合をはるかにしのぐ結果となっている。つまり，高齢者ほど全人口に占める同年代の割合を超える方々が震災の犠牲となっていた。

　岩手県を例に取り，女性に注目すると，震災，津波被害での女性死者数全体を100としたとき，60歳代女性の死者は18％程度となる。80歳代以上の女性になると，25％を占める。ここで80歳代以上の男女についてグレーの棒の長さ（年齢別死者割合）を比較すると女性の方が男性（死亡男性の19％）よりも多く亡くなっているように見える。だが，80歳代では，そもそも男女の人数が大きく異なっていることに注意する必要がある。

　図3-1のグラフにおける透明な棒を見ると，岩手県では女性の場合，80歳代以上が全体の人口構成比で11％，これに対して亡くなった人は25％と人口構成比の2倍程度だが，全体の人口構成比6％に対して亡くなった男性の割合は19％と人口構成比の3倍である。結論として，男性の方が割合の上からは多く亡くなっていたことが分かる。

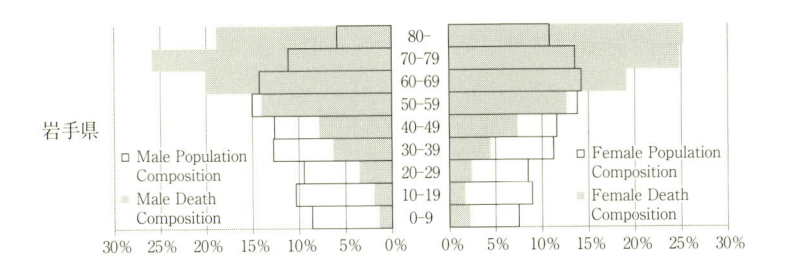

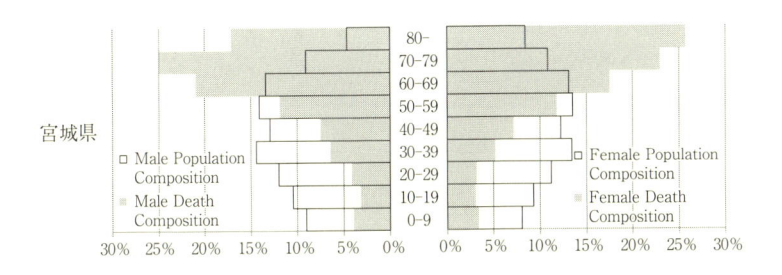

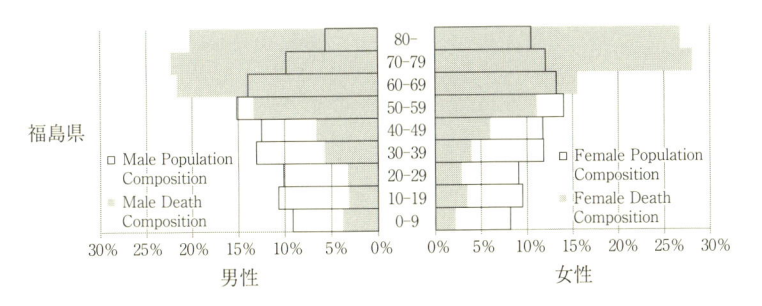

(出典) 警視庁，2012年3月6日。

図3-1 東北3県における年齢別の死者割合と同年齢の人口構成割合

　図3-2は，10歳刻みの年齢階級ごとの人口割合（透明の棒）に対する死者の割合（グレーの棒）の比（グラフ縦軸）を年齢別，男女別，および県別に求めたものである。このグラフからは，**図3-1**で読み取れたように，60歳代未満では人口構成割合に対する死者割合の比は1以下となっており，これが60歳代を越えると急に1を越え，70歳代では人口構成割合よりも約2倍から3倍，80歳代では

第3章　災害脆弱性の社会学(2)　37

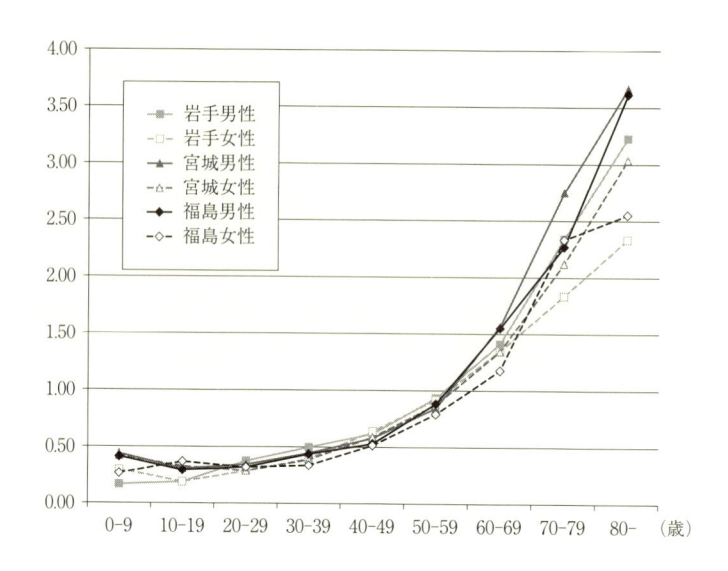

図3-2　県および性別の年齢別人口構成割合に対する
死者構成割合の比（対年齢別人口構成割合）

約2.5倍から3.5倍の高齢者が亡くなっていたことが読み取れる。
　話が逸れるが，0〜10歳代まででは，また異なったデータの見方ができる。岩手県の子どもたちは宮城県や福島県の子どもたちより亡くなっていない。岩手県では明治33年の三陸大津波で全村が壊滅するような事態に遭ったり，昭和の大津波でも同じところで被害があったりして，防災教育がその後とても熱心に行われてきた。「津波てんでんこ」という言葉が東日本大震災で有名になったが，津波が起こったら親も子も関係なしに，みんながてんでに，銘々に逃げた方がいいのだ，それぞれが命を守るのだというのが，「てんでんこ」の1つの意味である（e.g., 矢守，2012）。岩手県ではそのような防災教育をよりしっかりとやったと見ることができる。
　高齢者の死亡データ検証に戻り，性別で比較すると，高齢の男性の方が女性よりも，人口構成割合に比べてより多く亡くなっていた。最後に，人口割合に比べた死者割合の比は，東北3県で違いがあった。すなわち高齢者の被害の割

表3-1 被災東北3県の70歳以上高齢者数と老人向け各種施設入所者割合

| 県 | 70歳以上高齢者数 | 老人向け施設入所者割合 | 老人向け施設 ||| 高齢者向け施設入所者の被害率 |
			介護老人福祉施設入所者数	養護老人ホーム	軽費老人ホーム	
岩手県	275,976	2.6%	2.1%	0.3%	0.2%	2.1%
宮城県	386,834	2.0%	1.6%	0.1%	0.2%	5.2%
福島県	384,956	2.5%	2.1%	0.2%	0.2%	0.4%

（出典）　平成22年国勢調査（http://www.e-stat.go.jp/SG1/estat/List.do?bid=000001034991&cycode=0)。
　　　　平成21年度介護サービス施設・事業所調査（http://www.e-stat.go.jp/SG1/estat/List.do?lid=000001070484)。
　　　　平成21年度社会福祉施設等調査（http://www.e-stat.go.jp/SG1/estat/List.do?lid=000001068770)。
　　　　河北新報「焦点／被災3県59ヵ所, 津波被害／高齢者施設578人死亡・不明」2011年12月13日。

合は, 宮城県で最も高く, 続いて福島県, そして岩手県の順となっていた。この県別の順位は男女それぞれで同様であった。人口構成比上, なぜ, 高齢男性の方が高齢女性よりも被害の割合が高いのか, さらになぜ, 被害の割合に3県で違いがあるのか。この問いについては, 何らかの社会的要因が関与していると考えられる。これを解く手がかりを示したのが表3-1である。

2.2　宮城県における被害の特徴

表3-1は, 2010年3月時点での岩手・宮城・福島3県における特別養護老人ホームや養護老人ホームなどの老人向け施設に入所していた高齢者の数を, 便宜的に70歳以上の各県の高齢者数で割ることで求めた高齢者向け施設入所者の割合を比較したものである。また, 表の最右列は, 河北新報（2011年12月13日）が独自にまとめた被災3県の高齢者入所施設で被災し死亡・不明となられた方々の数を各県の施設入所者数で割ることで求めた高齢者向け施設入所者の被害率である。これを3県で比べると宮城県の被害率が群を抜いて高いことが分かる。宮城では, 施設が海辺の景観の良い場所に建てられていたこと, これに対して岩手では高台に, 福島では内陸部に施設が多く建てられていたことにより, 被害に差が出たことが類推される。

その一方で，施設入所者は介護スタッフにより24時間体制で見守られている。立地さえ安全であれば，入所施設の方が緊急時の対応では職員からの支援が受けられやすい面もある。そのような観点から表3-1を再びながめると，高齢者向け施設入所者の割合が宮城では岩手・福島と比べて低いことが読み取れる。言い換えるなら，宮城では在宅で暮らす高齢者の割合がより高かったことにより，津波による影響がより多く出た可能性が考えられる。さらに，このように考えると高齢者の死亡率の性差も，男性では高齢でも在宅で妻や家族と暮らす傾向が強いのに対し，男性よりも平均寿命が長い女性では，配偶者からの介護によって支えられる可能性がより低く，結果として施設入所の割合が高く，(立地さえ安全であれば)介護スタッフにより緊急時の対応が取られていた，といった理由で人口構成比上の女性の死亡者の割合の低さが説明できるかもしれない。しかしながら，より確定的な結論を下すためには，県別といったマクロな統計資料ではなく，個別の状況が分かるデータを基にした検討が必要である。

　災害リスクは災害誘因としてのハザードと，素因としての脆弱性の関数だと前述したが，ここで働いている要因は，ハザードではない。ハザードで言うなら，岩手の方がリアス式海岸なので，津波はより高いところまで遡上している。ハザードではなく，脆弱性が宮城でより高かったということである。

2.3　障害者の死亡率は全体死亡率の2倍だったのか

　宮城県での高齢の死者数の多さ，男女別では女性の死亡率が低かったことについて見てきたが，これらはまだ推論である。しかし，本節で見る障害者については，確証をより強く持って言えるデータがある。今回の東日本大震災は，災害研究史上初めて，障害者が何人亡くなったのかが市町村単位で分かった災害であった。

　東日本大震災で死亡した障害者(障害者手帳所持者)の死亡率が全住民の死亡率と比べて2倍近くあった，という報道は，毎日新聞(2011年12月24日)，NHK(2012年3月6日，2012年6月10日，2012年9月11日)，共同通信(2012年7月30日)，河北新報(2012年9月24日)などが行った。その根拠として報道各社が用いたのが，被災した市町に対する独自取材による障害者手帳を交付された犠牲者の調査である。このような独自調査資料のうち，NHK福祉ネットワーク(現ハート

表3-2 東日本大震災で10名以上の死者を記録した31市町村の全体死亡率と障害者死亡率

県	市町	全体 被災地人口	全体 死者	全体 死亡率	障害者手帳交付者 被災地人口	障害者手帳交付者 死者	障害者手帳交付者 死亡率
岩手	宮古市	59,442	517	0.9%	3,371	36	1.1%
	大船渡市	40,738	417	1.0%	2,268	47	2.1%
	陸前高田市	23,302	1,760	7.6%	1,368	123	9.0%
	釜石市	39,578	958	2.4%	2,569	64	2.5%
	大槌町	15,277	1,229	8.0%	1,012	95	9.4%
	山田町	18,625	775	4.2%	1,114	59	5.3%
	田野畑村	3,843	39	1.0%	203	3	1.5%
	野田村	4,632	27	0.6%	273	2	0.7%
	岩手小計	205,437	5,722	2.8%	12,178	429	3.5%
宮城	仙台市*	318,133	734	0.2%	13,432	53	0.4%
	石巻市	160,704	3,569	2.2%	7,893	397	5.0%
	塩竈市	56,490	46	0.1%	2,997	0	0.0%
	気仙沼市	73,494	1,234	1.7%	3,508	135	3.8%
	名取市	73,140	911	1.2%	3,749	76	2.0%
	多賀城市	62,979	125	0.2%	2,318	17	0.7%
	岩沼市	44,198	150	0.3%	1,770	14	0.8%
	東松島市	42,908	1,024	2.4%	1,920	114	5.9%
	亘理町	34,846	306	0.9%	1,384	23	1.7%
	山元町	16,711	616	3.7%	933	54	5.8%
	松島町	15,089	16	0.1%	709	2	0.3%
	七ヶ浜町	20,419	93	0.5%	882	8	0.9%
	女川町	10,051	820	8.2%	605	81	13.4%
	南三陸町	17,431	793	4.5%	995	125	12.6%
	宮城小計	946,593	10,437	1.1%	43,095	1,099	2.6%
福島	いわき市	342,198	430	0.1%	21,004	35	0.2%
	相馬市	37,796	469	1.2%	1,903	23	1.2%
	南相馬市	70,895	951	1.3%	4,398	16	0.4%
	楢葉町	7,701	69	0.9%	512	11	2.1%
	富岡町	15,996	134	0.8%	861	3	0.3%
	大熊町	11,511	49	0.4%	565	0	0.0%
	双葉町	6,932	94	1.4%	377	2	0.5%
	浪江町	20,908	358	1.7%	1,155	23	2.0%
	新地町	8,218	116	1.4%	455	17	3.7%
	福島小計	522,155	2,670	0.5%	31,230	130	0.4%
	総計	1,674,185	18,829	1.1%	86,503	1,658	1.9%

(注) 仙台市の死者のほとんどが若林区と宮城野区に集中していたため、両区の人口の合計を用いた。

(出典) NHK ETV「福祉ネットワーク」および「ハートネットTV」取材班の調べ、2012年9月5日現在。

ネットTV）取材班の資料は，2012年3月から被災市町に3カ月間の間隔で3回の問い合わせを行い死者数の検討を繰り返したという点で，最も精度の高いものである。繰り返し調査の理由は，当初の市町村の回答には障害者死者数として直接死だけでなく震災関連死も含まれている場合があり，数字の訂正が多くの自治体で行われたためである。この資料を基にすると，東北3県全体の障害者死亡率は，全住民の死亡率のほぼ倍近いものとなっていたと，NHK教育テレビ福祉ネットワーク（2012年3月6日放送）や，NHKハートフォーラム（公開シンポジウム，2012年6月10日実施），NHK教育テレビハートネットTV（2012年9月11日放送）で言及された。筆者は，これらの番組やシンポジウムの企画に協力しコメンテーターとしても関わったことにより，取材班が調べた全31市町村の結果（表3-2）の提供をいただいた。表3-2では，東日本大震災で10名以上の死者が発生した31の自治体の全住民の死亡率と障害者手帳所持者の死亡率が比較できるようになっている。最下行を見ると，直接死者を10名以上記録した31自治体の全住民数（1,674,185人）と死者数（18,829人）が示されている。これを基にすると全体の死亡率は1.1％となる。また障害者手帳交付者数（86,503人）と障害者死者数（1,658人）より障害者（障害者手帳所持者）の死亡率が1.9％となり，全体死亡率のほぼ倍となっており，この数字が番組やシンポジウムでも紹介された。

　表3-2は東北3県の被災31市町村のそれぞれについて障害者と全体の死亡率が記載されている大変貴重なものである。そこで，総計の数値だけではなく，より細かな検討を行うために，31市町村のそれぞれについて全体死亡率と障害者死亡率の関係を散布図にし，それらの関係を県別に分けて回帰直線を当てはめたのが図3-3である。3本の回帰直線は，それぞれ岩手，宮城，福島の各県内市町村ごとの全体死亡率と障害者死亡率の関係を要約するものとなっている。ただし，通常の回帰とは異なり，全体死亡率が0のときには障害者死亡率も0となることから，切片が0で原点を通る回帰式（障害者死亡率＝回帰係数×全体死亡率）を用いている。この回帰式を用いると，障害者死亡率は全体死亡率の何倍となるのか，いわば全体死亡率に対する障害者死亡率の格差を表す指標として回帰係数が解釈できるようになる。そこで図3-3を再度ながめると，障害者の死亡格差は宮城県で倍近くと大きく（1.92倍），その一方で岩手県（1.19

(出典) 立木, 2015a, p. 220。

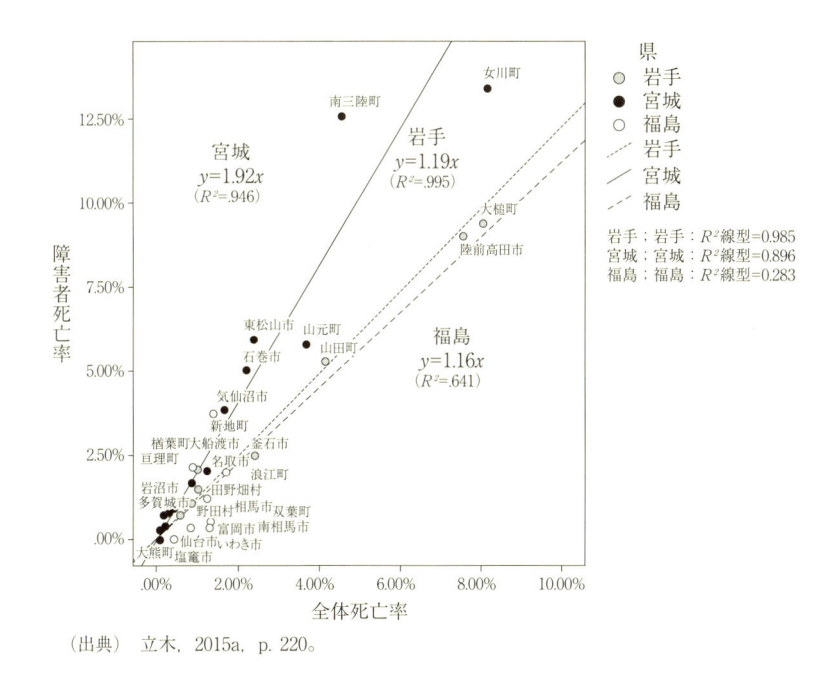

図3-3 障害者死亡率に対する全体死亡率の関係

倍)と福島県(1.16倍)で小さいことが明らかになった。死亡率を全体として合算した場合には，全体人口や障害者人口で過半を占める宮城県の傾向(障害者の死亡率は全体の死亡率の倍近くであった)が過大に反映されていたが，県別による市町村単位の分析を行うことにより各県の個別の状況が浮かび上がったのである。

2.4　障害者の被害──障害者施設入所率の違いと死亡率の県別格差

災害による被害は，ハザードと脆弱性の2つの要因によって決まる(Wisner et al., 2003)。東日本大震災の人的被害(直接死)に関する市町村単位での津波ハザード要因や社会的脆弱性の影響に関しては，市町村単位での被災各地の津波高などの各種実測値と死者・不明者数についての報告が震災半年後には既に発表されている(鈴木・林, 2011)。さらに震災翌年になると，震源からの距離，浸水面積率，地形，高齢化率や漁業・農業従事率(上田, 2012)や，高齢化率，

第3章　災害脆弱性の社会学(2)　43

津波到達時間，地域防災計画で想定した津波高と実際の津波高の比（松本・立木，2012）が，全体死亡率や障害者死亡率を説明できるとした研究が専門学術誌に掲載されてきた。最後に述べた松本・立木（2012）の研究では，全体死亡率を従属変数とした回帰では県ごとに差異は見られなかったが，障害者死亡率を従属変数とした場合には県ごとの差異が統計的に有意となっていた。すなわち，前項の**図3-3**で示したように，宮城県では岩手県や福島県と比較してより多くの障害者に被害が出たことを指摘している。しかしながら，その理由については明らかにしていない。

東日本大震災の現場で障害者支援に当たった当事者団体や組織のリーダーたちは，学会とは離れた場で，障害者被害率に影響を及ぼす要因として東北地方における施設入所率の高さを指摘していた。以下は，特定非営利活動法人ゆめ風基金理事の八幡隆司氏が2011年10月2日に行った「東日本大震災からみる障害者市民支援活動と今後の課題」と題するシンポジウム報告の一部である。

　……障害者支援に限っていえば，岩手も宮城も入所施設の問題があります。かつて浅野さんが県知事時代にコロニー解体ということもおっしゃいましたが，浅野さんがいなくなったらコロニーの看板は復活しています。まったく状況は変わっていません。「被災地障害者支援センター」の代表の今川さんは31歳の若い女性です。今回の被災地の大船渡に生まれて，家の近くに施設がないので盛岡まで行って寮生活をしながら小・中・高を過ごされました。そういう地域ですから，この地域の人たちは卒業後もそのまま入所施設に入ることに抵抗は少なく，自宅に帰るなら，介護の必要な場合は親が介護をがんばるしかないわけです。ヘルパーを使って生活をするとか，移動支援を使って買い物に出かけるということは，まずないのです（八幡，2012, p. 13）。

1993〜2005年まで宮城県知事を務めた浅野史郎氏は，知事に立候補する際に，「私が知事になった暁には，宮城県からは障害者向けの施設を解体します」と宣言した。知的障害者はかつて，山里離れたコロニーと呼ばれる施設の中で生まれてから亡くなるまでずっと暮らしていた。そのコロニーを解体する，と。さらに「私が知事になったら障害者は施設ではなく，在宅で暮らせるよう

表3-3 被災東北3県の各種障害者手帳交付者数と福祉施設等入所者割合

県	手帳交付台帳登載数 (2009年度)			福祉施設等入所者割合 (2009年度)				
	身体障害者手帳交付者数	療育手帳交付者数	精神障害者保健福祉手帳交付者数	身体障害者施設入所率	障害者支援施設入所者割合	身体障害者更生援護施設入所者割合	知的障害者援護施設入所者割合	精神障害者社会復帰施設入所者割合
岩手県	46,039	10,141	5,505	3.1%	2.3%	0.8%	9.2%	1.0%
宮城県	50,476	9,285	9,335	0.7%	0.3%	0.4%	17.7%	0.8%
福島県	63,985	14,636	6,620	1.3%	0.9%	0.4%	10.4%	1.0%

(注) 1. 数値は2010年3月現在。
2. 身体障害者施設入所率は障害者支援施設入所者割合と身体障害者厚生援護施設入所者割合を合算したものである。

(出典) 平成21年度福祉行政報告例 (http://www.e-stat.go.jp/SG1/estat/List.do?lid=000001068770)。
平成21年度衛生行政報告例 (http://www.e-stat.go.jp/SG1/estat/List.do?lid=000001068836)。
平成21年度社会福祉施設等調査 (http://www.e-stat.go.jp/SG1/estat/List.do?lid=0000010 68770)。

な進んだ福祉を宮城県にもたらします」と言って県知事選挙に出馬し，当選を果たした。厚生省（当時）の障害福祉課長を務めたこともある浅野氏が宮城県で進んだ福祉を推進したのは，施設を解体して在宅福祉に変えるという目的があった。障害者もそうでない人も同じように暮らせる社会を目指すという，ノーマライゼーションの発想がここにはあった。

八幡氏と同様の指摘は，南相馬市で障害者の生活介護や生活訓練，自立支援事業を行う特定非営利活動法人さぽーとセンターぴあ代表の青田由幸氏も述べている。2013年1月12日に行われた第6回全国校区・小地域福祉活動サミットin KOBE・ひょうごでのシンポジウム「災害時ひとりの命も見逃さない」の席上で，南相馬市では，全体死亡率1.3％に対して障害者死亡率はむしろそれよりも大幅に低い0.4％であったことの理由についての質問に，青田氏は「福島では重度の障害者は地域で暮らせないから」と答えている。

上記のような障害者支援の関係者からの発言に触発されて，被災東北3県について震災1年前に当たる2010年3月時点での各種障害者手帳交付者数と障害者福祉施設入所者数を調べ，それを基に身体障害者の施設入所割合をまとめ

たのが**表3-3**である。これを見ると，障害者支援施設および身体障害者更生援護施設については，宮城の入所者割合が大変に低いことが確認できる。宮城では，障害者向け施設の解体とノーマライゼーションの推進を表明して知事選に立った浅野史郎前知事の県政のもと，身体障害者については施設入所率が低かった（すなわち地域で在宅の生活を送る人の割合が高かった）。しかしながら，逆にその結果として，地域で津波被害に遭う可能性が宮城ではより高かったのではないか，という仮説が示唆されるのである。

　以上のような仮説を検討するために，障害者死亡率に関係があると報告されてきた要因として全体死亡率，ハザード要因（震源までの距離，浸水面積率，地形区分，津波到達時間）と脆弱性要因（高齢化率と農業・漁業従事者率の合成変数，最大津波高と想定津波高の比，身体障害者施設入所率）を被災31市町村ごとにまとめ（施設入所率は**表3-3**の県ごとのものを用いた），それぞれの相関係数行列を用いて，障害者死亡率を従属変数とする重回帰分析を行った結果をまとめたのが**図3-4**である。

　障害者死亡率の重回帰分析の結果をまとめると以下のようになる。すなわち，全体死亡率が高いところほど，津波による浸水面積が大きいところほど，高齢者や漁業・農業従事者が多いところほど，津波がより早く到達したところほど，そして身体障害者施設に入所している人が少ない（在宅で暮らす障害者が多い）ところほど，障害者の死亡率は高くなっていた。これらの5つの変数によって障害者死亡率の分散の96.8％までが説明でき，大変に精度の高い予測式となっていた。

　図3-4に示した偏回帰係数は，それぞれの変数が障害者死亡率に与える影響の度合いを示すものであるが，今回の回帰式に投入した説明変数は津波到達時間を除くとすべて割合として標準化され，さらに原点を通る回帰式を採用しているので，偏回帰係数を比較することにより，津波到達時間以外についてはどの要因が障害者死亡率に対して何倍の影響があったかを比較できる。その結果，障害者死亡率への影響が一番強かったのは，全体死亡率（偏回帰係数1.129）であった。全体の人的被害が大きかったところでは，障害者の被害も大きかった。しかし，全体の死亡率と障害者死亡率の格差は，メディアが報道してきたような2倍ではなく，約1.1倍であった。2倍と報道されたのは，他の要因の影響ま

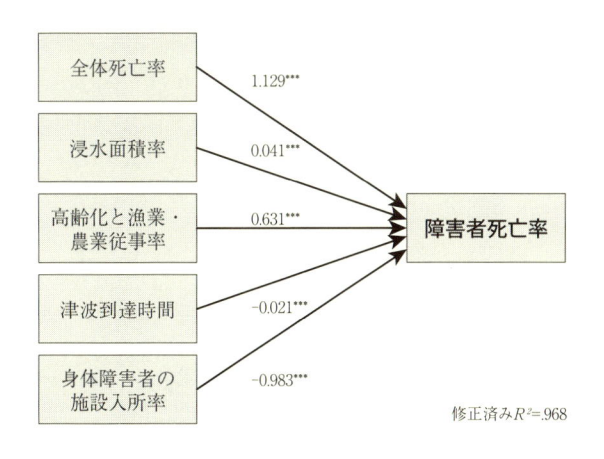

（出典）立木, 2015a, p. 224。

図3-4　障害者死亡率を説明する重回帰式

で含めていたことと，人口で過半をしめる宮城県の傾向が過大に反映されたためである。

次いで影響力の高かった要因（回帰係数-0.983）は身体障害者施設入所率であった。これは，障害者入所率が1％高くなると障害者死亡率を約1％下げる効果があったということである。また入所率は宮城で群を抜いて低い（在宅での生活者が群を抜いて高い）ことが，宮城県の障害者死亡率を岩手・福島よりもほぼ倍近く高めた大きな原因と考えることができる。

障害者死亡率に影響を与える3番目の要因は高齢化と漁業・農業従事者割合であった。これは高齢になって日常の生活上の動作の支援が必要になると介護保険の申請をするが，そのときに併せて身体障害者手帳の交付を受ける者が多くなること，生業が漁業であると沿岸部沿いに居住する可能性が高いこと，そして漁業に占める高齢者の割合が高いこと，これらの要因が関連し合って障害者死亡率を高めていた。

2.5　高齢者施設の立地，地域福祉・医療の進歩が被害を大きくしていた

本章では，県別や市町村別の統計資料を用いてマクロな観点から東日本大震

災における高齢者や障害者の避難の実態と課題を検討した。その結果，高齢であるほど被害率が高くなるという福祉防災学における古典的な命題 (Friedsam, 1960) が今回の震災でも繰り返されたことを示した。さらに宮城の高齢者の死亡率が岩手や福島に比べて高くなっていたことも明らかにした。その原因としては，第1に宮城県内の高齢者向け施設では景観のよい海辺に立地している割合が高く，そのために津波被害に遭い，結果として高齢者向け施設入所者の被害率が群を抜いて高くなったことが考えられた。さらに第2の理由として，宮城県における在宅高齢者の割合が他の2県よりも若干高くなっていたために，災害脆弱性が施設（安全な立地であることが前提であるが）入所者よりも高かったことが挙げられた。そして，施設への入所の割合の男女差（平均寿命の長さのゆえに女性の方がその割合が高い）が，高齢者の死亡率の男女差（男性の方が高かった）を説明できるのではないか，という仮説を提示した。

　以上の結果を基にして，「高齢者は安全な立地の施設に入所させるべきだ」といった考えに筆者は与しない。むしろ，いざというときのためには，隔離された施設のコンクリートによって高齢者を守るのではなく，地域における人と人とのつながりを通じて高齢者を包摂することにより命や生活を支える取り組みを，在宅福祉・地域福祉の一般施策としてもっと積極的に進めなければならない，と考える。震災に先立つ2005年5月より，このような取り組みを進めてきた宮城県石巻市八幡町では，地域の要援護者リストに載った17名のほぼ半数が，このような地域の防災ネットワークによって救われていたのである。八幡町の実績は，現在，わが国の各地で進められている地域住民主体の個別避難支援計画づくりが決して間違ったものではないことを示す好例となっている。

　障害者への取り組みでも結論は同じである。市町村単位の障害者死亡率に影響を及ぼす要因の重回帰分析から，津波浸水面積や到達時間といったハザード要因の影響とは別に，障害者死亡率は全体死亡率の1.1倍であったこと，施設入所率が1％高いと障害者死亡率が1％下がること，高齢化率と漁業・農業従事者率が高いと障害者死亡率が高くなること，などの社会的脆弱性に関する要因の影響を確認した。また，障害者死亡率も宮城で高く（全体死亡率の約2倍），岩手・福島で低い（全体死亡率の約1.2倍）ことを示した。この県別の違いは，障害者施設への入所率の違いによって説明できることを示した。これは，高齢者

向け施設の場合と同様に，立地が安全であれば，施設入所者の方が在宅で暮らすよりも災害脆弱性が低かったことを物語っている。

障害者についても，以上の結果から「障害者は施設に収容するべき」といった意見に筆者が与しているわけでは決してない。前述のゆめ風基金理事の八幡氏の発言にもあるように宮城県の知的障害者の入所率の高さは，浅野史郎前知事の提唱したコロニー解体宣言に対する，その後の揺れ戻し（撤回）によるものと考えるが，その根拠となったのは，「地域での受け皿づくりが準備できていないときに施設だけ解体すれば大変な混乱が起こる」という論法であったと聞く。確かに今回の震災では，施設入所者の方が在宅の障害者よりも震災の被害は小さかった。しかしながら，ノーマライゼーションは地球規模で拡大している理念であり，当事者を社会的に包摂してゆくことは大きな時代の流れである。地域での受け皿づくりが進んでいないことは障害者を隔離しておくことを正当化する理由とはならず，だからこそなおのこと障害者が地域のネットワークに包まれて暮らせる仕組みをつくることが喫緊の課題となるのである。

隔離された施設のコンクリートの壁によってではなく，人と人とのつながりの中に当事者を包み込むしなやかな強さを持つこと。これが，高齢者や障害者を守る大きな力となることを，私たちは教訓として学び取っていかなければならないのだ，と思う。

3．障害とは何か？——個人モデルから社会モデルへ

3.1 「災害弱者」という言葉

高齢者や障害者には災害時に被害が集中するという事実は，古くから災害対策上の問題として認識されてきた (e.g., Friedsam, 1960; Tierney et al., 1988)。菅 (2000) によれば，日本では1986年から翌年にかけて続いた福祉施設の火災で，自力での避難が困難な高齢者や障害者が多数犠牲となったことが契機となり，災害対策上特別な配慮が必要という認識が広まり，「災害弱者」問題として概念化されたという。阪神・淡路大震災までの「災害弱者」とは，このように緊急対応の観点から，避難行動上の「特別なニーズ」(林, 1996) に注目したものであった。この概念が初めて採用された1991年度版の防災白書では，「災害弱

者」は以下のように定義された。

〈「災害弱者」(防災白書, 1991年版)〉
　①自分の身に危険が差し迫った場合，それを察知する能力がない，または困難な者
　②自分の身に危険が差し迫った場合，それを察知しても適切な行動を取ることができない，または困難な者
　③危険を知らせる情報を受け取ることができない，または困難な者
　④危険を知らせる情報を受け取ることができても，それに対して適切な行動を取ることができない，または困難な者

　では，能力がないゆえにそれぞれの人は命を落としたのか。リスクが高くなったのか。実はそうではない。自分の身に危険が差し迫ったことを察知する能力がない，または困難な結果として脆弱になるかというと，そうではない。周りからの支援とつながらない状況に置かれたから脆弱になるのである。次項では「災害弱者」の定義に表れている考え方に踏み入り，弱者・障害者についての新しい考え方を検討する。

3.2　障害の社会モデル

　上に挙げた1991年版の防災白書における「災害弱者」の定義を検証してみよう。これらはすべて身体的・知的・精神的な機能の不全であり，さらにこれらは個人に内在する属性として記述されている。危険を察知することができないこと，災害情報を受け取ることができないこと，行動を取ることができないこと等々から災害時に不利益が生まれるという認識である。このような考え方の枠組みでは，問題の対処策は，身体的・知的・精神的な恒久的欠損（インペアメント）を「治療」し，少しでもその機能を高めるか，それが難しい場合には，機能を補うための技法や振る舞いを当事者本人が身につけるか (星加, 2007)，あるいは善意のボランティアにより機能不全者の機能を代替する (Oliver, 1990/2006) ことに求められる。このような医学的な認識枠組みは，WHO（世界保健機関）が1980年に示した国際障害分類 (International Classification of Impairments, Disabilities and Handicaps, ICIDH)でも採用されており，いわば当時の正統な障害のとらえ方であった（図3-5）。

「災害弱者」概念が提唱された1991年，そして阪神・淡路大震災につながる1990年代の時点に立ち返ってみると，「当事者個人に内在する身体的・知的・精神的な恒久的欠損（インペアメント）が原因となって，正常と考えられる方法や範囲で行為を遂行する能力に何らかの制約・欠如が生じ，その結果として不利益（ハンディキャップ）が生まれる」という医学的な認識枠組みは，世界的に見ても主流の考え方であった。そ

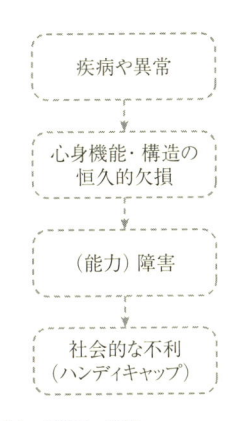

（出典）　WHO, 1980.

図3-5　障害の医学モデル：国際障害分類

して，当事者の不利益を当事者個人の属性に起因するものとしてとらえる認識枠組みのゆえに，「高齢者や障害者は災害弱者となる」といった言説は自明視され，社会的な通念として構築されていった。まさにこのような認識枠組みのゆえに，「なぜ高齢者や障害者に被害が集中するのか」，「それはどのようなメカニズムによるのか」，「そもそも被害は高齢者や障害者だけに集中したのか」，といった当事者と自然環境，構造物や社会環境との相互作用に関わる本質的な問いは，広く社会の注目を集めることがなかったのである。

これに対して異を唱える動きが欧米では1990年代から（Oliver, 1990/2006），日本でも2000年代前後から（長瀬, 1999; 倉本, 2002; 星加 2007）本格化した。それが障害の「社会モデル」である。この考え方では，「障害の問題とはまず障害者が経験する社会的不利（益）のことなのでありその原因は社会にある」（星加, 2007, p. 37）とする。そして「障害の社会モデル」は，ICIDHに代表されるような「障害の身体的・知的・精神的機能不全の位相がことさらに取り出され，その克服が障害者個人に帰責され」（星加, 2007, p. 37）るか，あるいは社会の善意にその解決策を求める（Twigg et al., 2011）認識枠組みを障害者の無力化（disablement）につながる「障害の個人モデル」であると批判し，障害者解放のための理論的枠組みの大きな転換として主張されたのである（Oliver, 1990/2006）

(**図3-6**参照)。

「社会モデル」に準拠して，1991年度版防災白書の「災害弱者」の定義を言い換えれば以下のようになるだろう。

〈障害の「個人モデル」から「社会モデル」への考え方の変革〉
①自分の身に危険が差し迫った場合，それを察知する能力がない，または困難な者
↓
①自分の身に危険が差し迫った場合，周囲がその危険を伝えることができない状況に置かれた者

②自分の身に危険が差し迫った場合，それを察知しても適切な行動を取ることができない，または困難な者
↓
②自分の身に危険が差し迫った場合，周囲がそれを察知し，周囲からの適切な支援行動と結びつかない状況に置かれた者

③危険を知らせる情報を受け取ることができない，または困難な者
↓
③危険を知らせる情報を周囲が伝えることができないことで，災害情報を受け取ることができない状況に置かれた者

④危険を知らせる情報を受け取ることができても，それに対して適切な行動を取ることができない，または困難な者
↓
④危険を知らせる情報が伝わっていても，周囲からの適切な支援行動と結びつかない状況に置かれた者

60ページからのコラム内での思考実験は，この社会モデルの実験だった。
障害があって不利益が発生するのは，その人個人の属性ではない。どんな社

健康状態
(変調または病気)

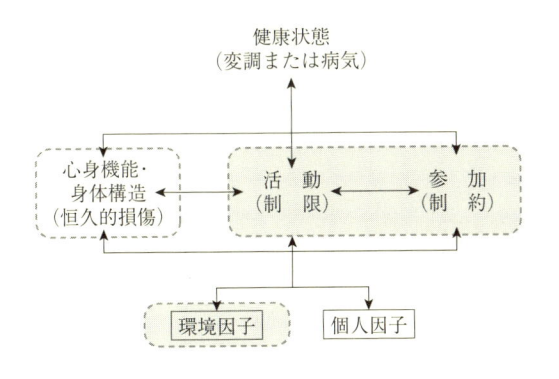

心身機能・身体構造（恒久的損傷）　　活動（制限）　　参加（制約）

環境因子　　個人因子

（出典）　WHO, 2001.

図3-6　障害の医学モデルと社会モデルの統合：国際生活機能分類（ICF）

会関係の中に置かれているのか，どういうネットワークの中にあるかによって，その人の脆弱性は決まる。個人の脆弱性も，社会的に構築される概念だということである。

3.3　障害者と「はらわたのふるえ」

重要なのは，「高齢や障害がある」という個人の要因以上に，「いざというときに助けに駆けつけてくれる人がいるかどうか」という周囲の環境との関係性あるいは交互作用が，災害時に脆弱となるかを決める決定的な要因となっていることである。このことを式で表せば次のようになる。

脆弱性＝個人の要因×環境の要因

別の言葉で言い換えるなら脆弱性とは関係性概念である，ということである（越智・立木, 2007）。聖書の善いサマリア人のたとえ（ルカによる福音書10章25～37節）を例に，この点についてさらに考えてみよう。追いはぎに遭い，半殺しの目にあって路傍に打ち捨てられた旅人を助けたのは，祭司でも，神殿での祭儀に携わるレビ人でもなく，ユダヤ人には民族的な対立感情を持つはずのサマリア人だった。そのサマリア人をして，善行へとうながしたものは何か。新共

同訳では,「ところが, 旅をしていたあるサマリア人は, そばに来ると, その人を見て憐れに思い, 近寄って傷に油とぶどう酒を注ぎ, 包帯をして, 自分のろばに乗せ, 宿屋に連れて行って介抱した」と記されている。鍵となる言葉は「憐れに思(う)」心性である。原典のギリシャ語では"splagchon"とされ, 字義通りには「はらわたのふるえ」と訳される(田淵, 2001)。

サマリア人は路上に打ち捨てられた旅人を見て,「このまま放ってはおけない」,「なぜ打ち捨てられているのか」, まさに「腸が煮えくり返るような」怒りにも似た共感, 深い感情的な内面の動きに駆りたてられていた。このように, 人間の社会にあっては「脆弱なもの」は, 他者に「はらわたのふるえ」を誘発する。この機序を通じて, 旅人の側の主体の要求が, 客体の側の資源(傷に油, ぶどう酒, 包帯, ろばに乗せ, 宿屋に連れて行って介抱)と結びついた。

脆弱性はカテゴリではなくて, 主体の条件と客体の資源の関係によって出現する。同じ状況に置かれていても, 客体的な資源とつながった人は, そこで脆弱な状況が発現しなかった。支援者がすぐ駆けつけていればその人は脆弱ではなかったということである。主体の条件と客体的な資源によって, 脆弱性は決まるということである。

脆弱なものは, それに応答する環境にあっては, 周りからの支援を誘発するチカラがあると考えてもよい。脆弱性が社会的に構築されるだけでなく, 脱脆弱性も社会的に構築されうるというまなざしは, 障害の社会モデルとも極めて親和性が高い。

3.4 災害時の配慮の誘発を国際的な文脈から捉える[1]

第3.2項で見たように不利益の原因帰属を「障害の社会モデル」により変換した後で立ち現れるものは, 第3.3項で展開した関係性概念としての脆弱性である。それでは, 現在の日本社会で関係性概念としての脆弱性は何を環境から誘発するのか。この問いに答える手がかりを与えてくれるのが,「災害時要援護者」や「避難行動要支援者」,「要配慮者」といった用語である。

言葉の使い方の観点から考えるなら, これら3つの用語に共通するのは

---

1) 立木(印刷中)「排除のない防災の展開が必要だ——仙台防災枠組みにいたる流れを概観する——」,『消防科学と情報』, 2016年冬号.

「要」であり，災害時に周囲の人や環境からの「援護」や「支援」,「配慮」が「要される（誘発される）」内容である。災害時に「要する（誘発される）」ものとして「援護」を最初に提唱したのが「災害要援護者の避難支援ガイドライン」(2005年3月初版および2006年3月改訂版) であった。2016年の本章執筆の時点でも，「男女共同参画の視点からの防災・復興の取組指針」(2013年5月) では，「災害時要援護者への対応との連携に留意する」旨の記載があり，行政上の現役の用語である。一方，東日本大震災での高齢者や障害者への集中的な被害 (Tatsuki, 2013; 立木, 2015a) を受けた災害対策基本法の2013年6月の改正では，「避難行動要支援者」の名簿の作成と，発災時等における名簿の活用が自治体の取るべき義務として定められた。この改訂で災害時に「要する」ものとして定められたのは「避難行動の支援」であった。これに対して「避難所における良好な生活環境の確保に向けた指針」(2013年8月) は，平常時の対応として指定避難所等の周知にあたっては「要配慮者に配慮した周知方法」を準備するとともに，避難所運営の手引きを作成する際には「要配慮者に対する必要な支援」を盛り込むことを求めている。

　以上のように「災害時要援護者」・「避難行動要支援者」・「要配慮者」といった用語は，異なった指針に対応してそれぞれに使い分けられているのが現状である。ここで言う「援護」や「避難行動支援」,「配慮」を含むより上位の概念，つまり災害時に「要される（誘発される）」ものとは，一言で言うと何か。この問いに答えるためには，日本国内における動きだけではなく障害者の権利条約に含まれる災害時のインクルージョンという国際的な文脈に立つ必要がある。

　結論から先に言うと，災害時に提供が「要される（誘発される）」のは，「合理的配慮 (reasonable accommodation)」である。その出典は，2006年12月13日の国連総会で採択された障害者の権利条約 (Convention on the Rights of Persons with Disabilities) である。日本政府は，2007年9月28日に条約の署名（条約の内容を公式に確認すること）は行ったが，条約の締結に向けては後述するような政府と日本障害フォーラム (JDF) を中心とする国内関係団体との意見調整や，それに伴う国内法制の大改正作業が必要であったために，同条約の批准（条約に拘束される意思を表明すること）は2014年1月20日である。国内での災害時要配慮者の議論が2004年秋から本格化し，その後東日本大震災を受けて2013年

の春から夏にかけて「要援護者」・「避難行動要支援者」・「要配慮者」に関連する3つの指針が立て続けに出されたのとほぼ同時期に，障害者の権利条約に関する合意形成の過程が並立して進行していたのである。

　後述するアジア太平洋障害者の10年（2003〜2012年）ならびに日本における障害者施策を推進するとともに，障害者の権利条約の締結を実現するために，日本の障害関係の13団体が連携して2004年に設立した日本障害フォーラム（JDF）は，形だけの条約締結を急ぐよりも条約の精神が日本国内の障害者関連法や制度に実質的に具体化されることを重視した。息の長いJDFによるアドボカシー活動を通じて，障害者の権利条約に準拠したかたちでの改正障害者基本法が2011年7月に成立する。障害者の権利条約では，第2条に用語を定義しているが，障害に基づく差別には，合理的な配慮（傍点筆者）の否定を含む，としている。ここで言う「合理的配慮」とは，「障害者が他の者との平等を基礎として全ての人権及び基本的自由を享有し，又は行使することを確保するための必要かつ適当な変更及び調整であって，特定の場合において必要とされるものであり，かつ，均衡を失した又は過度の負担を課さないもの」としている。この条文を受けて2011年7月に改正・成立された障害者基本法では，第4条で「差別の禁止」を以下のように定めている。「何人も，障害者に対して，障害を理由として，差別することその他の権利利益を侵害する行為をしてはならない」とし，その第2項で「社会的障壁の除去は，それを必要としている障害者が現に存し，かつ，その実施に伴う負担が過重でないときは，それを怠ることによって前項の規定に違反することとならないよう，その実施について必要かつ合理的な配慮がされなければならない」（傍点筆者）と定めている。これが日本の法制度における「合理的配慮」概念の初出となる。さらに同第26条（防災及び防犯）では，「国及び地方公共団体は，障害者が地域社会において安全にかつ安心して生活を営むことができるようにするため，障害者の性別，年齢，障害の状態及び生活の実態に応じて，防災及び防犯に関し必要な施策を講じなければならない」と定めている。合理的な配慮の提供は平時に限定されるのではなく，安全・安心の対策としての防災や防犯にも必要な施策を講じることが行政に義務づけられたのである。

　災害時にも障害者には合理的な配慮が提供されるべきである，という考え方

を障害インクルージョン（障害排除のない防災）と呼ぶ。このための方策が具体的に示されたのは，障害者基本法の改正の翌年2012年12月に国連アジア太平洋経済社会委員会（ESCAP）によってまとめられた仁川戦略の中であった。これは障害者の権利条約の国連総会での採択と前後してアジア太平洋地域での同条約の推進を目的として始められた，アジア太平洋障害者の10年の第1期（2003～2012年）の総括と第2期（2013～2022年）の方向性を定めた文書である。同戦略の目標7は「障害インクルーシブな災害リスク軽減（disability inclusive disaster risk reduction）および災害対応を保障すること」とされ，その主要指標として「災害への対応にあたり，障害者に対して速やかに，かつ適切な支援を提供する対策の実施を強化する」ことが定められた。この進捗状況を確認するための測定可能な主要指標には，「7.1　障害インクルーシブな災害リスク削減計画の有無」，「7.2　関連するすべてのサービス担当職員を対象とする，障害インクルーシブな訓練の有無」，「7.3　アクセシブルな避難所および災害救援所の割合」が，また補助指標として「7.4　災害で死亡したまたは重傷を負った障害者の数」，「7.5　被災した障害者を支援する能力がある心理的・社会的支援サービス担当職員の有無」，「7.6　災害のために準備され災害に対応できる，障害者のための支援機器および支援技術の有無」が含まれた。

　2015年3月の国連防災世界会議は会議最終日に「仙台防災枠組（Sendai Framework for Disaster Risk Reduction 2015-2030)」を発表した。「仙台防災枠組」の前文では，2005年から2015年までの「兵庫行動枠組」の達成状況を総括した上で何が取り残されたのかを列挙している。その7番目に指摘したのが「マルチハザード，公共私に加えて当事者も参画した協働，排除のない・障壁のない防災の実現」であり，その実現のためには「多様な利害関係者（女性，子どもと青少年，障害のある人，貧困者，移民，先住民，ボランティア，防災実務者コミュニティや高齢者）のすべてに，防災政策，計画，標準の設計・運用にあたって参画」が必要であると謳われた。アジア太平洋障害者の10年で初めて生まれた障害インクルージョン（排除のないこと）の概念は，より一般的なインクルーシブ・アクセシブルな防災（排除・障壁のない防災）へと，概念の外延が拡張されたのである。この前文を受けて，諸原則のdでは「公共私と当事者の参画・協働型で，エンパワーメント，排除のない，障壁のない，非差別的な参

第3章　災害脆弱性の社会学⑵　　57

加」が原則とされた。そして「ジェンダー・年齢・障害・文化的視点は，すべての防災政策や実務の中に統合され」ることが，これからの防災対策の基本姿勢として求められるようになったのである。この原則に立つなら2013年の春から夏にかけて次々と打ち出された「男女共同参画の視点からの防災・復興の取組指針」(2013年5月)，災害対策基本法の2013年6月の改正に基づく「避難行動要支援者」の名簿の作成と，発災時等における名簿の活用，「避難所における良好な生活環境の確保に向けた指針」(2013年8月) は，クロスオーバーさせて「排除のない防災」へと概念的に統一することが求められるのである。

〈私たちのことを，私たち抜きには決めないで〉

　最後になるが，排除のない防災の実現は，日本の基礎自治体にとって急務の課題となることを指摘しておこう。それは，障害者の権利条約の批准に向けた国内障害関連法制の世界標準化の一環として2013年6月に成立した障害者差別解消法の施行が2016年4月に迫っていることである。この法律では，障害者への合理的な配慮の提供は行政の義務，事業者の努力義務として定められている。障害者基本法第26条 (防災及び防犯) の規定に従えば，合理的な配慮の提供義務は，災害時にも当然適用されることになる。その観点から現在，日本の各自治体で取り組まれている福祉避難所の整備については，大幅な再考が求められるのは間違いない。障害者の権利条約，あるいは改正障害者基本法，ならびに障害者差別解消法，そして仙台防災枠組みが協調するのは，「公共私と当事者」の参画・協働による防災対策の立案である。当事者が災害時にそもそも福祉避難所での避難を求めているのか，という根本的な視点からの見直しが求められることは必定である。これからの避難所のありようについては，電車に乗ればシルバーシートがあるように避難所にもシルバーコーナーが設置され，その運用方針は当事者の参画・協働によって進めて行くことが基本となるはずだからである。

　2015年3月の仙台での国連防災世界会議での「インクルーシブ防災における障害者の積極的な参加」公式セッション (2015年3月17日) では，「公共私と当事者」の参画・協働による防災対策の立案の重要性が1つのスローガンとして示された。それが「私たちのことを，私たち抜きに決めないで (Nothing about us without us)」という言葉である。障害者差別解消法の施行が2016年4月に迫る中で，この言葉の重みを防災関係者・当事者はよくかみしめる必要がある。

災害時要配慮者を想定した思考シミュレーション実験

　災害時要配慮者について，ちょっとした思考シミュレーション実験を紹介したい。

　同志社大学社会学部における災害社会学の授業内で，以下のような思考シミュレーション実験を行った。

　まず各自にシミュレーションする人物像を記したカードをランダムに配布する。カードは全部で6種類あり，3種類の災害時要配慮者と，それに対応した隣人向け3種類から構成されていた。また3種類の要配慮者に対応させて色分けしたバンダナも配布した。

　シミュレーション実験の練習として，目を閉じて自宅の自室にいることを想定してもらう。教員が手を叩くことにより，地震が来た合図とする。そこで各自がどんなアクションを取るのか，何をしていくのかイメージしてもらう。

●学生の反応
「地震だと思いながらぼーっとしていた」
「何もできませんでした」

　これは失見当といい，極めて正常な反応である。地震が起こったときに自分に何が起こったのか分からないような状態がしばらく続く。

　さらに条件を付与してみる。自宅は海岸のすぐそばにあり，しかも震源が非常に近いと考える。関西の学生にとっては和歌山県の海沿いを考えると分かりやすいだろう。すぐに津波がやってくるからぼーっとしていたらいけない，揺れが収まったらすぐに高台に逃げないといけないと，地元の小学校・中学校で，防災教育を受けてきたとさらに条件付与する。同じく，教員の合図によって地震が起きたことを想定する。時間は夜，まだ寝るには早いくらいの時間を想定してもらった。

●学生の反応
「まず揺れた瞬間に財布と携帯を持って，揺れが収まった瞬間に家を飛び出る」

　ここで，バンダナを巻いている要配慮者役とその隣人役の学生に配られた封筒の中身を読んでもらう。以下が封筒の中身である。ここで実験上大切なポイントは，隣人役すべてに封筒を渡すのではなく，隣人役の半分には要配慮者について記した情報を手渡さないことである。

● 封筒の中身 ●

青バンダナ：

あなたは，2歳の双子の母親です。現在，3人目を妊娠しています。2歳の双子たちは多動ぎみで，じっとしているのが難しいです。一緒に外出するときは，それぞれ勝手な方向に走り出すので，いつも注意が必要です。母子だけで出かけるのはとても困難です。夫を仕事に見送って，ちょうどテレビをつけてお茶を飲み始めたところです。

青バンダナの周囲の人：

あなたの隣の人は，2歳の双子の母親で，彼女は3人目を妊娠しています。2歳の双子たちは多動ぎみで，じっとしているのが難しいです。一緒に外出するときは，それぞれ勝手な方向に走り出すので，いつも注意が必要です。母子だけで出かけるのはとても困難です。

黄バンダナ：

あなたには，統合失調症があり，現在，グループホームで暮らしています。あなたは，ショックを感じると幻聴が聞こえます。特に，地震のときには，「どこにも行ってはいけない。私と一緒にいるのだ。それが一番いいのだ」という幻聴が聞こえます。

黄バンダナの周囲の人：

あなたは，精神障害者向けのグループホームのスタッフです。あなたの隣の人は，地震を感じると，「どこにも行ってはいけない。私と一緒にいるのだ。それが一番いいのだ」という幻聴が聞こえます。でも，避難訓練を繰り返し，この方には，「外に出ましょう。『幻聴さん』も一緒に逃げましょう」と優しく伝えると動ける（逃げられる）ことが分かっています。

赤バンダナ：

あなたは，現在85歳です。要介護度は2の認定を受けています。食事は自分でできますが，介助が必要です。トイレに行くには，壁の手すりをつたって自力でできますが，外出は介助者が必要です。両耳とも，軽度の難聴があります。

赤バンダナの周囲の人：

あなたの隣にいる人は，現在85歳です。要介護度は2の認定を受けています。食事は自分でできますが，介助が必要です。トイレに行くには，壁の手すりをつたって自力でできますが，外出は介助者が必要です。両耳とも，軽度の難聴があります。

- 2人の多動児を抱え，妊娠中の母親（青のバンダナ）の例を引いた学生
  「携帯を持って，夫に連絡しようとする。もし無理だったら，自分だけでは動けないので，近くの人が車を持っていたら車で連れて行ってもらうとか，そういうことを考えました。外に出るところまでは想像できなかった」

- この母親の隣人の封筒を渡された学生
  「多動の子の1人を抱え，1人は手をつないで，母親と一緒に逃げました」

- この母親の隣人の封筒を渡されなかった学生
  「自分1人で逃げました」

- ショックを受けると幻聴が聞こえる統合失調症患者の例（黄色のバンダナ）
  「幻聴に言われた通りにしていました」

- この患者のいるグループホームのスタッフの封筒を渡された学生
  「外に出ましょうと言いました」（幻聴があるからダメだというので動いてくれないのでは？）
  「一緒に外に出ましょう，幻聴さんも一緒に出ましょうと言いました」

- この患者のいるグループホームのスタッフの封筒を渡されなかった学生
  「自分1人で逃げました」

- 85歳，要介護認定2の軽度難聴を持つ高齢者（赤バンダナ）の学生
  「あ，地震やなと思って1人では動けないのでどうしようもないです」

- その隣人の封筒を渡された学生
  「自分の荷物を取って，隣に行って助けに行きました」

- その隣人の封筒を渡されなかった学生
  「自分1人で逃げました」

　災害時要配慮者とは，いざというときに自力で逃げたくても逃げられない人だけれど，近くの人が適切な対応や配慮を提供するなら，弱者ではなくなる。周りの人がつき添って避難誘導してくれるなら，いざというときでも，自分の力だけでは命を守れないけれど，周囲の力で助かる。条件は同じでも，脆弱ではないということである。周囲の人の封筒が渡されなかったために隣

人が要配慮者のことについて知らなかった，そのような状況に置かれた要配慮者は脆弱であった。

　高齢で足が不自由で動かせないから脆弱なのか，そうではない。妊産婦で多動性の子どもを抱えているから災害時に脆弱なのか，そうではない。それだけで考えてはいけない。隣人が知らなかったために，結果的に脆弱になったことがシミュレーションで実感された。

　統合失調症の症状があるから脆弱なのではない。そういう条件を抱えていて，いざというときに周りからの支援や配慮の提供がないために，脆弱になるのである。これが，シミュレーションを通じて学生たちに体験してもらいたかったことである。

第4章

災害過程を知る (1)

——発災から復旧期までの社会の動きを学ぶ

1. 災害過程への実証的研究

1.1 定量的調査とエスノグラフィー調査

　災害のリスクは社会的に構築されるので社会学の対象になるという話をしてきた。その災害を社会学的にとらえると，社会変動の一形態と見なせる。日常をハザードが襲い，襲われた客体側の社会に脆弱な部分があると，そこで大きな被害や損失が生じる。被害の瞬間から社会変動が起こり，次の新しい日常に戻るまでのプロセス全体を災害現象と考えることができる。そういった社会変動全体の過程のことを「災害過程」と言う。

　1995年の阪神・淡路大震災被災者の災害過程に関するエスノグラフィー研究を以下に見てゆこう。被災した人に体験を自由に語ってもらい，その中からある種の法則性を見つけるのがエスノグラフィー研究である。これから紹介するのは被災者を対象とした日本で最初の系統的な災害エスノグラフィー研究である (青野・田中・林・重川・宮野, 1998)。

　調査には大きく分けて，定量的調査と，エスノグラフィー調査に代表されるような質的な調査がある。社会調査で扱う領域が定量的調査であり，ここではすでに用意された質問について回答してもらう。質問や問い合わせの順序は構成が事前に決まっているので，構成的調査とも言う。それに対してエスノグラフィー調査はまったく逆で，非構成的な調査である。当事者に自由に語ってもらい，大枠は決めるが，基本的には被験者に自発的に語ってもらうものである。

　卒論の指導などでは，「よく分からないけれどアンケートやってみます」と

いうようなことを指導の最初の段階ではよく耳にするが,「よく分からない」ときには社会調査や定量的調査はできない。定量的調査は常に,リサーチ・クエスチョン（調査仮説）が明解に定まっていて初めて,調査票を設計できるからである。仮説が常に先にある。それに対して新しい事態の場合,事前に仮説を持ち込まずに,一連の調査過程の中で何が何に影響しているのか,どんなことがどんなことに関連しているのか,現場で実際の実証的なデータから引っ張り出してくるのが非構成的な調査である。エスノグラフィー調査はその最たるものである。

エスノグラフィーは,もともとは社会学そのものの調査方法ではなく,人類学者が編み出した調査方法である。まず自分たちと異なる文化の地に行き,異文化・異言語の人を対象にさまざまなインタビューをして話を聞きながら,その社会のシンボルはどんな構造になっているか,社会の風習や行動はどんな文化的シンボルによって影響を受けているかなどを探る。その人類学者が使った手法を,同じ文化・同じ社会ではあるが,対象を被災者に限って用いたのが,災害エスノグラフィーである。

2. 西宮エスノグラフィー調査

2.1 調査の前提

西宮市の災害エスノグラフィー調査は,被災したらどんな過程を追って人はまた新しい日常に戻っていくのかについて,1995年の阪神・淡路大震災の被災者を対象になされた。調査（青野他,1998）は,1996年9月から翌年2月にかけて西宮市で行われたので,西宮エスノグラフィー調査と呼ばれている。西宮市の南北に線を引っ張り,そこから北・中・南の3点を抽出した（**図4-1**）。ここで被災した人たちを対象に,調査会社にお願いして,対象の地域で3,000世帯くらいを住民基本台帳から抽出してもらい,個々の家庭に往復はがきでインタビュー調査のお願いをした。承諾した約100世帯のうち,実際に当日話を聞けたのは32世帯となった。数としては少ないが,1回のインタビューで2～3時間は話を聞いている。

調査内容は,被災した直後から現在までの行動について自由に語ってもらい,

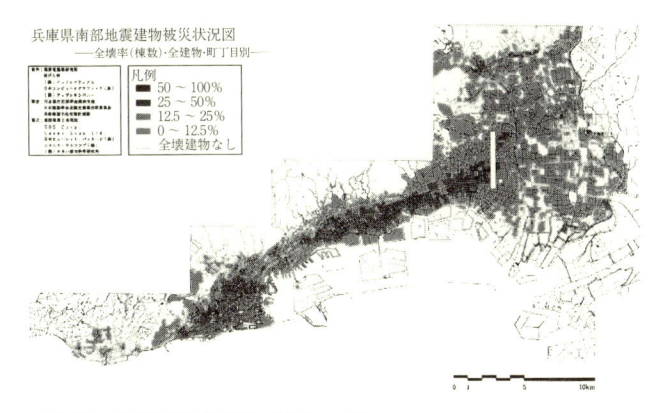

(出典) 建設省建築研究所，1996，p. 11。

図4-1　阪神・淡路大震災と調査地点

どんなことをしたのかについて体験を聞き取るというものだった。調査者・論文執筆者について簡単に触れると，青野文江氏は当時，大阪市立大学の大学院生であり，宮野道雄氏が指導教授だった。林春男氏・田中聡氏は京都大学の防災研究所の助教授と助手（当時），重川希志依氏は当時，防災コンサルタントをしていた。

　ここから何が分かったか。エスノグラフィーは通常，定性的な情報しか分からないものだが，それを超えて分かったことがある。

　図4-1の濃い部分は震度7で，住宅が全壊・全焼した地点を示している。どうやって調査地点を選ぶか考えたときに，まずは被害の一番激しかった震度7の地帯（神戸・阪神間で東西方向に帯状に延びていた）を選ぶことにした。そして，この帯に南北で直交する線を引いた。地図上（図4-1）の縦に引いた線がそれである。

　阪神間では東西に鉄道が4本走っている。最北は新幹線で，駅はない。その南を阪急電車，ついでJR，最南を阪神電車が走っている。南北については鉄道が少ないが，西宮市では阪急今津線が走っている。この今津線の線路に沿って，北から南まで震度7の地域に縦線を引いた（図4-2参照）。北から関西学院大学近辺の上ケ原地区（C点），まん中は西宮北口周辺の阪急神戸線と今津線が交差するあたりの高松地区（B点），そこからさらに南下して阪急今津線と阪神

第4章　災害過程を知る(1)　67

（出典）　地図データ ©2016 Google, ZENRIN。

図4-2　調査地点の詳細

電車が交差するあたりの今津地区（A点）である。この3点を選んで調査協力依頼をして，承諾した家庭に調査チームは話を伺いに行った。

2.2　移動距離と時間経過

　西宮エスノグラフィー調査では，1つひとつの家庭について，**図4-3**のようなグラフを作った。**図4-3**はある事例の結果をまとめたものである。図の横軸は時間軸で，縦軸は自宅からの移動距離を示している。この事例では自宅が倒壊し，瓦礫の下から下敷きになった祖母を何とか引っ張り出して，兵庫県立病院に連れて行った。そこで亡くなっていると聞き，ご遺体を置いて，西宮北口近くの指定避難所だった瓦木小学校にとりあえず落ち着いた。病院に行った後，家から何も持ってきていなかったので1度家に戻り，それからもう1度小学校で家族に再会した。その後，2～3日のうちに祖母の葬儀をベルコ会館で行い，自分たちは名古屋にいる娘のところに一時疎開した。葬儀の後の尼崎の斎場には名古屋から通った。やっとある時点で自宅に戻り，ここではやはり無理だということで息子宅に身を寄せるが，折り合いが悪く，西宮市の北部にある名塩

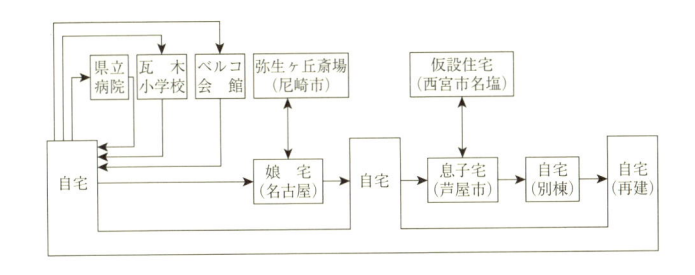

(出典) 青野他, 1998。

図4-3　発災後の時間経過に伴う行動変化点

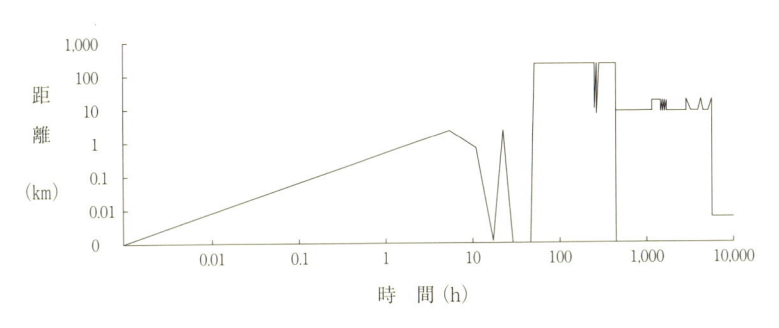

(出典) 青野他, 1998。

図4-4　発災後の時間経過に伴う行動距離

の仮設住宅で暮らすようになる。その間に自宅の別棟を住めるようにしながら，最後に自宅の敷地内に家を再建するに至った。

　このような話を聞き，調査者はまず，元いた自宅からの移動距離を割り出した。それをグラフ化したのが図4-4である。横軸は時間，縦軸は距離である。この論文の一番オリジナルで面白いところは，時間の目盛りが1，2，3……ではなく，発災直後から始まって0.01時間，0.1時間，1時間……と，10の何乗かになっている点である。発災を起点に10^{-2}，10^{-1}，10，10^{2}……というように，10の何乗かという対数尺度の時間軸を横軸に示している。縦軸もそれに合わせて10の何乗かという目盛りに対応させてある。ここから，この家族につい

て言えることは，発災から10時間くらいまでは時間経過に伴って移動距離も等しく延びているけれど，10時間を過ぎたところでまた自宅に1度戻り，そこから行ったり来たりの移動をしていた。100時間（3-4日）を過ぎた時点では名古屋の娘宅に行ったため大きく移動し，その後1,000時間（約1ヵ月半）の手前くらいまでは娘宅にいて，一旦息子宅に戻る。息子宅から仮設住宅に行き，そこも住みづらいため自宅の別棟に移り，最終的に10,000時間目，およそ1年で自宅を再建していた。

2.3　移動の3パターン

　調査チームは，インタビューに合意したすべての被災者について，どんな行動の変化点があったのか，インタビュー記録を基に1人ひとりについて自宅からの移動距離のグラフを作った。すると，時間と行動距離については3つのパターンがあることが分かったのである（**図4-5**）。

　1つは自宅に留まった人たち。発災直後には1時間・10時間くらいまでは時間経過に伴って移動し，10時間・100時間のあたりでは避難所と家を行ったり来たりする。特に100時間から1,000時間の前半では非常に激しく，自宅とどこか外の点を行き来し，やがて1,000時間を超えると移動が落ち着くというようなパターンを示した。

　10時間までは他の2パターンも時間経過に伴って移動する。2つ目，市内転居型の移動パターンでは，10時間から100時間のところで，市内で別の場所を見つけ，そこにアパートを借りる手配をしている。市内転居型のパターンでは，最終的に自宅ではなく市内で新しく住宅を見つけている。

　最後は市外転居型で，発災から避難所に行き当日から100時間程度は避難所に留まるが，ここでは暮らせないということで市外の親戚宅などに身を寄せたという移動のパターンである。

　調査チームは，これら3つのパターンの中に驚くような共通性を見出した。行動の変化点に注目してみよう。3つの行動パターンについて，行動の変化点がどこにあるのかを見てみると，10時間の前ではどのパターンでも時間経過に伴って移動している。ところが10時間が経過すると，次はグラフが平らになっている。これは自宅からの移動距離に変化が少なくなることを示している。

(出典) 青野他, 1998。

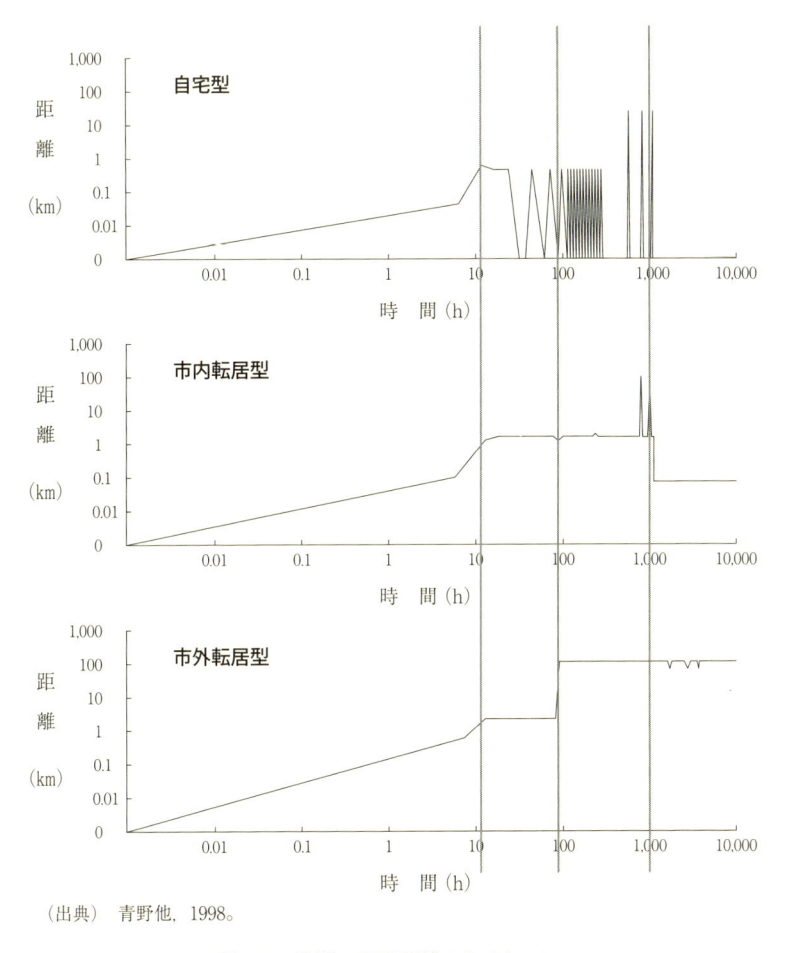

図4-5 時間—行動距離の3パターン

被災者がどこに避難するのかを問わず、最初の行動の変化点は発災から10時間で、今までとは異なる振る舞い方になっている。

次の行動の変化点はどこか。その前と後で行動のありよう、または行動の距離が変化するところを探してみると、100時間である。例えば自宅型は10時間から100時間の間で移動を3回しかしておらず、自宅と外の移動の頻度が少なかったのが、100時間を超えると非常に頻繁な自宅と外との移動に変わってゆく。市外転居型を見ると、100時間のところで市外に転居しているので、その

前後で大きく行動が変化している。市内型は10時間から100時間で落ち着き先を決めたら，その前後ではそれほど大きな変化はなかった。その次の変化は1,000時間目である。1,000時間で市内転居型は住む場所が定まり，自宅型は自宅に戻る。市外転居型は1,000時間を超えたら，すでに手配した住宅に残った。

2.4 時間経過と被災者の見る世界

　ここから見えてきたことをまとめてみよう。被災後の移動先は被災者それぞれの被災状況によって異なるが，被災から10時間目までが最初の過程で，10時間経ったあたりで節目が生じ，そこからは以前と違った行動を取るようになる。次の100時間でも行動のありようが大きく変化している。100時間は10^2時間である。その次の節目となる10^3時間（1,000時間）を見ると，やはり移動の仕方がその前後で変化しており，振る舞いや行動の中身が変わっていることが見えてくる。

　ここからがエスノグラフィー調査のポイントである。基本的には質的な情報だが，どんな立場であれ，被災したときに被災者が見る世界・感じる世界が，発災から10時間までの世界，10時間～100時間までの世界，100時間～1,000時間の世界，1,000時間以降で違うこと，それぞれに節目があることが分かる。そのヒントを最初に与えた研究がこれだった。

　さらに，時間の節目で自宅に留まった人，市内へ転居した人，市外に転居した人に分けて32の事例を克明に見ていくと，新しい法則性がうかがい知れる（図4-6）。自宅・市内・市外は，移動の距離が大か小かという縦の軸と，自宅か転居かという横の軸でとらえてみると，むしろ自宅にいた人たちの移動距離の方が大きいのである。逆説的に思えるかもしれないが，なぜ自宅にいた人たちは100時間から1,000時間までの間にこれほど移動したのだろう。自宅は無事で家にいられる人たち，被災の影響の少なかったところにいた人たちが，である。

　暮らしていく上で人が外出する目的には，例えば買い物がある。被災すると，周囲の建物が倒壊したりしている。近所のコンビニやスーパーはやっていない。被災地の自宅に留まった人々は，武庫川より東側の被災していない尼崎に行ったり，阪急電車の動いている西宮北口まで歩いて行って梅田で買い物をして西

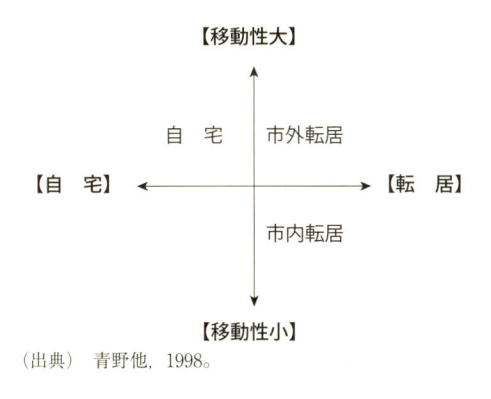

```
            【移動性大】
              ↑
        自 宅   市外転居
  【自 宅】←――――┼――――→【転 居】
        市内転居
              ↓
            【移動性小】
```
（出典）青野他，1998。

図4-6 被災者の住まいの変遷3パターン

宮北口に戻り，そこから徒歩で自宅に戻ったりして，日々の買い物を済ませていた。この結果，自宅にいた人ほど移動距離が長かったことになり，これは，1,000時間が経つまで繰り返された。1,000時間を超えるとライフラインの復旧に伴って流通が回復して，近所のお店が使えるようになった。

転居した人のうち移動性が高いのは市外転居型の人々である。市外に転居するから移動距離が大きくなる。図で見ると1目盛りだが，1 kmから100 kmといった大きな距離の移動をしているわけである。逆に移動性が少なかったのは市内で転居した人たちだった。10時間までは同じように移動しているが，市内で転居した人はそもそも震災の影響が少ない場所に転居する。影響が少ないところならば，近所でお店も開いているので，徒歩で買い物も可能だ。なので，市内で転居した人々の移動距離が一番小さかった。

では，どんな年齢層の人たちがどんな移動をしたのだろうか。それを示したのが，**図4-7**である。移動距離が大きかった人，つまり市外に出た人は，小さい子どものいる家庭か，後期高齢者がいる家庭である。家族の構成員に子どもや後期高齢者がいる家庭は，被災地に留まらなかった。子どもは学校や幼稚園に行かなければならない。学童期の子どもがいる家庭は市内か市外に転居している。1月17日に地震があり，その時点で学校はすべて休校になった。3学期の最中である。子どもの教育のために学校が再開しているところ，市外に疎開しようという意向から，移動距離が大きくなった。後期高齢者を抱えた家庭も

	0〜17歳	18〜24歳	25〜64歳	65〜74歳	75歳以上
市外	●				●
市内	●	●		●	
自宅	●		⬛		

（出典）青野他，1998。

図4-7　ライフステージ別被災者の1年後の居住地

　移動距離が大きい。病院も開いていない。おじいちゃん，おばあちゃんの病気や薬のことを考えると，被災地外に出た方がよいということになったのだ。こういうわけで，年齢が低い成員と高い成員のいる世帯が市外に転出した。一方，18〜24歳の学生世代は通う大学や短大との距離から，65〜74歳で定年を迎えたがまだ後期高齢者ではなく，就労や何らかの社会的な関わりを持つ年代の人々は，市内に留まっていた。

　移動しなかった人たちを見ると，25〜64歳までは自宅にいた。なぜだろうか。世帯主が25〜64歳の人たちの社会学的な属性を考え，何が彼らを自宅に留まらせたのか考えてみよう。答えは職業である。定職があり，簡単には市外への移動ができない。そもそも自分の仕事のことを考えてそこに住んだのだから，住宅が全壊でない限り，無理をしてでも自宅に留まった。

　これが，東日本大震災の特に福島県の場合は状況が違ってくる。基本的に小さい子どもがいる家庭は放射能の影響を避け，県外に出ている。ところが，阪神・淡路大震災のときは一家で移動したのが，東日本大震災時の福島県では，定職のある父親だけは福島に留まった。父親は給料を稼いで仕送りを県外の家族に送り，県外避難をするのは母と子，という構造になった。

　基本的に，阪神・淡路大震災の研究と東日本大震災における福島県の研究で変わらないのは，留まらせるのは職だったということである。移動させるものは，子どもの教育といったものが，要因になっていた。これらがこの調査から出てきた1つの結論である。

　以上の知見はエスノグラフィー調査に基づくものなので，確定的なことは言

えない。が，こんな風になっているのかもしれないということが仮説化できる。すると，今度は定量的な調査研究の出番になる。32家族から聞いた話を元にしたストーリーが本当に被災した母集団に当てはまるかどうかを見るには，定量的な社会調査が必要になるのである。

3．1999年3月兵庫県復興調査

3.1　調査の前提

　社会調査は種類によってメリットとデメリットがそれぞれにある。詳しくは以下の通りである。

〈社会学における質的調査と量的調査〉
- **質的調査・エスノグラフィー調査**
  - **メリット**
    - 社会的プロセスについて幅広い理解が得られる。
  - **デメリット**
    - 調査から得られた知見は調査対象者に限って当てはまることかもしれない。1回のフィールドワークで知見の一般性を論じることはできない。
- **量的調査**
  - **メリット**
    - 多数の対象者からデータを効率的に収集し，標本を基に母集団の姿を推定することができる。
  - **デメリット**
    - 中味のない表面的な内容しかもたらさない場合がある。
    - 調査の設問が標準化（尺度化）されている場合，調査対象者の間での主観的な意味づけや視点の違いは無視される。

　エスノグラフィー調査で仮説を形成し，それを量的調査で検証するのが合理的な方法と言える。このロジックを表現するキーワードが三角測量的方法である。これはメディアでも同じことをするのだが，マスコミで報道するときにあ

る1つの取材先で言われたことがそのまま紙面を飾るかというと，基本的にそのようなことはない。なぜなら，それが間違っている可能性があるからである。マスコミの取材では必ず裏を取る。別の取材源に当たって聞いてみる。同じことを言っていたら，これはたぶん正しいということで，リスクは伴いながらも報道する価値のあるものは公表する。

　社会科学でも同じようなことをする。なぜ三角測量か。目の前に広い川が流れているとする。巻き尺だけが手元にあり，川の幅を知りたい場合にどうするか。川の手前側の任意のA点とB点の距離が分かっており，B点から直角に延ばした対岸の点をP点とする。A・B・Pを結ぶと直角三角形になるので，点Aの角度を測量すれば，三角関数を使って点Pから線分BPの距離を算出することができる。つまり，1つの場所からは距離を測ることはできないが，到達できない遠い川幅も角度から求めることができる。それが三角測量であり，メディアなら裏を取るということになる。質的調査と量的調査を併用することによって，知見の妥当性・一般性を検討することができる。これが三角測量的方法のメリットである。

3.2　兵庫県生活復興調査（1999年）

　1999年3月の兵庫県生活復興調査は，どんな人が被災地から県外に出たのか，県内に留まったとしたらどんな要因が関係していたのかをリサーチ・クエスチョンの1つとして含めていた。そこで，被災後の移動に影響を及ぼす要因を設問項目として織り込んでいた。この回答を基に母集団である被災者の移動行動と，そのロジックを推定したのである。1999年の兵庫県の生活復興調査では，県内に住んでいる人については，震度7だった250地点を選び，住民基本台帳から10票ずつ対象者をピックアップした。県外に出た人は母集団がよく分からない。しかし，県外に出ても兵庫県発行の「ひょうご便り」の送付を希望している世帯のリストがあったため，そこから800世帯を標本として抜き出した。都合3,300票の調査票を郵送し，3割程度の回答があった。この標本を使ってどんな要因が被災地に留めさせ，どんな要因が被災地外への移動に関係していたのかを明らかにしようとした。

　さまざまな属性や被害の程度などの項目を2元空間上に，多変量解析の一手

(出典) 木村他, 1999。

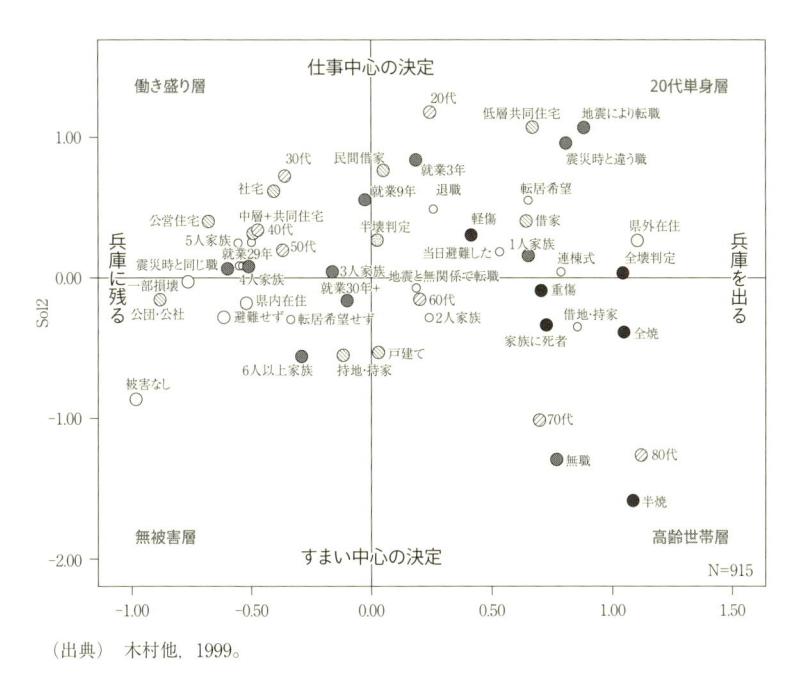

図4-8 震災から5年後の住まいを決める要因

法であるコレスポンデンス分析を用いて被害や属性に関する項目をプロットしたものが，**図4-8**である。この空間上で近い位置に布置された項目ほど相互に関連性が高いと判断する。まず，避難せず県内に留まった人たちに関連する項目は**図4-8**の第3証言にプロットされた。関連する項目は「被害なし」，「一部損壊」，「避難せず」である。一方，**図4-8**の右側には兵庫県から出た人たちに関連する項目として「県外在住」，「全壊判定」，「全焼」，「重症」，「家族に死者」といった項目が近傍にプロットされている。県内に留まったか，県外に出たかは，受けた被害の程度によることがまず見えてくる。**図4-8**の左ほど被害の程度が軽く，右ほど被害の程度が激しい。まん中あたりに半壊判定がある。半壊の場合に出ていくか留まるかは微妙であったということだ。

年齢で見てみると，20歳代だと右側にプロットされているので，県外に出て行く傾向があることが分かるし，30歳代になったら留まる方に近くなり，40歳代・50歳代となると，避難をしない。これらの年代別の行動からうかが

第4章 災害過程を知る(1) 77

える，被害の程度とは別に移動を左右していた要因として職業がある。20歳代で勤めていて勤め先に被害があったなら，例えば西宮市に住んでいて神戸の会社が被害に遭ったとすれば，大阪に引っ越して大阪で就職することも考えられる。30歳代，あるいは40〜50歳代となると転職が難しくなるため，現在の職に留まった方がよい。60歳代以上になると，また出ていく方になる。このようなことにより，年齢と移動には職業を介して関係があったと考えられる。

職場の被害で20歳代に関係するのは，地震によって転職し，現在では当時と違う仕事をしており，就業3年目くらいといった項目である。つまり若い働き手の場合は被災地から出ていってもそんなに失うものがない。むしろ出ていくことでちゃんと収入が保障される。しかし，修業年限が9年くらいだと微妙だが，10年を超えた人については，住宅にかなりの被害があったとしても，住宅の被害とは別の，職業上の理由で被災者は被災地に留まっていた。

それから，住宅のタイプがある。低層・低家賃の共同住宅，つまり関西では文化住宅と呼ばれている類の民間の賃貸住宅の居住者は，身軽に移れる傾向がある。しかし，住宅が持家の人，戸建てやマンションを持っている人はなかなか移れない。ローンももう組んである。いくら被害があったとしても，移動できない。これは仕事と住宅のために移動できないパターンである。社宅も実は同じである。住宅や仕事が人を留める方向に作用していたことが以上から分かる。

図4-8の横軸は兵庫県を出るか留まるかを表していたが，縦軸は仕事を中心に決定をしたか，あるいは住まいの状況を中心に決定をしたかが対比されていると解釈できる。高齢者は被害があれば，住まいを中心にした決定により，県外に出て行く。40〜50歳代の働き盛り層は，自宅を持っていた人で就業年限が長い被災者は，被害がそれほど大きくなければ被災地に留まった。

前述したように，福島県の状況はこれが少し複雑になっている。小さい子どもを抱えた家族で住宅を所有している人々は，阪神・淡路大震災では被災地に留まった。しかし，東日本大震災の福島県では放射能のリスクが高いということで，世帯が分かれて仕事のために父は被災地に残り，母と子どもは被災地を出るような決定をしている。

仕事中心の決定で被災地を出たのは，特に20歳代の単身者である。仕事中

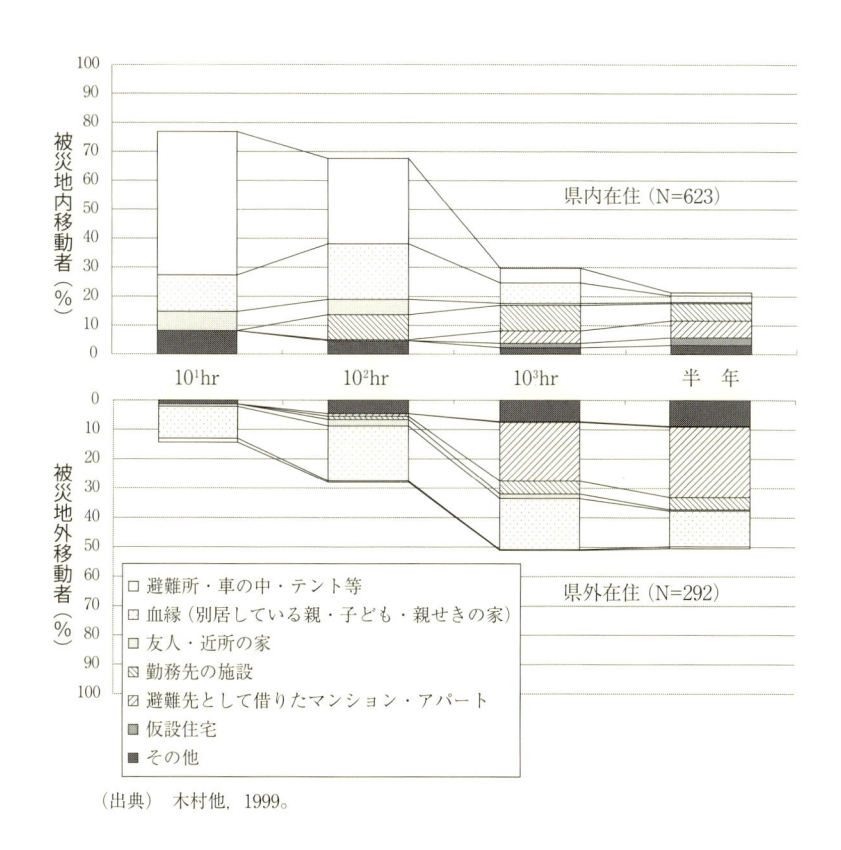

図4-9 被災者の住まいの移動パターン(5年後)

凡例:
- 避難所・車の中・テント等
- 血縁(別居している親・子ども・親せきの家)
- 友人・近所の家
- 勤務先の施設
- 避難先として借りたマンション・アパート
- 仮設住宅
- その他

(出典) 木村他,1999。

心で被災地に残ったのは、30～50歳代の働き盛りの世代である。高齢者は住まいを中心に考え、兵庫県を出て行った。無被害の人たちはそのまま留まった。その人の社会学的な属性がどのようなものかによって、被災地に留まるか出ていくかがある程度予測できたことも、この計量的な研究から見えてきた。

1999年の復興調査では、時間と移動についても、西宮エスノグラフィー調査をもとにリサーチ・クエスチョンを立て、その検討をした。エスノグラフィー調査から見えてきたことは、発災から10時間、100時間、1,000時間が、行動の変化点となり、その前後で行動パターンが変化するというものだった。この点も計量調査で確認を行った。

発災から10時間，100時間，1,000時間とそれぞれの時期に，どこにいたかを尋ねると，被災者の行動が明解に見えてきた(**図4-9**)。県内，つまり被災地に留まった人たちを見ると，発災当日，10時間までで一番多いのは避難所にいた人である。それが100時間経つと避難所にいる人たちは20数%に変化し，残りは血縁者宅を頼って避難所から移動していた。しかし，血縁者が頼れるのは100時間までで，1,000時間の時点で親戚宅に身を寄せていた人々は相当に少なくなり，5〜6%に減る。その分，自分で避難先として借りたアパートや，勤務先で手配してくれた場所に移る。半年経ってもそれは基本的に変わらない。このような住まいの移動パターンになっていた。
　逆に，県外，すなわち被災地外に出た人々を見てみると，発災当日からまず血縁者を頼り，100時間までは血縁者の元にいる。100〜1,000時間の間に自分たちでアパートの手配をし，そこで暮らすようになっていた。

4．災害過程

4.1　被災者の心理的時間区分

　前節までに見たエスノグラフィー調査や計量調査から，被災者が災害過程をどのような時間の尺度軸でとらえているのかが明らかになってきた。すなわち，時の刻みが発災直後から10時間まで，10時間から100時間まで，100時間から1,000時間，1,000時間から10,000時間，10,000時間以降というように10の何乗かになっており，それぞれのフェーズにどんな特徴があるのかが分かってきた(**図4-10**)。

　発災直後から10時間までは，何が起こったのかよく分からない時期である。そのために人は，何が起こったのかを知るために歩き回る。10時間経つと，自分のいる場所が被災地で，自分が被災者になったことが理解できる。10時間から100時間までの間には被災前の正常な社会システムから，被災地での特別な被災地社会システムに変わってゆく。100時間経つと，緊急社会システムが機能し始め，被災者同士が助け合って連帯感が高まる。これを社会学では「災害ユートピア」期と言う。被災から3〜4日経った100時間くらいから，約1カ月半後の1,000時間くらいまでこれが続く。災害ボランティアはこのフェ

```
0  発災
   │ 情報量がなく何が起こったか分からない時期
   ▼
1  被災から 10 時間 (当日)
   │ 「被災地社会」形成に向けての展開期
   ▼
2  被災から 100 時間 (3〜4日)
   │ 被災者同士助け合って連帯感が高まる  ┐ 災害
   │ 「災害ユートピア」期                  ┘ ボランティア
   ▼
3  被災から 1,000 時間 (約1カ月半)
   │ 復旧・復興の開始期
   ▼
4  被災から 10,000 時間 (約1年)
   │ 生活の本格的再建期
   ▼
5  被災から 100,000 時間 (約11年)
      復興完了
```

(出典) 林，2003。

図 4-10　発災からの各フェーズ

ーズで活躍する。

　1,000時間でライフラインがほぼ復旧する。ガス，水道，電気が使えるようになる。するとここで新しいノーマルな状態が始まり，およそ10,000時間で復旧が終わる。10,000時間後に本格的な復興が始まり，復興はだいたい10^4〜10^5時間までかかる。社会が大規模な災害により被災してから，復興が終わるまでは10^5時間，つまり10年以上の時間の経過が必要になる。

4.2　災害過程と被災者の範囲

　10^1時間，10^2時間，10^3時間……という時間の流れに対応して，被災者の内情も変わってくる。被災者は時間フェーズに伴って違うのである。被災者，つまり社会が支援するべき対象として，まず考えられるのは命の危機に見舞われた人たちである。図4-11の一番内側の人々である。その外側の人々は，住宅

第4章　災害過程を知る(1)　　81

を含めた財産が被災した人たちである。そして，その外側に，生活に支障をきたす人々がいて，最後は「怖いと思った」人たちである。生命なのか，財産なのか，生活への支障なのか，精神的な恐怖心か。外に行けば行くほど色が薄くなるようにビジュアル化すると，被災直後の0〜10時間までは誰が被災者かというと，怖い思いをした人を含め，全員が被災者である。

10〜100時間という，被災地社会が成立する時期になると，被災者は生活の支障をきたす人々になる。100時間〜1,000時間，緊急社会システムが機能し始める災害ユートピア期では，まん中が抜ける。例えば2015年の7月25日に起こったネパール地震の際も報道されたが，発災から72時間までに救助されると救命の可能性が高くなる。それを超すと，亡くなる確率が高くなる。ならば，100時間を超えると，生き残った人々が被災者になる。財産を失った人か，生活に支障をきたした人たちである。そして，復旧・復興が起こる1,000時間が を過ぎると，ライフラインが元に戻るので，被災者は住宅や職業などに大きな被害を受けた人々になる。

直後は怖い思いをした人も含めるが，1,000時間経つと被災者は，平たく言えば住宅を失った人々，職を失った人々，つまり財産を失った人々となるのである。時間のフェーズと絡めて被災者が誰かもこのようにして変わってくるのである（図4-12）。

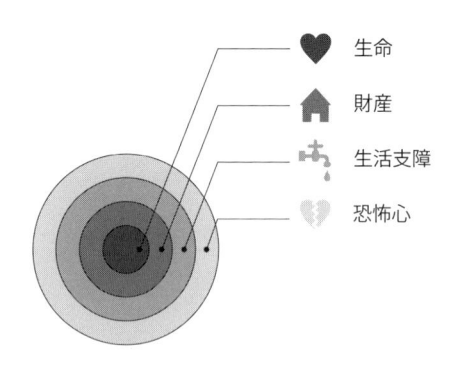

（出典）復興の教科書ホームページ（http://fukko.org/）。

図4-11　被災者（支援の対象）とは誰か？

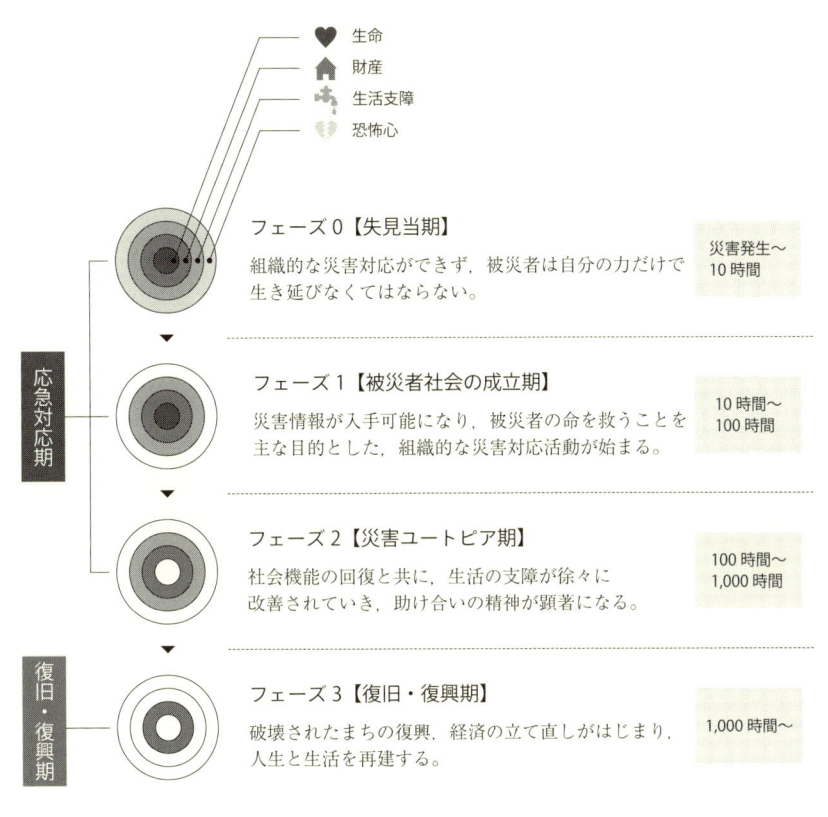

- 生命
- 財産
- 生活支障
- 恐怖心

応急対応期

フェーズ0【失見当期】
組織的な災害対応ができず，被災者は自分の力だけで生き延びなくてはならない。
災害発生～10時間

フェーズ1【被災者社会の成立期】
災害情報が入手可能になり，被災者の命を救うことを主な目的とした，組織的な災害対応活動が始まる。
10時間～100時間

フェーズ2【災害ユートピア期】
社会機能の回復と共に，生活の支障が徐々に改善されていき，助け合いの精神が顕著になる。
100時間～1,000時間

復旧・復興期

フェーズ3【復旧・復興期】
破壊されたまちの復興，経済の立て直しがはじまり，人生と生活を再建する。
1,000時間～

（出典）　復興の教科書ホームページ（http://fukko.org/）。

図4-12　災害過程と被災者（支援の対象者）の範囲

　本章では，阪神・淡路大震災被災者へのエスノグラフィー調査の結果から，被災者が感じる心理的な時間の尺度軸が10の1乗，2乗，3乗で区切られるという災害過程に関する仮説を紹介した。続いて，この仮説を三角測量的方法で検証した1999年兵庫県生活復興調査について解説した。次章では，主として10の3乗や4乗時間以降の災害過程について，阪神・淡路大震災のマクロな復興過程を例にして検討を続けたい。さらに，本書第11章では，2001年・2003年・2005年の兵庫県生活復興調査結果から，10の4乗時間ならびに5乗時間という尺度の中で，よりミクロな個人の生活がどのように再建されていったのか，

第4章　災害過程を知る(1)　　83

その過程について検討する。そして最後の第12章では，宮城県名取市で行った2015年1月生活再建現況調査結果を基に，東日本大震災の被災者の生活再建過程について検討を行うことにする。

第5章

災害過程を知る(2)

——10^3時間・10^4時間以降における社会の動きを学ぶ

1. 災害過程とそれぞれの時期

　ここまでの内容を復習すると，災害過程について，発災から10時間，100時間，1,000時間，10,000時間というそれぞれの時点が，被災者にとっての時間の節目になるということだった。また，それぞれの節目で被災地社会は違った様相を呈し，違ったニーズが生まれることも見てきた。

　前章図4-10の内容を詳しく見ていこう。まず発災から10時間までは失見当期と言い，何が起こったか分からず，自分が被災者になったと気づくまでの時間である。被災者は自分の力で生き延びなくてはならない。ここから次の節目である100時間（3〜4日）までのフェーズで一番大切なことは，探索・救助活動によって瓦礫や倒壊した建物の中から人を救助し，救急活動をすれば，命を救える確率が非常に高いことだ。このフェーズにおいて社会はこれまでの平常の時間から，被災地社会という，緊急的な社会システムに移行してゆく。その移行の途上にある時期が，10時間〜100時間である。次の100時間〜1,000時間（約1カ月半）までは，互助や共助に特徴づけられる時期である。被災した直後の社会は，日本であろうがどこであろうが，被災者同士が助け合うのだ。被災地のコミュニティができあがるこの時期を，「災害ユートピア期」と名づけた社会学者もいる（Solnit, 2009）。しかしこの一時的な緊急社会システムは，ライフラインや流通が戻り，応急的な復旧活動が済み，生活の支障が徐々に取り除かれてゆくことにより，終了する。その節目がおよそ10^3時間（1,000時間，約1カ月半）である。そして，10^3時間くらいから始まるのが，社会の中で破壊され

たさまざまな資産，ストックを再建してゆく復旧・復興期である。

本章では10^3時間以降の社会の中で何が起こっていたのかを見てゆく。10^4時間で10,000時間，およそ1年強である。それから10^5時間，およそ11年で復旧・復興が完成するのだが，この災害過程の全体像を俯瞰する実証的なデータを示してゆく。

2．復興期の社会の姿とは？

2.1 阪神・淡路大震災の被害額

大きな災害が起こると，前節で見たような時間の軸の中で，人々は生活・社会の再建を進めてゆくことになる。

10^4時間を超えた復興期の社会という点で，まだ東日本大震災については，未だ全容がつかめていない。このため，都市を襲った直近の巨大災害である阪神・淡路大震災をテーマにして本節では話を進めてゆく。

まず，経済に関わる部分について検討すると，阪神・淡路大震災は，直接被害額が10兆円だった。これは公共的な部門に特化しての数字である。さらに，復興期間を10年間としたとき，被災によって損失が出た経済の領域がある。例えば，神戸港を貿易で使えていたら得られたであろう収益や，JRや阪神電車，阪急電車が動いていればそこで利潤が得られたであろうさまざまな経済活動で，損失が生まれている。本来であれば，つまり被災していなければ産まれていたはずのさまざまな経済活動による利益が被災によって失われており，これらを総体として間接被害と言う。間接被害は7兆円規模と推定されている（豊田・河内，1997）。阪神・淡路大震災は総額で17兆円規模の被害をもたらした災害だった。

2.2 年度別の復興事業費の推移[1]

国が被災地に投じた公的資金は，10年間の総額で16.3兆円である。直接被害と間接被害をやや下回る額の公的資金が投入されたことになる。**図5-1**で濃淡で示したグラフは，各年度別の復興計画事業費の内訳を示したものである。

---

1) 立木，2011。

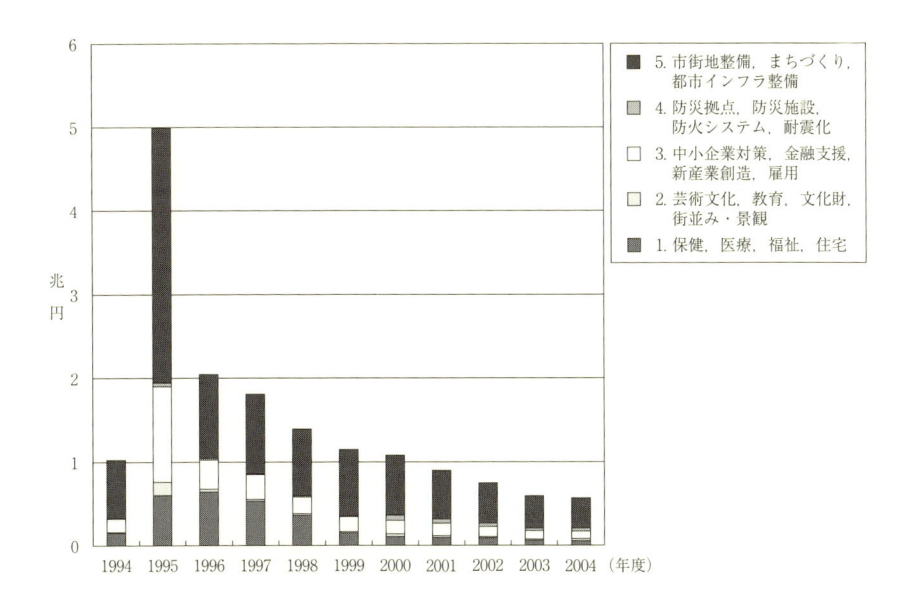

図5-1　阪神・淡路大震災復興計画事業費（10年間の総額16.3兆円）**の内訳**

阪神・淡路大震災は1995年1月に起こっているので，予算年度としてはまだ1994年度だった。その1994年度については，1月〜3月までの補正予算を組んで，復興事業を始めていた。

グラフを見てみると，市街地の整備，まちづくり，都市インフラ整備という社会基盤に使われた額は，震災が起こった年の1995年度が突出しているし，中小企業対策も初年度にかなり集中的な額が投下されている。10年間まんべんなく等しく資金が投下されたわけではなく，集中的だった。同じことが東日本大震災でも起こっている。被災から5年間は集中的な投資期間ということで，被災地には一切負担をかけずに，国の費用で復興事業が進められている。

このグラフが全体で見ると右肩下がりである意味と理由は何だろうか。最初の5年間くらいでは，保険・医療・福祉・住宅にかなりお金が注ぎ込まれている。特に1995年度・1996年度はそうである。もちろん一番多くお金が使われたのはインフラ関連，それから中小企業対策になるが，保険・医療・福祉・住宅に注目すると，年々少しずつ減っている。特徴的なのは，最初の3年くらい

第5章　災害過程を知る(2)　　87

にかなりの資金が投下されている。この使途は，復興公営住宅だった。保険・医療・福祉・住宅に分類されているのは，個人の持家の再建ではなく，公営住宅の再建に資金が投じられたからである。公営住宅は，このカテゴリで言うならば保険・医療・福祉と並ぶ社会保障的な制度であり，震災で住宅を失くした特に低所得者向けの人々への対応として建てられたものだった。1999年までに公営住宅への入居はほぼ完了したため，その前年度までに集中的に住宅建設に資金が投下された。住宅の建設後は，いわゆる保険・医療・福祉系のサービスがずっと続くことになった。

ここから見えることは，非常に大きな災害が起こったときに，被災してからの数年に集中して資金が投じられたということである。これがどんな意味を持っていたか考える。

2.3　阪神・淡路大震災後の全国と兵庫県の経済活動比較[2]

なぜ最初の数年に集中的に資金が投じられたのか。とりわけ，一番資金が投下されたのは社会基盤の整備である。ここに非常に多額が初年度から投じられている。自分が被災者だとしたら，どこに資金を使ってもらいたいか，考えてほしい。復興が早く進むことを望むだろう。キーワードは「早く」である。被災者は早く復興したいと考えるし，行政も早い復興を心がける。東日本大震災でもそうだが，「より早い復興」という言葉が被災者からも，行政やマスコミからも聞かれる。その現れとして，復興の初期に大量のお金が被災地に投じられた。「早く戻りたい」からである。

みんなが早く復興したいと願い，結果として早いうちに被災地への集中的な資金投下が行われた。被災地の経済活動はその結果どうなったのか。以下，日本銀行神戸支店 (2013) と永松・林 (2005) の分析をもとに解説をしていこう。

図5-2は1990年から2010年度の兵庫県の経済活動を名目の総生産額の推移で見たものである。1990年度を100としたとき，1995年度・1996年度を例外として，震災から20年近い期間にわたって兵庫県経済の活動が全国と比べて立ち後れ，国内での相対的な地位が低下し，さらには経済の構造も変わったことが示唆される（日本銀行神戸支店, 2013）。本項では，1997年度以降から始まっ

---

2)　永松・林, 2005。

(出典) 日本銀行神戸支店，2013。

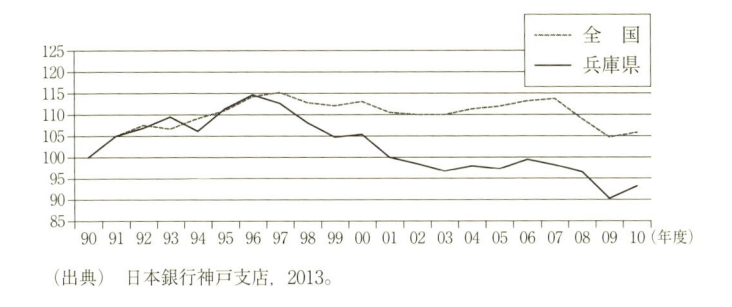

図5-2　兵庫県と全国の名目総生産額（1990年基準）の推移

た国内経済と比較した兵庫の経済活動の乖離が，どのような事情によるものかについて，特に震災復興第1期の5年間に関する研究を基に検討を行う。

　全体で見ると16.3兆円が被災地に投下された。それなのにどうして総生産額が全国を上回ったのは1995・1996年度だけで，その後は経済活動が低下してしまったのだろうか。何らかの社会的なプロセスがここに働いていたのではないか，と考えられる。この疑問に明快に答えるのが，次の**図5-3**である。復興需要の原資として，特に1995年度に5兆円，全体で16.3兆円の復興資金のうちの3分の1が，単年度に被災地に投じられた。**図5-3**の囲み内は，震災が起こってから5年間の域内の経済指標を表している。特徴的なのは，移入を表す線である。移入とは，兵庫県内の経済活動に対して，経済活動の主体が兵庫県の外部にある事業による経済活動の数値である。外から事業者すなわち経営主体が移入するとは，国からの復興・再建のための原資が，兵庫県外の事業者に対して支払われたということである。兵庫県外の事業者に支払われた資金は，結果的に事業者が集積していた東京と大阪に流れ出た。16.3兆のうち5兆円が初年度に被災地に投下されたが，1995〜1997年の集中的な復興期間において，事業の大半は東京や大阪のゼネコン大手が手がけたのである。域内でお金が回れば経済活動は潤ってゆくが，そのお金がよそに流れてしまったら，被災地の中でお金が循環しなくなる。被災地内でお金が循環していたら，域内の経済活動は維持されていたはずだ。ところが，そうならなかった。ここがまさに社会現象なのである。事業者の移入が起こった結果として，資金が外に流れ，国か

第5章　災害過程を知る (2)　　89

(注) 平成5年＝100。
(出典) 永松・林，2005。

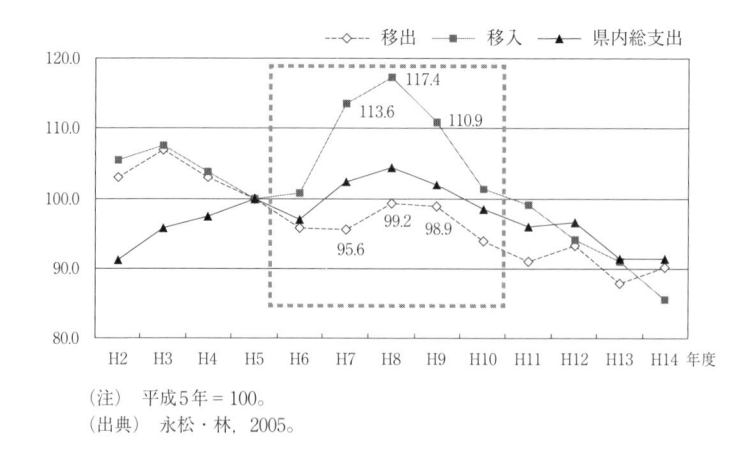

図5-3　移出入（名目）の推移

らの集中的な復興投資の期間が終わると域内GDPが低下した。移入が起こった理由は，兵庫県内の事業者ですべての事業を引き受けることが不可能だったからである。では，なぜ引き受けられないほど多大な発注が起こったのか。多くの被災者やメディアや行政の担当者が声をそろえて「早い復興」こそ「良い復興」のあり方だと考えたからである。復興の資金を集中的に投下するよりは，計画期間全体を視野に入れて満遍なく資金が流れるようなスキーム（資金計画）は充分に議論されなかったのである。その結果として域内の事業者が引き受けられるよりもはるかに多大な，そして短期的な需要が被災地で生まれた。このため多くの事業は他府県の事業者に回さざるを得なくなり，お金は東京や大阪に吸い上げられる結果となった。**図5-3**のように，被災地での経済活動の回復が立ち遅れた理由の一端は，このような経緯があったからである。

　復興は早ければよいというものではない。その一方で，早く元に戻りたいという被災者の切実な思いも充分に理解できる。必要なのは，被災地全体で「早い復興」と「納得のいく復興」のバランスについて充分に議をつくすことではないだろうか。少なくとも復興を評価する軸は多元的であるとあらかじめ知っておくことは重要である。

　東日本大震災では，およそ20年前の阪神・淡路大震災の経験がある程度は

活かされており，県内に本社を置く事業者を優先的して復興事業の発注をすることとされている。しかしながら2007年度から2012年度までの東北被災3県ごとの県内総支出の推移を分析した永松（2016）は，すべての県で震災後に純移出が落ち込んでおり，移出入の動きは兵庫県のそれとそっくりであることを指摘している。また民間事業所の復興投資について見ると，岩手県と福島県に関しては，震災から2年経過しても，防潮堤や土地のかさ上げといった大規模な公共の都市基盤整備が進んでいないためにほとんど盛り上がりを見せていない一方，宮城県では民間の需要は盛り上がっているものの，阪神・淡路のときと同様に復興需要が集中したために東北以外の事業者へ資金が流れている実態も指摘している。

　復興は早ければよいというものではない。みんながそろって早い復興を願ったが，全体としては合理的な復興にはならなかった。これが阪神・淡路大震災からの経済的復興から学べることであり，しかもこの教訓は東日本大震災でも充分には活かされていないと現時点では言わざるを得ない。

2.4　分野別の社会・経済的再建の比較[3]

　ここまでは「被災地」をひとまとめにして経済活動を見てきたが，実は阪神・淡路大震災においても，勝ち組と負け組がいた。トータルで見たときの経済活動は，全国と比較すると下回る結果になったのだが，実はしたたかに立ち回った業種・業態もあったし，大きく打撃を受けた業種・業態もあった。それが何によって左右されていたのか，という研究を紹介する。

　柄谷・林・河田（2000）は，神戸市の統計資料に基づき，1992年4月から1998年12月まで81カ月間にわたって，国民生活指標の8つの領域（住む・費やす・働く・育てる・癒やす・遊ぶ・学ぶ・交わる）それぞれに該当する神戸市単位での経済指標変動を分析している。結果，図5-4のように，業種や指標によって4つのパターンに分かれた。図の縦の点線が震災の起きた1995年1月で，それまでを0としたとき，震災後に水準が上がっているのがパターン1である。いわば勝ち組である。被災してすべての事業者がみな大変な目に遭うのかというと，実はそうではなかった。パターン2は，震災で非常に大きなダメージを

---

[3]　柄谷・林・河田，2000。

（出典）　柄谷・林・河田，2000。

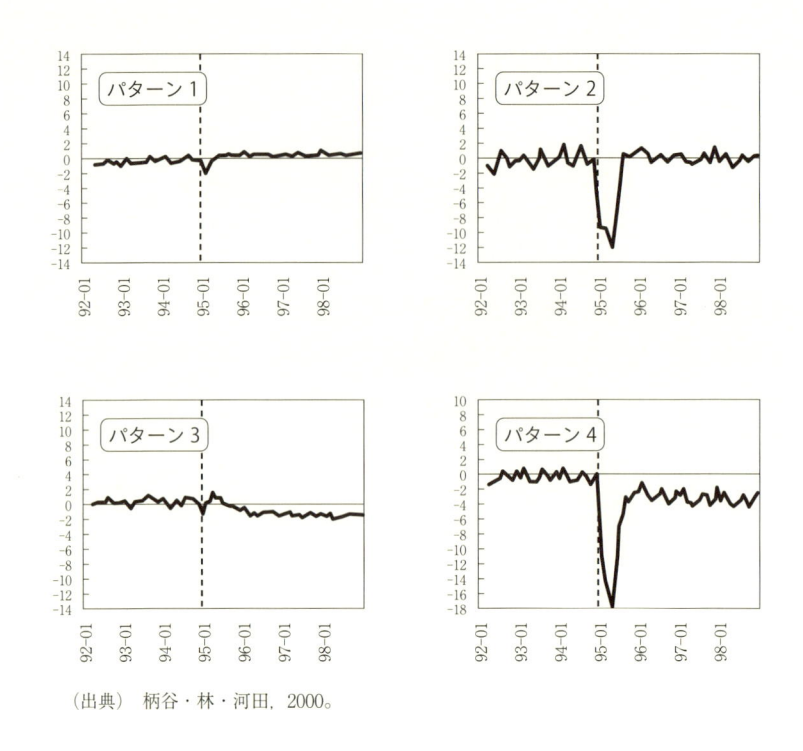

図5-4　分野別の社会・経済的再建の比較

受けたが，素早く震災前の水準に戻った業種や指標である。パターン3は，震災前の水準には戻れず，ずっと微減が続いた業種や指標である。パターン4は，非常に大きな被害を受け，かつ，震災前の水準に戻らない状態だった業種や指標である。このように，81カ月間の指標を見ると，実は被災地の経済の中で4パターンに分類できるような経済活動の変動が起こったことが分かる。

　それでは，1～4のパターンに分類されるような業種は何だったのか。あるいは，支出の費目は何だったのか，さらに見てゆこう。

2.5　見えてきた4パターン

　図5-4の上の2つ，パターン1とパターン2は震災前の水準に戻るか，少し良くなっている業種と指標である。下側のパターン3，4は震災前の水準に戻っ

ていない業種と指標である。左と右は，震災によって大きな影響を受けたか否かを示している（左は大きな影響なし，右が大きな影響あり）。

1) パターン1

パターン1は，震災が起きてすぐに，震災前の水準にすぐ回復したか，微増している。光熱水道費や家計支出，物価などが当てはまるが，震災前後でそれほど大きな変動がなかった。また，交通機関は震災前後で非常に明暗を分けたのだが，パターン1に入るJRと神戸市営地下鉄では，震災前後であまり収支に変動が起こっていない。地下鉄は基本的に地震の被害に強いし，JRは設備の関係で，止まった期間自体は短かったのである。早くに回復できたから，このような結果になった。

2) パターン2

これに対し，同じ公共交通機関で震災直後に大きな落ち込みを見せ，何とか頑張って元に戻った典型は，阪急電車だった。また，阪急電車と似たパターンで，急に減ってすぐ戻った指標には，人口がある。被災直後には震災による人的被害も含めて人口が大きく減少した。社会移動もここに入り，震災直後は被災地からすぐに出た人口が多かったが，すぐに戻ってきたことも分かる。興味深いのは離婚数である。震災直後に大きく減っている。しかし，ある時期から通常の数に戻ってくる。この理由については，第10章で詳しく検討したい。

3) パターン3

震災前の水準と比べると微減している指標には，食料品の物価などを示した消費者物価指数がある。それから，被災地では教育に充てるお金が，被災前と比較して低迷したままの傾向が続いた。

4) パターン4

パターン4は被災によって大きな影響を受け，持ち直しはしたものの，震災前の水準には戻らなかった指標である。代表的な例が，阪神電車の乗客数だった。阪神間は北から南に新幹線，阪急，JR，阪神の順番で，電車が走ってい

る。このうち，一番地盤が弱い南部の沿岸部を走っていたのが阪神電車だった。そのために被害が一番大きく，復旧までに時間が一番かかった。さらに，やっと復旧したときには，震災まで阪神電車を利用していた人々は，JRや阪急電車を使うようになっていた。震災後，南の方の住民も自転車や徒歩でJRや阪急電車の駅に行くようになっていた。一旦定期を購入すると，もはや阪神電車を使わなくなってしまったのである。阪神電車は村上ファンドの投資の対象になり，その対抗上から結果的に阪急電車に吸収合併されることになった。この遠因は，地盤が弱いところに阪神電車が走っていて，被害が大きく，復旧までに時間がかかったことにあると言える。

　もう1つ，負け組と言えるパターン4の代表的な指標がある。神戸港である。湾岸の設備が破壊され，クレーンや岸壁の復旧まで時間がかかった。神戸港は被災地でも最南部に位置するので，被害も激しかったのである。震災前まで神戸港の通関実績は世界3位であった。その少し前，1970年代には，世界最大のコンテナ輸送基地であり，さらにはアジア物流のハブとしてコンテナ取扱量で世界1位を誇っていた。しかし，もともと神戸港はコストが高く，水先案内人を乗せる必要があったり，通関手続きも大阪と神戸で分かれていたりしたため，不便な港と見なされていた。震災で神戸港が使えなくなったとたんに，韓国の釜山などの港が，北米や東アジア諸国からの荷物の仕分けにおける主要港の地位を神戸から奪ってしまい，もはや神戸港が貿易で潤うような構造ではなくなってしまった。釜山に加え，大阪港や横浜港も，荷主を神戸港から奪い，元には戻らなかったのである。

　本章の2.3「阪神・淡路大震災後の全国と兵庫県の経済活動比較」では，1990年度を100としたとき，1995年度・1996年度を例外として，震災から20年近い期間にわたって兵庫県経済の活動が全国と比べて立ち遅れ，国内での相対的な地位が低下し，さらには経済の構造も変わったと述べた。そのときに用いた**図**5-2もパターン4と同様の傾向を示すものである。日本銀行神戸支店(2013)の分析によると，かつては日本経済を牽引した兵庫県製造業であったが，震災後は長期低下傾向を示してきた。これは兵庫県内の基幹産業である製鉄・鉄鋼・造船などを中心とした主要製造業が本社や主力工場を県外に移転させたこと，製造ラインや人員などのリストラ策を断行したことなど基幹製造業の萎

―― 兵庫県（左目盛）　------ 神戸市（右目盛）

阪神・淡路大震災

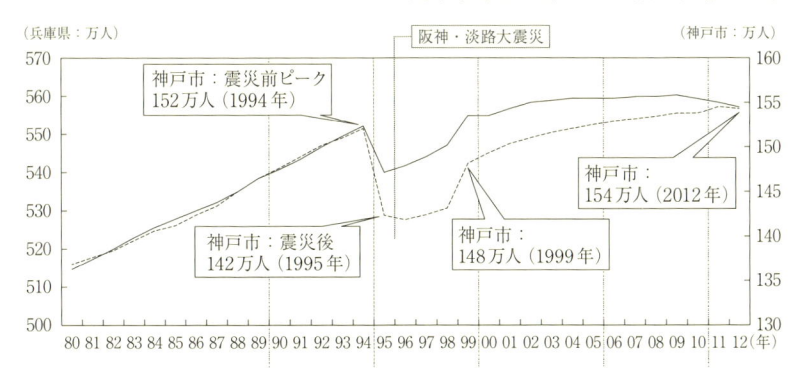

神戸市：震災前ピーク 152万人（1994年）
神戸市：震災後 142万人（1995年）
神戸市：148万人（1999年）
神戸市：154万人（2012年）

（出典）　日本銀行神戸支店，2013。

図5-5　神戸市と兵庫県の人口の推移

縮によるものであった。このため全国との格差は埋めることができなかったのである。

　その一方で，被災地の人口の増減については，震災から20年の時間軸でとらえてもパターン2のトレンドであり，直後に大きな落ち込みを示したものの，やがて復調したことを示している（**図5-5**）。日本銀行神戸支店（2013）の分析でも，神戸市の人口推移を見ると，震災前が約152万人であったが，直後に10万人もの人口の落ち込みが生じた。しかし，復興事業が集中した3年目あたりから人口増加に転じ，4年目の1999年には半数の約5万人が帰還し，2012年度には154万人と震災前を上回る水準となった。日銀神戸支店のレポートは，人口に見られる被災地の回復力に注目し，「大規模な自然災害が発生した地域が被災前の人口を取り戻すことは並大抵の努力ではないが，神戸市・兵庫県も民間団体も企業も，当地の復興に果たした役割の大きさは計り知れない」（p. 11）と締めくくっている。

第6章

災害に対して社会組織はどのように反応するのか (1)

1. 災害対応の組織的過程の社会学── DRCモデル

1.1 DRCモデルとは

　本章で扱うのは，災害社会学で一番古くから扱われてきたテーマである。前章・前々章では被災者の視点から災害過程の各位相（フェーズ）を見てきた。本章では，主として発災から10時間・100時間・1,000時間程度までの中で，緊急社会システム（野田，1997）がどのように展開してゆくのか，その機能や構造をどのように変動させていくのかといった問題を取り上げる。

　キーワードは「DRCモデル」である（図6-1）。本書第2章の災害社会学小史で紹介した災害社会調査研究（disaster reserach）学派の創始者であるアメリカの社会学者E. L. Quarantelli, R. R. DynesとJ. E. Haasによる"Organizational Functioning in Disaster: A Preliminary Report"(1966)，「災害時の組織機能の変動過程」というモノグラフがある。3人は大学院生をさまざまな災害現場に投入し，危機対応に当たる消防や警察，災害対策本部などを対象にフィールド調査を行った。そして，発災からの時間経過に伴う組織構造と機能の変動過程を説明するために編み出したのがDRCモデルである（DRCとは，3人が所属していたDisaster Research Centerという，現在デラウェア大学に設置された研究所の名称である）。

　組織は2軸で考えられる。1つは組織内における人員配置構造であり，災害対応に当たって通常の人員で行うのか，人員を増加して組織を大きくするか，という軸である。横軸は業務内容であり，業務内容が日常的なものか，災害を

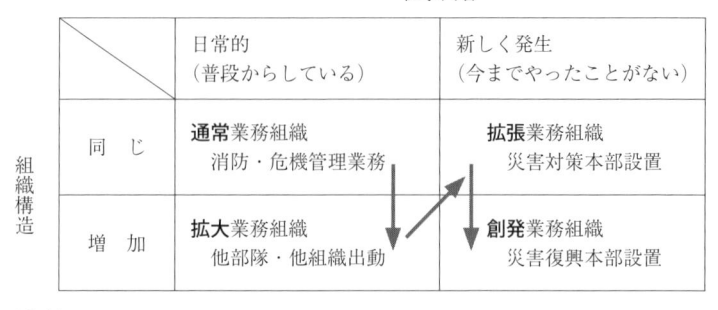

	仕事内容	
	日常的 (普段からしている)	新しく発生 (今までやったことがない)
組織構造 　同じ	**通常**業務組織 消防・危機管理業務	**拡張**業務組織 災害対策本部設置
増加	**拡大**業務組織 他部隊・他組織出動	**創発**業務組織 災害復興本部設置

(出典) Quarantelli et al., 1996.

図6-1　災害対応の組織的過程の社会学──DRCモデル

契機に新しく発生したものか，という軸である。この簡単な2×2のマス目の中で，災害対応組織の変動過程を説明できるというのがDRCモデルである。

1.2　DRCモデルの具体例

　火災を例に考えてみよう。通報を受けて出動するのは消防である。この場合，消火は普段から行っている仕事なので，担当の人員により通常 (established) 業務組織として対応する (**図6-1**左上)。しかし，火災現場に第1陣が行き，山火事であることが分かるとする。山火事では，場合によると1週間～10日に及んで鎮火せず，延焼も起こるため，1つの部隊だけでは対応ができない。すると，先遣部隊は本部に追加部隊の必要性を報告する。本部は近隣の消防組織にも応援を要請する。つまり，組織の構造を大きくして，複数のユニットが消火活動に当たるようにする。さらに山火事が広域に広がると，消防だけでなく，一帯に対して交通規制も必要になるかもしれない。その管轄である警察に依頼をし，警察も組織的対応過程に参加する。それでも人員が切迫する事態では，消防，警察に加えて自衛隊も出動するかもしれない。このように3つの組織が災害現場でそれぞれの専門分野の対応に当たる場合，拡大 (expanded) 業務組織による対応が行われていると考える (**図6-1**左下)。

　災害の規模がさらに広がると，災害現場で警察・消防・自衛隊という異なっ

2014年5月　デラウェア大災害社会調査
研究所50週年記念ワークショップにて。

**図6-2　災害社会調査研究の創設者の1人
ラッセル・ダインズ教授と筆者ら**

た3つの組織の窓口担当者（リエゾン）が一堂に会し，連携して災害対応に当たるための災害対策本部を設けることになる。災害対策本部では，近隣の自治体から派遣された部隊の受け入れ業務を始め，組織間や人員間のありとあらゆるもめごと，各種機関や市民からの相談や依頼が寄せられる，これらへの対応という，普段はやったことのない業務が新たに発生する。このような業務に当たる災害対策本部は拡張（extended）業務組織の典型例である（林，2001）。

　大規模火災が鎮火し，結果的に多くの住宅が失われたならば，住宅の再建やその後の生活の再建について市民への対応が必要となる。例えば住宅の再建にあたっての支援制度や，ローンの相談といったことから，被災によるストレスへの対応といったありとあらゆる業務が新しく発生する。これは消防部局だけでは対応できないので，さまざまなところから応援部隊を呼んできて，復興に対応する災害復興本部を立ち上げることになる。組織論的に見ると，復興に向けて新たに発生する業務に，応援要員を投入して新しい組織の編成を行うため，災害復興本部は創発（emergent）業務組織と位置づけられる（Dynes, 1998; 林, 2001）。つまり，災害が起きると，対応する組織は人員構造を変化させるだけではなく，緊急的な新規の業務が発生し，最終的には創発業務組織へと展開していく，というのが1966年に提唱されたDRCモデルである。

　蛇足であるが，Disaster Research Centerの発足は1964年であった。DRCモデルの論文執筆当時，R. R. Dynesはまだ大学院生だったが，2014年には

第6章　災害に対して社会組織はどのように反応するのか（1）　99

DRCの発足50周年の記念ワークショップが開催され，その際に筆者は直接お会いすることができた（図6-2）。

2．2007年能登半島地震における災害時要援護者への対応について

2.1　能登半島地震と要援護者対応検証ワークショップ──目的と調査方法

　50年近く前のDRCモデルだが，社会学者が災害現場にフィールド調査に入る際，何を見たらよいのかの方向づけをする上で非常に役立つモデルである。筆者たちが実際に関わった2007年の能登半島地震における研究（コマファイ他，2008）を紹介する。2007年3月25日，日曜日の朝に，石川県能登半島沖を震源とするMw6.9の地震が起こり，震度6強を七尾市，輪島市，穴水町で記録した。

表6-1　能登半島地震における要援護者対応検証ワークショップ・個別インタビュー

保健師，ケアマネジャー （対象7名・門前支所5月15日）	期間： 2007年5月〜8月 要援護者対応に関わった75名がワークショップに参加
区長，民生・児童委員，公民館長・主事，消防団長（諸岡地区） （対象5名・諸岡公民館5月15日）	
区長，町内会長，民生・児童委員 （対象8名・河原田公民館5月20日）	
民生・児童委員，生活支援員（門前・黒島地区） （対象10名・門前保健センター5月21日）	
輪島市内ケアマネジャー連絡会 （20名輪島健康センター5月21日）	
公民館主事 （対象6名・門前支所6月6日）	
関係課（災害対策本部・門前支所・輪島市）行政職員 （対象19名・門前保健センター8月8日）	
要援護者当事者・家族への個別インタビュー （対象10名・門前・道下・諸岡仮設8月9日）	当事者・家族10名と個別面談（今後も継続の予定）

死者は輪島市で1名，負傷者は358名，特に被害が甚大だったのは輪島市付近であった。

この能登半島地震で特徴的だったことがある。阪神・淡路大震災では6,434人が死亡したが，その中で直接死に加えて震災関連死が多数見られた。感染症や，循環器系の疾患などによる死で

図6-3　輪島市での地域住民とのワークショップ風景
（2007年5月20日，河原田公民館にて）

ある。東日本大震災でも直接死での死者に加え，震災関連死は現在でも増え続けている。それに対して，能登半島地震は避難後の過酷なストレスにもかかわらず，震災関連死が1人も出なかった災害として有名である。この理由を探ることを目的に，筆者も現地に入り，当時大学院生であったニコール・コマファイ氏と共同研究を行った。現地と往復しつつ，災害対応に直接当たった方々とお会いし，ワークショップや個別インタビューを通し，さまざまな事実を提供していただいた。当事者の家族とも個別の面談を持った。調査の期間は2007年5月から8月にかけてである（**表6-1**参照）。

まず輪島市の保健師に行ったインタビューを基にして，要援護者への支援を行った組織を明らかにした。具体的には，地域組織（諸岡・黒島・門前各地区），介護保険事業者（ケアマネージャー），行政組織（保健師）が対象になった。この3つの組織の合計75名を対象にしたワークショップでは，要援護者にどのような対応をしたか，黄色いカードに具体的に書き出してもらった。次に，第4章で触れた青野他（1998）による被災者の心理的時間区分に準じるかたちで，発災から10時間，10〜100時間，100〜1,000時間という時間区分を用いて，カードに書き出した行動がどの時点でなされたかの仕分けをしていただいた。そして，時間別に対応の内容が類似するものをまとめ，ピンクのカードを用いてタイトルづけをしていただいた（**図6-3**）。これを利用し，「いつ・誰が・何を」したのか，という形式で事実を整理していった。

2.2 地域組織の対応

まず，地域組織の対応についての調査結果を見てゆこう。輪島市の対象地域を諸岡・黒島・門前の3つの地区に絞り，ワークショップ参加者は区長，自治会役員，民生委員，消防団長，公民館長といった方々だった。ここで公民館が出てくるのは，公民館が避難所だったからである。

全部で281枚のカードが集まったうち，132枚が発災直後（～10時間）までに仕分けをされた（図6-4）。10～100時間，100～1,000時間はそれぞれ76枚，73枚とほぼ同数であった。発災直後に地域組織が要援護者の対応として最も多く挙げたのは（47枚），安否確認と避難の声かけだった。そのときにキーワードとして出てきたのが，福祉マップである。地域で福祉マップを作っていたため，どこにどんな状態の方がいるのか，民生委員の頭に入っていたのだという。福祉マップとは，日本に固有の住宅地図（ゼンリン）を利用し，それぞれの集落ごとに例えばピンクならば寝たきりの人がいる世帯，黄色なら老老世帯，黄緑なら1人暮らし高齢者世帯といったように住宅を色分けしたものである（図6-5）。担当の民生委員が作成し，毎年更新がされていた。また，地図上で3色いずれかの色が塗られた家には毎月1回の訪問を行っている。この福祉マップを作っていたおかげで，民生委員は個々の住民がどのような状態で（福祉ベッドに寝ている，等），どこにいるのかあらかじめ把握できていたのである。普段から福祉マップを活用していたので，要援護者の所在はすべて民生委員の頭の中に入っていた。頭の中にある福祉マップを利用して安否確認に行った際に隣近所に声かけをし，高台への避難行動の支援をお願いした。避難所が高台だったのは，地震が沖合で発生したため，津波の恐れがあったためだ。

高台への避難後，前年10月に行われた防災訓練時に作成した町内ごとの名前が記載されたプラカードがたまたま残っていたので，それを利用して町内会長が出欠を確認した。防災訓練の経験がうまく活かされていた。この結果，誰が避難していないのが分かったため，民生委員は一旦地域に戻り，避難を勧めに回った。足の不自由な高齢者の場合，「公民館のトイレは和式なので，使えないから避難所に行かない」との理由で，説得ができなかった事例も見られた。

避難した住民たちは公民館で避難所を立ち上げるのだが，自主的に炊き出しの分担が決まって運営が開始された。また，被災者にとって不愉快なことの1

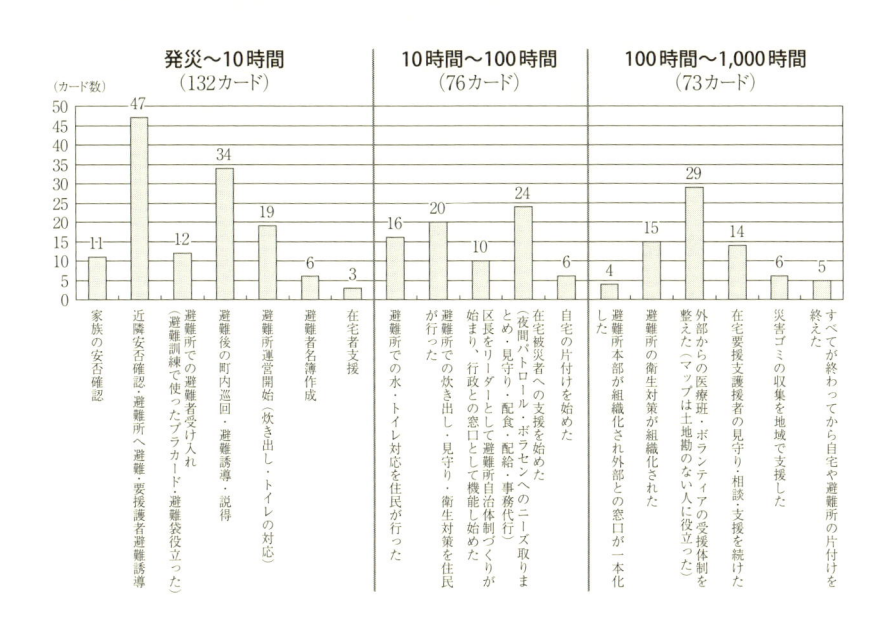

図6-4　地域住民（諸岡・黒島・門前）の行動（N=281）

つにメディアへの対応がある。避難所で今後の見通しがつかない被災者に，容赦なくマイクを突きつけるメディアの姿が，被災地ではよく見られる。統制ができていない避難所では，メディアのされるがままになる。2005年8月末に起きたニューオーリンズでのハリケーン・カトリーナによる水害では，フットボールスタジアム（スーパードーム）が避難所になったが，災害対策・対応に当たるべき警察官などの人員も避難しており，人手が足りなかった。その結果，報道陣が避難所内に勝手に入ってしまった。特に黒人が多かった避難所内の不衛生な状態が全米あるいは世界中に放映された。この結果，G. W. ブッシュ大統領（当時）に対する非難が世論としてわき起こり，再選を阻まれることの一因になる。

このようなメディアの取材攻勢に対して，もし避難所に自治体制が確立していれば，取材陣を避難所に入れず，本部で区長が一括して対応することが可能になる。能登半島地震の被災地，門前地区では発災から10時間（第4章図4-10でも見た失見当期に当たる時期）に，このような避難所の自治が自主的に行われ，

第6章　災害に対して社会組織はどのように反応するのか (1)　　103

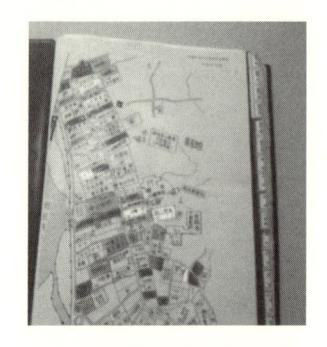

図6-5　輪島市で使われていた実際の福祉マップ

炊き出しなども始められていた。

次のフェーズである10～100時間において起きた問題がある。地震災害では下水道が使えなくなるため，基本的に発災の翌日には行政側が仮設トイレを設置した。しかしこの仮設トイレは和式であり，怖くて使えない高齢者もいた。無理に使おうとしてトイレに落ちてしまう事例も見られた。そのため，避難せず自宅に残った高齢者については，発災の翌日から民生委員が訪問をした。ここでも福祉マップが役に立った。市外や県外から応援で来た保健師に，避難所だけでなく在宅の人への訪問を依頼する際に，福祉マップを活用して派遣することができたのである。

避難生活が長くなると，生活不活発病のリスクが高まる。また，食器の使い回しなどによる衛生状態の低下から，ノロウイルスによる食中毒発生のリスクも生じる。これらのリスクを予防する手段として，寝食のスペースの分離がある。寝る場所と食事をする場所を分け，食事時間には食事場所まで移動していただくようにした。これによって生活不活発病を予防し，食べかすが寝る場所に落ちることもなくなり，食中毒のリスクを下げることにも役立った。寝食分離により，避難所は安全で衛生的な場所になるのである。輪島市では，保健師の的確な指導を通じてこのような予防的対応ができていた。

2.3　介護保険事業者組織の対応

次に，介護保険事業者の対応を見てゆこう。高齢になり，日常の生活動作に不安がある人は介護保険を利用していた。普段の生活では介護保険の利用者には担当のケアマネージャーがおり，個々のニーズ（必要）に合わせてヘルパーを派遣するような対応が行われる。

ワークショップでケアマネージャーが記入したカードは全部で235枚であった（図6-6）。彼らの業務が最も集中していたのは，10～100時間目の間だった。発災当日は日曜日だったため，職場に出て行くのも困難な状況があり，安否確

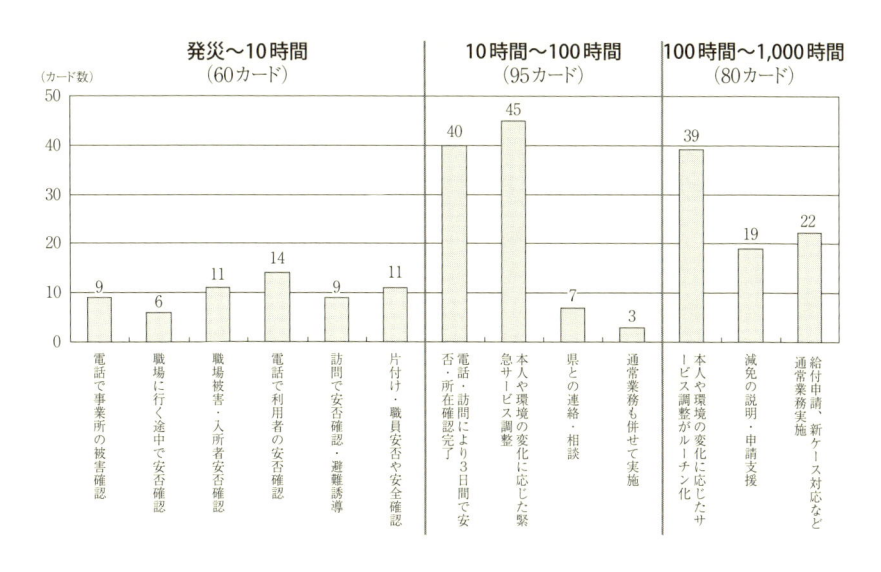

図6-6 介護保険事業者組織の対応 (N=235)

認も当日中には終わらなかった。しかし，翌日から100時間までの間にさまざまな支援を行った。これ以降の災害はどこを見てもそうなのだが，ケアマネージャーは自分の担当の利用者の安否確認を3日以内，つまり100時間以内に済ませている。かつ，避難所生活が困難な利用者にはショートステイ（一時的な施設入所）の利用を手配するといった緊急サービスの調整もこの時期に行っている。利用者本人，また事業所側の状況変化に応じた連絡・対応・調整にケアマネージャーは忙殺されたが，そのおかげで要介護度の高い利用者が避難所で途方に暮れるような事態を未然に防ぐことができていた。なお，緊急サービスの調整は，ケアマネージャーとしての普段の業務とさほど変わるものではなかった。

100時間以降では災害に起因するサービス調整業務も日常的になり，市外のケアマネージャーが応援に来た。能登半島地震は3月末に起きたため，年度末の介護保険更新手続きなどのルーチン業務と重なる時期だったのだが，そのような利用者と顔を合わせなくともできる定型の業務は市外の応援部隊に任せていた。人手を増やすことで，通常以上に発生した業務の増大に対応していたの

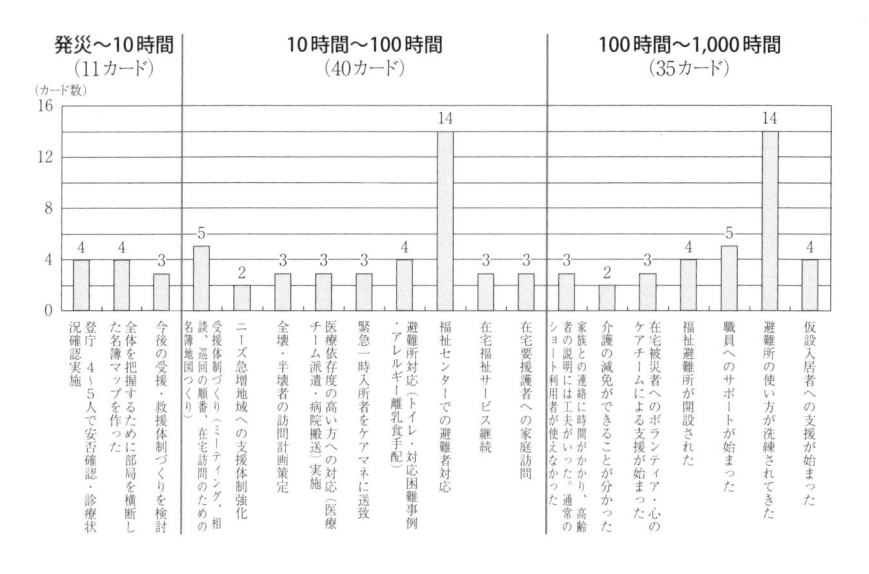

図6-7 健康推進課の対応（N=86）

である。

2.4 行政組織の対応

　最後は，行政による対応である。健康推進課の保健師を対象とし，ワークショップでは全部で86枚のカードが記入された（**図6-7**）。ここで興味深いのは，発災から10時間までに行った業務は，全体の業務の13％程度に過ぎず，10～100時間の間に全業務の47％が集中していたことである。

　発災から10時間，健康推進課職員はデスクワークに忙殺されていた。2007年当時は個人情報の災害時の活用ではなく，その保護が極端に重視されていた。その結果，障害者手帳所持者の台帳，介護保険利用者の台帳が別々の課で保管されており，部局横断的な要援護者台帳を作り，これを民生委員の作成した福祉マップと照らし合わせる作業は被災してから初めて行われたのである。現在では災害時でなくともこの作業を事前に行えるようになったが，当時は目的外の個人情報利用は極力避けるという考え方が主流であり，災害対策での個人情報利用は個人情報保護審査会を通さなければならないと思われていた。なので，

当日中，保健師たちは直接的な支援に乗り出せなかったのである。

10～100時間の間に，輪島市の保健師には新たな膨大な業務が発生し，その対応に忙殺されていたことが，この調査から分かった。外部からの応援受け入れに関する，受援と呼ばれる業務である。受援は保健師がそれまでに経験したことがない，まったく新しい業務であった。また，地図を使った支援計画の策定，各種の調整業務もこの時期に集中的に発生していた。さらに，輪島市の保健師は，市役所本庁ではなく輪島市のふれあい健康センターに配属されていたのだが，そこに避難者が避難してくるという想定外の事態が起こった。本来の業務外である避難者への対応も保健師が担当した。10～100時間まででは外部への応援も頼めなかったため，ほぼ3日間ほとんど寝ずにこのような業務の数々をこなしていたということである。

100～1,000時間においては，100時間まででなされた支援・受援業務の計画が実行に移されていった。先に触れた寝食分離についても，保健師が各避難所を回って指導を行った。衛生状態の維持についても手洗いやうがいの指導，高齢者のトイレの世話をする人と食事を作る人を分けるといった指示がこの時点で実行された。

2.5 考　　察

これら3組織の時間区分ごとの対応を図示すると，**図6-8**のようになる。被災当事者に近ければ近いほど，早い時間に業務が集中することが見えてくる。当事者に一番近いのは地元の人たち，すなわち地域組織である。続いて，当事者が利用している介護保険事業者が近く，被災当事者に一番遠いのが行政である。

10～100時間は被災地社会の成立期であるが，緊急社会システムを作っていくにあたって，組織がさまざまに展開し，調整が行われ，移行してゆく期間である。3種の組織の対応と変化からも，被災地社会の成立が読み取れる。

地域組織が最も活動したのは発災から10時間までであった。このとき，安否確認は民生委員が行ったが，実際の避難行動支援は近隣の住民が要員となって動いた。つまり，組織構造が拡大されていた。その仕事の内容（安否確認や避難行動支援）は，実は普段から地域組織が担っている共同防衛（例えば地域の防災

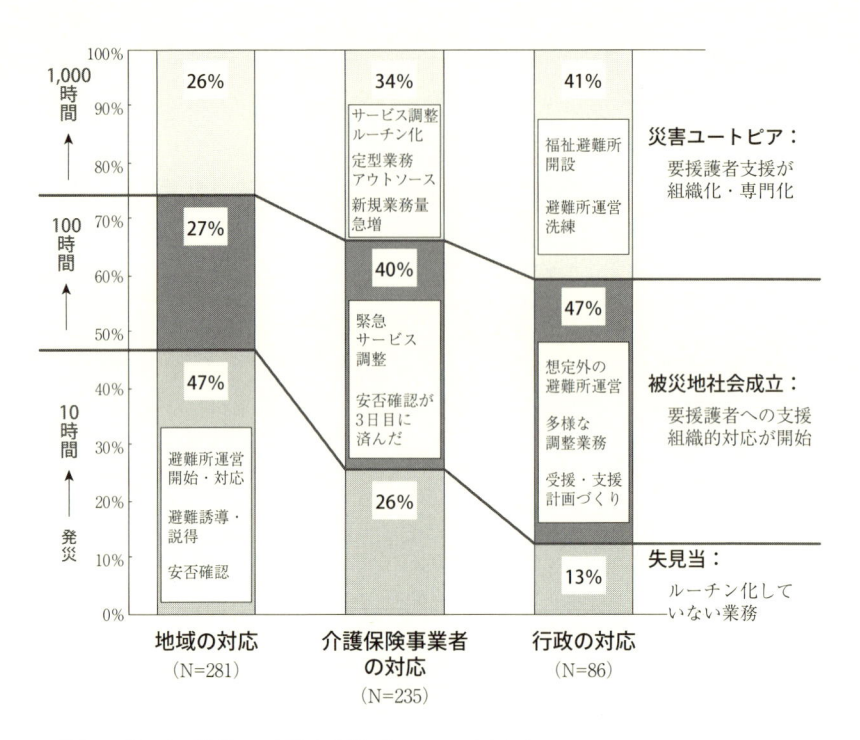

図6-8のグラフ内容：

縦軸：発災からの時間（10時間、100時間、1,000時間）

地域の対応（N=281）
- 26%
- 27%
- 47%：避難所運営開始・対応、避難誘導・説得、安否確認

介護保険事業者の対応（N=235）
- 34%：サービス調整ルーチン化、定型業務アウトソース、新規業務量急増
- 40%：緊急サービス調整、安否確認が3日目に済んだ
- 26%

行政の対応（N=86）
- 41%：福祉避難所開設、避難所運営洗練
- 47%：想定外の避難所運営、多様な調整業務、受援・支援計画づくり
- 13%

右側注釈：
- 災害ユートピア：要援護者支援が組織化・専門化
- 被災地社会成立：要援護者への支援組織的対応が開始
- 失見当：ルーチン化していない業務

（注）四捨五入の関係で，合計は必ずしも100％にはならない。

図6-8　各組織の時間区分ごとの対応

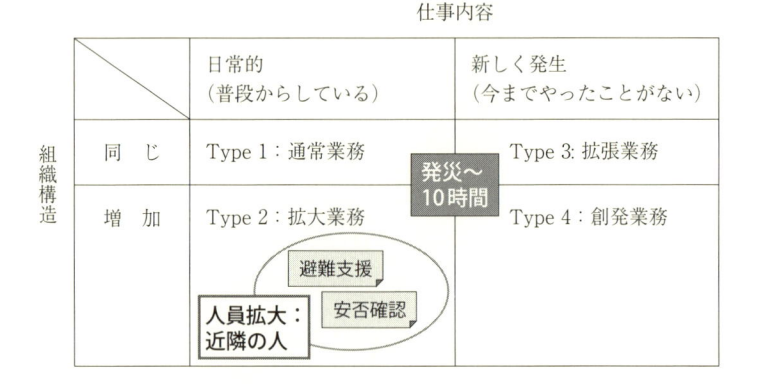

組織構造＼仕事内容	日常的（普段からしている）	新しく発生（今までやったことがない）
同　じ	Type 1：通常業務	Type 3：拡張業務
増　加	Type 2：拡大業務	Type 4：創発業務

発災〜10時間

避難支援、安否確認
人員拡大：近隣の人

図6-9　地域組織のDRC分類による分析：発災〜10時間

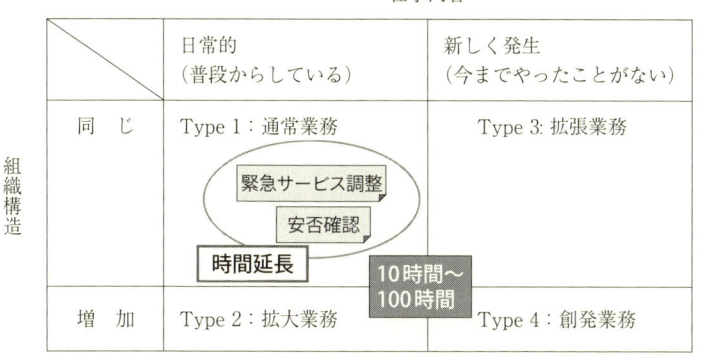

```
                            仕事内容
            ┌─────┬──────────────┬──────────────┐
            │     │ 日常的        │ 新しく発生    │
            │     │(普段からしている)│(今までやったことがない)│
            ├─────┼──────────────┼──────────────┤
            │ 同 じ│ Type 1：通常業務│ Type 3：拡張業務│
   組織          │  ┌─緊急サービス調整─┐         │
   組織          │  │ 安否確認  │         │
   構造          │  │時間延長   │ 10時間～   │
            │     │           │ 100時間    │
            ├─────┼──────────────┼──────────────┤
            │ 増 加│ Type 2：拡大業務│ Type 4：創発業務│
            └─────┴──────────────┴──────────────┘
```

図6-10 介護保険事業者のDRC分類による分析：10時間～100時間

```
                            仕事内容
            ┌─────┬──────────────┬──────────────┐
            │     │ 日常的        │ 新しく発生    │
            │     │(普段からしている)│(今までやったことがない)│
            ├─────┼──────────────┼──────────────┤
            │ 同 じ│ Type 1：通常業務│ Type 3：拡張業務│
   組織          │ ┌通常業務継続┐          │
   組織          │ │ 時間延長 │ 100時間～   │
   構造          │ └──────┘  1,000時間   │
            ├─────┼──────────────┼──────────────┤
            │ 増 加│ Type 2：拡大業務│ Type 4：創発業務│
            │     │ ┌サービス支援の┐        │
            │     │ │ ルーチン化  │        │
            │     │ ├人員拡大：    │        │
            │     │ │県のケアマネージャー協会│     │
            └─────┴──────────────┴──────────────┘
```

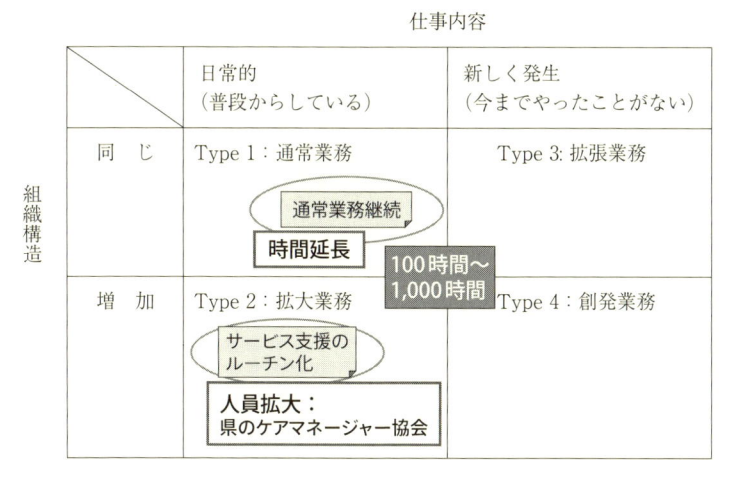

図6-11 介護保健事業者のDRC分類による分析：100時間～1,000時間

訓練実施）や地域福祉（例えば福祉マップの活用）の機能である（菊池，1990）。したがって，発災直後に地域組織は拡大業務組織の形態となり，普段からしていることなので迅速に対応できたのである（**図6-9**）。

　介護保険事業者の10～100時間を見ると，緊急サービス調整と安否確認が行われていたが，通常の業務を普段と同じ人員で通常業務組織として時間を延長

第6章　災害に対して社会組織はどのように反応するのか(1)　　109

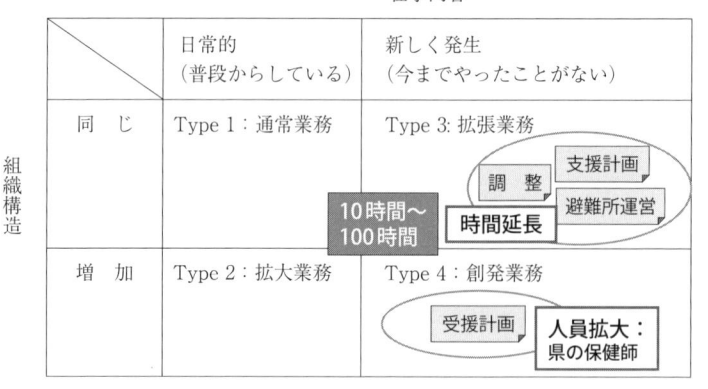

	仕事内容	
	日常的 (普段からしている)	新しく発生 (今までやったことがない)
組織構造 同　じ	Type 1：通常業務	Type 3：拡張業務 調整　支援計画 時間延長　避難所運営 10時間～100時間
増　加	Type 2：拡大業務	Type 4：創発業務 受援計画　人員拡大：県の保健師

図6-12　行政組織のDRC分類による分析：10時間～100時間

して対応した(図6-10)。100時間を超えると，県のケアマネージャー協会からの人員派遣があり，拡大業務組織となり，ルーチン化された業務は応援の人員によって担われた(図6-11)。

　行政組織は，10～100時間において，支援・受援計画作り，調整業務，避難所運営を行っている。特に受援計画については，これまでに経験のない，新規に発生した業務である。これを同じ組織の保健師が行った(図6-12)。この時点の輪島市健康推進課は拡張業務組織として対応していたと見なされる。これが100～1,000時間になると，通常の年度末・年度初めの行政業務を担当する通常業務組織としての対応に加え，応援部隊を受け入れて避難所での医療班，心のケア班，高齢者支援班が生まれ拡大業務組織としての展開があった。さらにありとあらゆる庁内調整や相談対応などの発災後新たに発生した業務は現課の職員で対応することによって拡張業務組織としての展開もあった。以上に加えて避難所運営や受援調整といった，新たな業務に人員を増員して対応するという創発業務組織への展開も見られた。結局のところ，DRCモデルが想定するN字型モデルの全機能の組織的展開を行っていたのは行政組織だけであった。行政組織の対応を見ただけでも，輪島市健康推進課が経験したのは災害事態であったことが確認できるのである。

第7章

災害に対して社会組織はどのように反応するのか(2)
――災害ボランティア組織・活動の諸相

1．災害対応の組織的過程と集合行動

1.1 はじめに

　本章のメインテーマは，災害過程（**図4-10**）で言う100〜1,000時間の災害ユートピア期――社会機能が回復するまで人々が助け合う時期――に活躍する災害ボランティア活動の組織論的な視点からの検討である。

　災害ボランティア組織が活躍するのは助け合いの精神が顕著になる災害ユートピア期であり，この時期ではライフラインの被害のために生活にさまざまな支障が生じるが，これを補うものとして災害ボランティアが被災者支援の活動に従事する。そしてライフラインが応急的な復旧を遂げる1,000時間程度で主要な活動を終結させる。

1.2 D-T-R-Aモデル

　前章で見た通り，災害時の社会組織をDRCモデル（Quarantelli et al., 1966）に当てはめると，**図6-1**のようにN字型に展開する。災害社会学の古典的な理論である。しかし，ここで扱われているのは行政などの公式（フォーマル）組織の展開過程（formal organizing）である。前章で見た通り2004年能登半島地震でN字型の組織展開を示したのは輪島市の行政機構だけだった。言い方を換えると，DRCモデルがフルスペックで当てはまるのも，通常・拡大・拡張・創発と展開し得る自治体，消防や救急，軍隊，警察などの公式の行政組織の対応過程だった。

社会学の対象には，たまたま教室などで同じ場所にいるだけの寄せ集めの人たち（aggregate）の集合行動（collective behavior）もある。この集合の組織化の程度が上がると非公式（informal）の小集団となり，複数の小集団が集まって組織化が進み，やがて公式（formal）組織へと成長する。このような非公式で小集団にさえなっていない人の集まりをもとらえられる視点に関する研究が深まっていった。本章ではKreps & Bosworth（1993）の研究を基に集合行動やボランティア組織の活動にも射程を広げた研究の流れを追ってみよう。

　DRCモデルを提唱したQuarantelliらは公式の組織的な反応を視野に入れていたが，災害時には，集合行動も考えなければならない。例えば，教室などで災害が起きたときにたまたま居合わせた人々は，個人の集合なのであり，集団としての統制の取れた行動は，すぐには生じない。個々人の集合行動から公式の組織的反応まで，すべてを視野に入れて組織論的に災害時の社会を分析するのが，Kreps & Bosworth（1993）の目的だった。このときに4つのこと（domain, tasks, resources, activities）に注目すると，組織化されていない個人の集合行動から公式の組織的反応に至るまで，すべてを整理できるとKrepsらは考えた（図7-1）。1つ目のdomainは「領域」を意味し，組織が公認された活動領域を持っているか否かである。2つ目のtasksは「課題」の意味で（複数形なのは，複数の課題が存在して，それをいかに組織化するかの意味合いが含まれているからである），ここでは分業体制を指す。3つ目のresourcesは，どんな人的・物的な資源を使うのかを指す。4つ目のactivitiesは，どんな活動をするのか，である。

　ここからは，domain, tasks, resources, activitiesに注目し，社会組織の構成要件について，この4つの頭文字を用いたD-T-R-Aで組織を分析してゆく。図7-1の左にある公式な組織の反応では，D-T-R-Aの順番で各要素が発動される。災害発生の時点で，消防や警察といった災害対応に当たる部局は，すでに社会的に公認された活動領域（domain）を確定させている。そこで火災が起きれば消防に指令が入り，消防は現場に直行し，指揮者は現場で部隊を組織的に展開し，ポンプ車やはしご車などの小隊ごとに役割を遂行させる。これが分業体制（tasks）である。消火活動に当たる車両やそれを人員が人的・物的資源（resources）である。この資源が調達されて，現場での活動（activities）が始まる。公式な組織が災害時や緊急時に活動するときには，このD-T-R-Aの順番で活

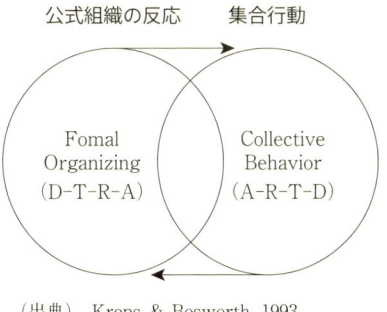

```
        公式組織の反応   集合行動
           ⌒⌒⌒⌒⌒
         Formal    Collective
       Organizing   Behavior
       (D-T-R-A)   (A-R-T-D)
```

(出典) Kreps & Bosworth, 1993.

図7-1 災害対応の組織的過程と集合行動

動が展開するのである。

　では逆に，集合行動の場合はどうだろう。学校にいるときに大地震があり，さまざまな落下物によって怪我人が出たとする。自然発生的に救助活動（activities）が起こるだろう。初めは個人による活動であったものが，次第に無事な人が集まり（resources），指示を出す人，救助活動に当たる人，助けを呼ぶ人などの分業体制（tasks）が生まれるかもしれない。被害の程度が激しく，他の教室あるいは周辺の地域にも助けを必要とする人がいるならば，行政の救助が来る前に，自然発生的な組織的救助活動に展開するかもしれない。つまり無事な人間がチームを組み，ボランティアの形で「人の命を救う」ことを使命として掲げる緊急救助活動である。それがさらに仲間の輪を増やしていけば，最終的には行政も公認する目的・使命（domain）を持った活動団体になるだろう。

　個人の集合行動の場合は活動（activities）が開始点にあり，次に資源（resources）が動員される。人的・物的資源が増えるとやがて分業体制（tasks）が敷かれ，最後に，それらを組織化する形で公認された活動領域（domain）の確定に至る。これは公式組織と真逆の展開である。

　DRCモデルが対象にしていたフォーマルな組織では，すでにD-T-Rが備わっている中で，どのような活動（activities）をしてゆくのかが問題となった。しかし，災害ボランティア活動が典型例だが，何もないところから始まった活動は，逆の順番をたどるのだ。次節では，このような災害時のボランティア団体を取り上げて考察を深めてみたい。

2. 日本海重油災害時のボランティアと行政の協働

2.1　ボランティア[1]

　早瀬（1992）によると，ボランティア（volunteer）は17世紀半ばのピューリタン革命で全土が混乱状態となったイギリスで，自分たちの村や町を守る「自警団への参加者」を指す言葉が起源である。18世紀，帝国主義時代になって植民地経営をするにあたり，正規軍だけでは人手が足りず，志願兵を募って人手不足を補った。volunteerの意味が拡大され，そういった志願兵を指すようになった。

　「ボランティア」が現在のような意味になったのは，19世紀のことである。19世紀イギリスの都市部ではスラム化が起こり，貧困や，囲い込み運動によって農民が都市に流れてきて，劣悪な住居環境で過ごすことになる。その時代に社会学の方法である最初の社会調査が行われている。19世紀末の都市の劣悪な環境の中で，人が貧困になる理由を実証的に調査することがリサーチ・クエスチョンだった。当初は怠惰や道徳的に劣っていることが理由となり，貧困に陥ると考えられていた。しかし実際には，高齢化や寡婦化，障害といった理由によって貧困が産み出されていることが，実証的なデータによって明らかになった。この結果を基に，個人の道徳的な問題ではなく資本主義の労働に従事した結果としての貧困なのだから，社会的な対応が必要であるという社会保障の考え方が生まれていく。この時期に，自ら志願してスラム地区に駐屯（settlement）して貧困などの社会問題に対する戦い（これをセツルメント運動と称した）のために活動する者という意味で「ボランティア」の語は使われるようになった。

　1995年の阪神・淡路大震災では極めて多くの市民が災害ボランティア活動に参加した。マスコミはこの年を「ボランティア元年」と称したのだが，災害時の組織的なボランティア活動は，1923年の関東大震災時にも報告されている（立木，1997，2001a）。災害とボランティアは，語の起源からも，あるいは日本社会での歴史的な経緯からも，親和性の高いものである。次項では1997年

---

[1]　本章第2.1項から第2.4項までは，立木編『ボランティアと市民社会』『同（増補改訂版）』（1997，2001a）所収論文に加筆・修正を行った上で再録したものである。

の日本海重油災害時のボランティア活動を取り上げて，ボランティア団体の組織的な展開過程と行政との協働の可能性をD-T-R-Aの観点から検討してみよう。

2.2　重油災害の発生からボランティア受け入れまで

　1997年1月2日未明，ナホトカ号というロシア船籍のタンカーが大しけの島根県沖で重油1万9000トンを積んだまま座礁し，流れ出た重油が日本海全体に漂着して海岸を汚染する災害があった。船首部が福井県坂井郡三国町（現・坂井市三国町）に重油とともに漂着し，メディアの報道を通じてイシュー（public issue）化し――社会が解決しなければならない問題として意識され――始めたのが1月7日〜8日のことである。重油の漂着は福井県をはじめ，日本海に面した7府県に及んだ。1997年1月は阪神・淡路大震災から2年後で，ボランティアの意識が非常に高いころであり，事故から翌月まででおよそ13万人の民間ボランティアが参加する1つの社会ムーブメントになった。筆者は1997年2月に，福井県の三国町と美浜町の重油災害ボランティア本部でフィールド調査を行った（立木, 1997, 2001c）。

　三国町の災害対策本部立ち上げを担当した本田眞弘氏によると，1月7〜8日にかけて海岸一帯に重油の臭いが漂うような状態だった。7日夜に現地入りし始めたマスコミの姿も，8日には非常に増えて報道が本格化する。三国町の代表電話番号にボランティア受け入れの問い合わせが始まったのは，最初のTV報道があった8日昼の放送後で，お年寄りの方がバケツリレーや柄杓で重油を汲む様子を見て，支援の申し出が次々寄せられたという。9〜10日になると，普段は1本の総務課の外線回線を5本にして対応したが，それでもパンク状態となった。

　三国町が災害対策本部を設置した当初，ボランティアの問い合わせがこれほど多いとは想定しておらず，受け入れの対応をする部署も設けられていなかった。しかし，阪神・淡路大震災以来，災害ボランティア活動が全国的に注目されていた時期でもあるし，問い合わせの電話で本部の機能が果たせない状態になっていた。そのため，当座の対策として平時に福祉ボランティアを担当する社会福祉協議会に受け入れ窓口の設置を依頼した。現在，災害時には地域防災

計画によってあらかじめ定められた対応が取られ，ボランティア窓口が立ち上がるが，当時の地域防災計画にはボランティア対応の項目はなかったからである．

阪神・淡路大震災の被災地では当時，ボランティアが多数活動を継続していた．その中で，神戸元気村の代表山田和尚氏や，日本災害救援ネットワーク（NVNAD，本部は西宮市）の理事長であった伊永勉氏が，船首部漂着の映像を見てすぐさま三国町までやってきた．彼らは阪神・淡路大震災を体験したボランティア団体のリーダーであり，神戸ベテランズと呼ばれるようになる．余談だが，「ベテラン（veteran）」も軍隊の言葉で，長く戦場での経験があった人々を指す．「ボランティア（volunteer）」と親和性の高い言葉である．

神戸ベテランズは青年会議所（以下 JC）の関係者にコンタクトし，翌日からの見通しを語った．「君たちがやるのは油を汲むことではない．明日からボランティアが大量に押し寄せる．その受け入れの仕事をやるのが君たちの仕事だ」．そして神戸における行政との経験から，活動の場所も費用も資源も自前という，自己責任主義・自己完結型ボランティアの原則を唱えた．

その翌日に神戸ベテランズは JC の役員とともに三国町役場を訪れている．最初はいきなり現れた災害ボランティアのリーダーに戸惑いもしたが，社会福祉協議会とともに話を聞くうちに，すでにノウハウがあり，さまざまな知識がある神戸ベテランズとの協働を決めたという．JC は行政とも地元とも，さまざまな業種ともつながりを持っている．ボランティアの受け入れやコーディネートにうってつけの組織である地元の JC の仲介があったのも，受け入れがスムーズに進んだ 1 つの理由であった．

2.3 神戸ベテランズのノウハウ

神戸からやってきたボランティアは，大勢のボランティア志願者をさばく知恵を持っており，さらに JC の仲介があった．重油で汚れた海岸線の清掃は機械では不可能で，人海戦術しか方策がないことは三国町の対策本部も理解していた．圧倒的な人手不足という実情の中で，何よりも彼らの活動は自己完結型のボランティアだったことがポイントである．三国町の対策本部側でも，ボランティアの受け入れに伴う手配が無理だと考えられていたためボランティアの

受け入れを躊躇していたが，神戸ベテランズは宿泊や基地，資材の手配を自分たちで行い，行政の心配を取り除く効果も持っていた。また，災害ボランティア活動をインターネットを通じて大々的に発信したのも，この重油事故時のことだった。

災害ボランティアが持っている知恵が4つあると今では考えられている。
4つのノウハウを以下に紹介する。

〈神戸ベテランズのノウハウ〉
　①世の中を「公」と「私」に加えて「共」の3象限からとらえる。ボランティアは「共」の領域から公共性を担う正当な活動である。
　②先着・長期滞在ボランティアは後続ボランティアの受け入れ体制づくりを進める。その人事・労務管理が，地元でボランティアを受け入れる組織の主要業務と心得る。
　③救援ボランティアに志願する者は被災地の自治体や人々の資源に頼るのではなく，自律的・自己完結的に活動する。その前提で活動を組み立てる。
　④災害ボランティアは，終わることを考えてから始める。さもなければ継続か終結かで内部で大きな確執が生じる（日本海重油災害ではノウハウが未確立）。

　重油事故で海岸が汚れたら，それを片づけるのは行政の仕事ではないのか。なぜ民間人がそんなことをやるのか，と言われて彼らが準備した答えが①である。「官／民」だけでなく，「私たち・あなたたち・みんな」で公共を担うことができる，それを「共」と呼ぼう，と。今防災で当たり前のように使われる，災害のときに必要な3つの助けは自助・共助・公助と言われるが，この「共助」の「共」である。この考え方は，阪神・淡路大震災で戦後初めて唱えられた。

　②については，災害現場に来ると，日帰りボランティアだけでなく，現地に長期滞在するボランティアが必ずいる。彼らは本部のマネジメント要員に回し，地元の組織に人事管理・労務管理を任せようと神戸ベテランズは唱えた。その人事管理・労務管理の中で，本部要員としてリクルートできる人を探しておく

ことも重視された。

　救援ボランティアにおいて，阪神・淡路大震災から強く言われるようになったのが，③の自己完結型ボランティアである。ボランティアに志願する人は被災自治体の人々や資源に頼るのではなく，自律的・自己完結的に活動する。受け入れ側は，その前提で組織を運営する。交通手段も，資材や機材も自分で手配し，ゴミは持ち帰り，食事も持参する。宿泊するなら，手配は自分で行う。そうすれば，行政やボランティアといった被災地で展開する組織に負担をかけずに活動ができるのである。

　④については，三国町ではノウハウが確立せずにうまくいかなかった点である。災害ボランティアは非日常の世界で，普通の人がヒーローになるような側面がある。地元の人に手を握られ，涙を流されて感謝されるような事態である。これには麻薬的な魅力がある。そうすると，災害ボランティア活動の終息期に，まだ続けたい人ともう終わらせたい人で権力闘争が起こる。筆者も阪神・淡路大震災で経験があり，非常に労力を使った。なぜこの権力闘争が起こるかというと，そもそも災害ボランティア活動を始めるときに，終結の条件を考えていなかったためだ。最初から終わる条件を考えておけば，最後に争わずに済む。

2.4　三国町と美浜町

　神戸ベテランズのノウハウが採用された災害ボランティアセンターの最たる例が三国町である。日本海重油事故では他にも重油が漂着した地域があり，その1つが福井県美浜町だった。美浜町には神戸ベテランズが入らなかった。三国町と美浜町のボランティア活動者数を比較すると(**図7-2**)，大きな違いが見られる。三国町の方が長い期間にわたって安定的にボランティア活動がなされたのに対し，美浜町では人数が多いときもあれば非常に少人数の時期もあり，時期もバラバラで継続しなかった。この理由が，前述した神戸ベテランズの知恵の有無にあったと考えられる。

　1997年2月25日は美浜町で最後のボランティアセンターの活動があった日だった。この日，ボランティアセンターの解散直後に筆者は，ボランティアセンター代表金吾康史氏，馬場隆史氏にインタビューをしている。

　金吾氏は次のように語っている。

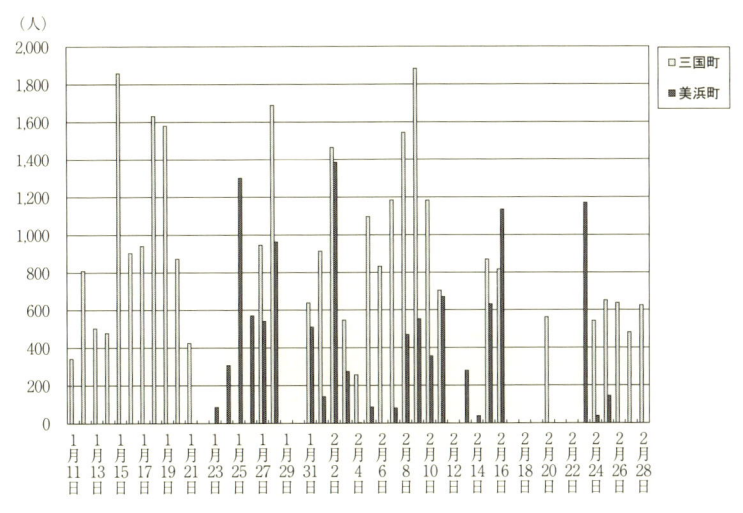

図7-2　三国町と美浜町のボランティア活動者数
（福井県生活文化課調べ）

　我々は地元と行政とボランティアセンターが三位一体になっていましたから……ボランティアは過ぎたるは及ばざるがごとしということで，押しつけたり地元のことを考えずにやったりすると，これは「逆ボランティア」になるのではないかと思いまして。ある程度のところで止めていきました。

　美浜町では，行政・地元・ボランティアが三位一体で活動した。それに対して，三国町では「公・共・私」の「共」をボランティアが担い，行政と独立した対等な領域で「共」を担う存在だった。
　当時，数少ない大学生スタッフ・ボランティアであった馬場隆史氏は，美浜町でのボランティア活動をこのように振り返っている。

　　生活に地元の人が戻りながらボランティアを受け入れるのは，やっぱり無理だったんです。……外から来るということで町の人はお客様扱いするので，炊き出しに負担がかかったり，宿泊所に負担がかかったりするわけで。来る人も来る人で，知らず知らずにそういうものを求めている気がするんですね。今回，阪神の震災とは違う部分だったんじゃないかと……。役場もJCも，

第7章　災害に対して社会組織はどのように反応するのか(2)　　119

外から来た人におもてなしのようなものをしないとならないというのが強かったのではないかと僕は感じています。

　地元も行政もスタッフも，みんな疲れ切ったとも馬場氏は話してくれた。

　三国町では神戸ベテランズのノウハウが持ち込まれ，自律的・自己完結的なボランティア活動が行われた。地元の資源に頼らない原則である。その知恵が入らなかった美浜町では，地元・行政・ボランティアが三位一体で活動したのだが，まるでボランティアを「おもてなし」するかのような部分があった。馬場氏によると，ボランティア側を非自己完結的で依存的にさせる部分もあったのが問題だった。結果的に，地元の人々にとっては炊き出しが重荷になる一方で，ボランティア側はそれを当たり前と思うようになっていた。また，三位一体方式は，結果的にボランティア側と行政側との距離を狭め，行政側の意向に強く影響を受ける関係を作り上げていた。行政側がボランティアの受け入れ中止を決定したなら，ボランティアはそれに従わざるを得なかったのである。

　三国町では長期滞在できるボランティアをうまくリクルートして本部要員に組み込んだので，JCが実際に重油の回収活動をしたのは最初の3日だけであった。基本的には長期滞在できるボランティアが後続のボランティアのマネジメントを引き受ける体制が確立された。JCの人々は，事故の週の終わりには，基本的に自分たちの仕事に戻っていった。対して，美浜町ではずっとJCと一部の先着ボランティアが労務管理を引き受け，後続のボランティアに運営を引き継ぐ体制を確立できなかった。結果的に同じ人間が行政や地元との複雑な利害調整や，依存的で非完結的なボランティアの管理を続けざるを得ず，慢性的な疲労状態に陥ったのである。地元は炊き出しで疲れ，行政はボランティアの要望に疲れ，スタッフも疲れてしまった。

　重油災害のボランティアを比較すると次のようになる。

三国町の場合	美浜町の場合
●開始期（1カ月）	●開始期（1カ月）
・船首部漂着：メディアイベント化	・地元JC主体

- 神戸ベテランズから地元JCへ
  地元JCによるマネジメント
  自己完結ボランティア
  行政とのバランス

●展開期（2カ月）
- マネージャーOJT
  ボランティアによるボランティアマネジメント
- 日本海全域への後方支援へ
  インタメディアリー活動の展開
  インターネット発信

●終結期（3カ月）
- 風評被害の深刻化
- 人的コンフリクト：
  災害カウボーイズ

- 神戸ベテランズの不在
- 行政・地元・ボランティア三位一体

●展開期（中断）
- スタッフの疲労蓄積
  マネジメントノウハウの不足
  長期滞在ボランティア不足
  依存的・非自己完結ボランティア
  情報防衛のためのインターネット発信
- 風評被害の深刻化
- 理念コンフリクト：
  環境主義　対　人間環境主義

　三国町と美浜町で，それぞれ活動継続・終結の決め手になったのは風評被害だった。ボランティアが海岸で活動しているのは，海が重油で汚れているからである，すなわち5月の連休に遊びに行こうと思っている人を遠ざけることになり，地元の事業者が困る。あるいは，海産物が避けられる。なので，地元の事業者は，翌月くらいからボランティアを止めるように三国町でも美浜町でも要請を行った。三国町の災害ボランティアは，「日本海を美しくする」というミッションで活動し，自己完結・自律的なボランティアのマネジメントにより行政とは対等な立場を保てていたので，自分たちの活動領域（domain）を守ることができた。美浜町は三位一体で活動していたので，地元の事業者の意向や，事業者の意向を受けた行政からの要請に対して，活動を続けることができず，中途で頓挫したのである。

2.5　ボランティアとD-T-R-Aモデル

　神戸ベテランズのノウハウは，本章の最初に見たD-T-R-Aモデルに当てはめることができる。①はdomain（公認された活動領域）確定，②はtasks（先着ボランティアによる後続ボランティアのマネジメントという分業体制）確定，③はre-

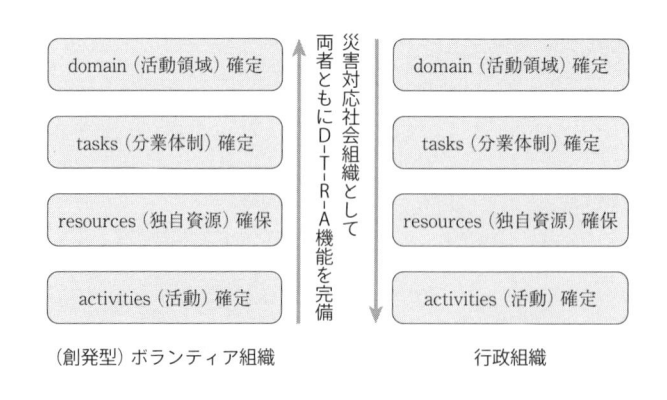

```
(創発型)ボランティア組織                     行政組織
┌─────────────────────┐           ┌─────────────────────┐
│ domain（活動領域）確定 │           │ domain（活動領域）確定 │
├─────────────────────┤           ├─────────────────────┤
│ tasks（分業体制）確定  │           │ tasks（分業体制）確定  │
├─────────────────────┤  災害対応   ├─────────────────────┤
│ resources（独自資源）  │  社会組織  │ resources（独自資源）  │
│ 確保                 │  として    │ 確保                 │
├─────────────────────┤  両者とも   ├─────────────────────┤
│ activities（活動）確定 │  にD-T-R-A │ activities（活動）確定 │
└─────────────────────┘  機能を完備 └─────────────────────┘
```

図7-3　ボランティアと行政の協働の基盤

sources（自己完結による独自資源）確保，④はactivities（重油除去活動）の確定（個別の作業については詳細が確定。しかし活動終結のノウハウは未確定）である。期せずして，災害社会学で唱えられた組織モデルのそれぞれの領域に，彼らのノウハウは対応していたのだった。

　三国町の場合は重油を清掃するというactivitiesから始まり，必要な資源を自前で確保し，分業体制を作り，「共」の領域から活動領域を公認化させた。すなわち，組織論的に言うと，A-R-T-Dの順番で組織が進化していった（図7-3）。美浜町では，同じように活動を開始はしたが，A-Rの段階に留まり，同じ人々が最後までずっと活動せざるを得ず，持続可能な分業体制は確立できなかった。また，三位一体での活動だったために，自分たちの公認された活動領域の確定もできなかった。

　行政と災害ボランティアが協働するには，この4つの構成要素を両組織が持っていなければならない。組織構造の観点に注目すると活動，資源だけではなく，分業体制からボランティア組織によるdomainの確定までが，行政との協働に必要だったのである。

第8章

災害時に創発される多元的組織ネットワークの社会学

　前章で見てきたように，神戸ベテランズによるノウハウが持ち込まれ，D-T-R-Aの機能が完備していたため，三国町のボランティア活動は成功につながった。行政とボランティア組織が協働関係を持てるためには，ボランティア組織側もD-T-R-Aのそれぞれの構成要素を持たなくてはならない。

　ただし，行政とは逆に，ボランティア組織がD-T-R-Aのすべてを形成するには，Aから始まってA-R-T-Dの順番で組織化が行われる。ボランティア組織側にも行政側にも必要なのは，双方それぞれがこの4つの領域を持っているということであった。

　阪神・淡路大震災や東日本大震災では，1つの行政組織と1つのボランティア組織の間の協働を超えて，多数の行政やNPO／NGOといった公式組織から，草の根の非公式なボランティア団体までが連携した被災者支援のための多元的な組織間のネットワークが形成された。

　本章では，このような多元的組織ネットワークが形成されるための構造的・機能的な要件について，阪神・淡路大震災時のボランティア組織と行政との確執や協働の事例をD-T-R-Aの観点から再検討し，それを踏まえてより一般的な多元的な組織間連携が可能となるための要件について考察を深めたい。

1. 阪神・淡路大震災におけるボランティア組織と行政との確執や協働の事例[1]

1.1 芦屋ボランティア委員会の場合

　1995年1月の阪神・淡路大震災から半年が経った時点で，西宮市役所の中でボランティア活動の取りまとめを行っていた西宮ボランティアネットワーク（NVN）（当時）の代表伊永勉氏，芦屋市役所の中で同じく活動の取りまとめを行っていた芦屋ボランティア委員会（当時）代表の北垣内敏幸氏，西宮市内でボランティア基地を展開していた西宮YMCA（当時）の代表の山口元氏に集まっていただき1995年7月にインタビューを行った。

　芦屋市側では市役所を舞台にしてのボランティア活動は7月末で中止するよう行政から強い要請があり，活動が終結するかどうかという瀬戸際の時期だった。このインタビュー後，それぞれの団体は対照的な展開をする。NVNはやがてNVNAD（日本災害救援ボランティアネットワーク）に改組し，今日まで続く永続的な団体として成長してゆく。それに対して，芦屋ボランティア委員会では，このインタビューを行った週末に，団体として解散に追い込まれる。西宮YMCAは平時の社会教育団体の活動へと復帰していった。その後の展開の違いがいったいどこにあったのか，インタビューから探ってみたい。

立木　芦屋の場合，今北垣内さんが一番心を砕いておられることは何でしょう。

北垣内　……やはり費用の面もありますし，拠点は幸いにも現在は市役所の中にあります。しかし今の段階では，7月30日に解散して欲しいという市の意向がありますから，ここ3カ月くらい，いろいろな方と調整をやってきたんですけど，なかなか受け入れをしていただけない。資金に関しても，市役所の中にいるものですから，市からお金を出してもらっていると思われておりますが，1銭も市役所からはいただいておりません。（市役所からの便宜は）部屋を貸していただいてもらっているのと電話ですね。

　1月の最初から一番困ったのは，車を持ち込みでボランティアをされて

---

1) 本節は立木編『ボランティアと市民社会』『同（増補改訂版）』（1997，2001a）所収論文に加筆・修正を行った上で再録したものである。

いる方がいたのですが，私も彼も1週間だけということで始めたものですから，1週間だけならガソリンを満タンにしておけば芦屋は狭いから充分走れるということだったのです。2週間目に初めて彼が私のところに来まして，ガソリンを何とかしてほしい，と。芦屋の場合，山と海で，ものすごい坂です。車がないと行けないところはいっぱいあります。1月21日から1月31日まで，生活物資をわれわれは各避難場所に配布していました。それには必ず(車が)必要なんですよ。それを私は市の方に突き詰めまして，今後活動できるような母体を作っていただかないとあかんのちゃうか，と。当初からいろんな方々が私にアドバイスをくれています。そんなん，行政になんぼ言ってもダメですよ，と。皆さん一様に言われます。でも私はそれを一貫して，行政にできるものなら，できるだけ引き出したい。芦屋にはできると思うんですよ。今でもそれを願っています。

結果的に芦屋市側は7月30日で同ボランティア委員会の解散を決めている。上記の北垣内氏の語りを踏まえて芦屋市ボランティア委員会と芦屋市役所の関係性をD-T-R-Aの視点から検討してみよう。7月末の解散に至るまでの経緯の中で，彼は芦屋市にどんなことを要求していたのだろうか。

まずactivitiesについては，救援物資を届けることである。芦屋市役所に保管されていた資源を，取りに行けない人たちのために車で運んでいた。resourcesについては当初，車とガソリンは自前だった。次のtasksについてだが，物資の運搬の依頼を受けるボランティアがいて，それを取り次いでドライバーが市役所に取りに行き，終わったらリーダーが業務管理をするという流れだった。半年間にわたって救援物資を運搬できていたのだから，インタビュー内には出てこないが，分業体制は確立していたであろうと考えられる。最後のdomainについてはどうだろうか。芦屋市の場合に行政との協働ができず，結果的には終結に追い込まれたポイントはここにある。彼らは，自分たちの資源が枯渇しかけたとき，行政を当てにした。そうすると，行政はそれならば業者を使う，あるいは身内の社会福祉協議会でやるということになった。ボランティアが行政に資源を依存するような姿勢を見せたとたんに，かろうじてあったかもしれない活動領域が失われてしまったと考えられる。

第8章　災害時に創発される多元的組織ネットワークの社会学　　125

1.2 3つのボランティア組織の違い

引き続き，NVNの伊永氏と西宮YMCAの山口氏の話を見てゆこう。

立木 ……社会福祉関係となりますと，社会福祉協議会，社協というものが通常の場合には非常に大きな窓口になっていると思うのですが，ボランティア組織と社協との関係についてお話を伺いたいと思います。

伊永 福祉という問題は，広義にとらえて人を助けるのはすべて福祉でいいんですけどね。社会福祉協議会という今までの活動そのものはもっと狭義ですよね。高齢者であるとか障害者といった範疇では確かに活動されてたし，コーディネーターもたくさん養成されています。しかし今回のように例えば西宮市の社会福祉協議会の建物自体も被災し，被災者が集まって避難所になってしまう。この状態で通常活動でさえもできなくなっているわけですよね。そこに何千，何万というボランティアが来ても，まずそれを采配することもできないでしょうし，特別な資格云々を持っていない一般市民はどこに行くんだ，と。われわれが受けたわけですけどね。

　問題は，復興がある程度落ち着いてきて，避難所が落ち着いて日常生活をせざるを得なくなったときに，社協さんがちゃんとした福祉活動をできるのか，と。端的に言うとそのときでも，要するに手が足らない，車が足らないということがありました。それと，例えば24時間体制ではできない，夜はいない，そういうときに私どももそうですけど，YMCAさんのように民間がそこでフォローしたわけです。それの後に，全体を見渡したときに，社協さんがある日突然，ボランティアセンターをまとめます（終結させる），と。皆さん，ボランティアさんご苦労様でしたという雰囲気がありましたよね，あちこちに。これが……非常に官僚的というか，ボランティアは民間の活動であると，行政とは別だと行政側が発言されたんであれば，ここはもっと大事にしなければならなかったと思うんですけどね。

山口 われわれのところには，大阪府内の各市の社協さんが大量に入ってこられたんですね。……結論から言うと，非常に助かったんです。というのも，老人問題の専門家がかなり入ってきたので，その人たちと，YMCAの若い子どもたちを見るリーダーとをチームにして出しますと，お年寄り

のところは社協さんのスタッフがカバーできるし，子どもたちがいれば，そこで子どもたちとYMCAのリーダーが遊んで帰ってくるというような形でうまく連携できたんですよね．ですから，社協さんと民間のわれわれのようなボランティアが手を組めば，すごくいい働きができると思うんですよね．ただ，今伊永さんが言われたように官僚的にやってしまうとそれらが無駄なことになるし，資源が活かせない．

　西宮市役所から1kmくらい西に西宮YMCAがあり，そこからまた2.5kmくらい西に芦屋市役所があった．西宮市では伊永氏が市役所に入って各階で別々に活動していたボランティアグループを取りまとめ，さらに西宮市内で活動するボランティア団体や行政も連携の輪の中に含める「西宮方式」と呼ばれるネットワーク組織としてNVNを形成した．彼らは基本的に行政からの資源を当てにせずに，自前で活動していた．その後も独自に資金源を確保し，団体としての活動を継続させていった．西宮YMCAについては，そもそもYMCA自体が独立したフォーマルな組織で，公認された活動領域（domain）としてキリスト教に基づいた社会教育活動などを行うミッションを持った非営利の公益財団法人である．つまり，ドメインが確定しており，法人としての分業体制ができていた．資源については，インタビューにあるように大阪府内の各地の社会福祉協議会のスタッフが加わって活動をサポートした．西宮YMCAもNVNと同様に多元的な団体・組織から人員が出向してネットワーク組織として災害時に活動していた．そのネットワーク活動の中心は，NVNと同じように，西宮YMCAでも在宅の人々の支援だった．伊永氏のNVNも西宮YMCAも，D-T-R-Aが確定し，多様な団体・組織・個人がネットワーク化できていたことがうかがえる．

　これに対して，芦屋市ボランティア委員会で枯渇しかけていたのは独自の資源である．このインタビューの翌週に芦屋ボランティア委員会は解散している．場所も電話も市役所の資源を使っていたので，市役所から退去を求められたら，活動を終結させざるを得なかった．また，自分たちが行政とは違うドメインだという独自性の意識も決定的に欠けていた．芦屋市ボランティア委員会は，前節の美浜町の災害ボランティアセンターと同様に，D-T-R-Aのすべての要素

まで確定させなかったことが終結の大きな要因になっていた。

　芦屋市ボランティア委員会と西宮YMCAやNVNとの間には，D-T-R-Aの全要素をそろえていたかどうか，以外にも注目すべき相違点がある。それは，ボランティア側から繰り返し指摘された行政や社会福祉協議会などの公式組織は「官僚的に動く」という特徴に，どのように対応するのか，という戦略の相違である。行政や社会福祉協議会は「官僚的」であるという実感は，3団体のリーダーとも意見を同じにしている。

　北垣内　社協のコーディネーターといえども今回の震災のような事態では何をして良いか分からなかったわけです。ですから日常業務を一生懸命こなされた。ただわれわれのような救援のボランティアと，福祉のボランティアの差ははっきりしましたね。われわれは何でもします。でも社協さんは一生懸命やってるんですが，自分の専門のこと，つまり福祉の専門のことしかされないんです。

　災害ボランティアの立場では何でもする。それに対して，平時にボランティア活動をコーディネートしている社会福祉協議会のボランティアは，自分は高齢者のボランティア，自分は子ども相手のボランティアといったように，専門分化した活動をしている。そこが違うという話である。社会福祉協議会は民間の法人ではあるが，行政に似た専門分化した体制を取る。このような公式組織と，災害ボランティアのような「何でも（する）」組織間の連携や協働をどのように実現するのか。この課題に，芦屋市ボランティア委員会は芦屋市当局とボランティア団体という2項的な関係の枠組みの中で連携・協調を模索した。その結果，両者の組織的な違いが，確執を産む大きな要因になっていった。一方，西宮YMCAやNVNで特徴的であったのは，多元的な団体からなるネットワーク組織を構築した点である。とりわけNVNで特徴的であったのは，そのネットワークの一員として行政を位置づけていた。災害時に多数の団体組織が連携できるためには，D-T-R-Aを完備している以外にも必要な条件があるのではないか。次節では多数の団体・組織が協調して連携し，ネットワーク組織を構築し，効果的に活動できるための要件について検討を行いたい。

2．多元的組織ネットワークが形成されるための構造的・機能的な要件

2.1 組織を4つに分類する

　前節のインタビューにあったように，行政と市民組織が違うという話は，社会学でも古典的なトピックである。官僚的なフォーマル組織と，日常的な人々の草の根のインフォーマル組織の違いの議論は，M. ウェーバーやE. デュルケームにまで遡る。

　表8-1に示したように，行政組織は上からの決定で，下に物事を落とし込んでゆくという，ピラミッド型の構造をしているのに対して，ボランティアのような組織はネットワーク型の，平らな構造をしている。表の各行は構造上の違いを示している。もう1つの切り口は表8-1の列の対比である。行政やNPO／NGOはフォーマルな組織である。それに対して，草の根ボランティア団体や，自治会・町内会のような地縁型組織は基本的にインフォーマルな組織である。ピラミッド型かネットワーク型かという行の対比と，フォーマルかインフォーマルかという列の対比により，4つに組織を分類できる。これを用いて，行政組織はピラミッド型をしたフォーマルな組織と整理ができる。組織化されたボランティアであるNPO／NGOは，フォーマルな組織ではあるが，形態としてはネットワーク型をしている。ピラミッド型のインフォーマル組織の典型例は自治会や町内会である。インフォーマルでネットワーク型の組織の例が草の根ボランティアとなる。

表8-1　どのような団体・組織間の協働があるのか

	フォーマル組織	インフォーマル組織
ピラミッド型構造	行政機関 （国・都道府県・市町村） 外郭団体	地縁型組織 （共同体）
ネットワーク型構造	テーマ型組織 （NPO／NGO）	草の根ボランティア団体

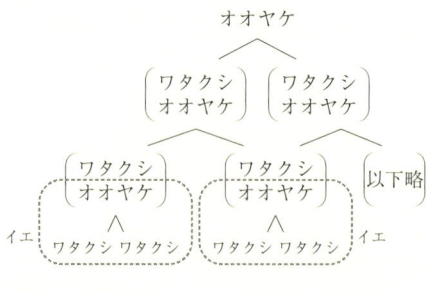

```
                    オオヤケ
              ┌───────┴───────┐
          ┌ワタクシ┐       ┌ワタクシ┐
          │オオヤケ│       │オオヤケ│
          └───┬───┘       └───┬───┘
        ┌─────┴─┐       ┌─────┴─┐
     ┌ワタクシ┐         ┌ワタクシ┐      ┌────┐
     │オオヤケ│         │オオヤケ│      │以下略│
     └───┬───┘         └───┬───┘      └────┘
      ∧              ∧
   ワタクシ ワタクシ   ワタクシ ワタクシ
 イエ                              イエ
```

（出典）有賀，1967b．

図8-1　有賀によるピラミッド組織の構造

2.2　ピラミッド組織とネットワーク組織──「公・共・私」型社会論の立場から

　ピラミッド型の組織とネットワーク型の組織が協働できるようになるためにポイントとなる点について見てゆこう。これも社会学が研究を重ねてきたテーマである。日本の家族社会学の草分けである有賀喜左衛門は，日本の家（イエ）や同族団（イエの連合）について先駆的な研究を残している。

　有賀（1967b）によると，**図8-1**のように，一番下位にイエがある。家の中ではワタクシなのだが，その中で誰か1人をリーダーに立てる。そのリーダーはイエの中でのオオヤケとして振る舞う。家の中でオオヤケに該当するのが，家督権を持っている家長である。ところが，家のリーダーである家長が同族団や近隣の寄り合いに出ていくと，そこではワタクシとして他の家長と同等の立場で話し合いに臨むが，その中から1人をイエ連合のリーダーにする。しかし，多くの同族団や近隣のリーダーが集まったより公的な場（ムラ）に集まると，今度は同列のワタクシの立場となり，その中からさらに上のリーダーを立て従うという構造で日本のムラ共同体は成り立っていた，というのが有賀の理論である。有賀の理論を現代版にアレンジしたのが，ベストセラーとなった中根千枝の『タテ社会の人間関係』（講談社，1967）であった。

　有賀の唱えた構造のポイントは，中間部分では，下に対してはオオヤケとして振る舞い，上に対してはワタクシとして従属するが，オオヤケはワタクシに優先する点である（有賀，1967a）。オオヤケは常に上にあり，公共性は常に上か

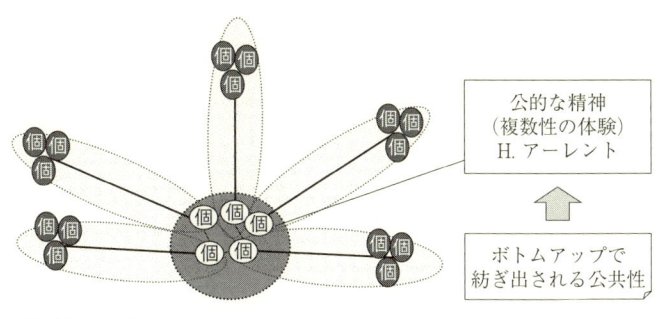

(出典) G. ジンメル, 1890/1970。

図8-2　多元的社会圏への所属が公的な精神の発達をうながす

ら降りてくるという俵を積み重ねたようなピラミッド型の構造である。

　ピラミッド型の組織に加えてネットワーク型の組織についても社会学はさまざまな議論を行ってきた。ネットワーク型の組織がオオヤケ，すなわち公共性を獲得できるのかについては，G. ジンメルが100年以上前に議論を行っている（**図8-2**）（G. ジンメル『社会分化論』, 1890/1970）。

　ところで公的な精神の発達が示されるのは，何らかの客観的な形式と組織化をそなえた圏が十分に多数存在し，それが多様な素質をもった人格のそれぞれの本質的側面を結合させて，それに協同的な活動をゆるすということにおいてである (p. 125)。

　これによって集合主義の理想と個人主義の理想への均整のとれた接近があたえられる (p. 126)。

　進歩した文化は，われわれがわれわれの全人格で所属する社会圏をますます拡大させるが，しかしそのかわりに個人をますます自立させ，狭く封印された圏のもっていた多くの支持と利益とを，個人から奪いさるのである (p. 126)。

第8章　災害時に創発される多元的組織ネットワークの社会学

ジンメルの考える公共性は，個人がなるべく多様な社会権に同時に分属するほど，個人の公的な精神が発達する結果として生まれる。砕いて言うと，世間が広ければ広いほど公共的な精神が培われるということである。近代社会の特徴は，個人が多様な社会圏に同時に所属できることであり，これを通じて公共性が紡ぎ出されるというのがジンメルの議論であった。ボトムアップで紡ぎ出される公共性というジンメルの議論は，H. アーレントによる公的な精神は複数性の体験だという議論につながってゆく。

ピラミッド型の場合は上から公共性が降りてくる，ネットワーク型の場合は水平で多様な社会圏に分属すればするほど，公共性が担保される。ピラミッド型の構造だけが公共性を持つのではなく，ネットワーク型の構造も多様な団体組織がネットワーク化をするまさにそのことを通じて公共性が担保される。ここで重要なことは，どちらかが優れている，というわけではなく，どちらの構造も公共性が認識されて人々の行動に影響を与えるという視点である。

2.3　フォーマル組織とインフォーマル組織とは──組織社会学の立場から

フォーマルな組織とインフォーマルな組織の対比についても，これまでの社会学の研究の蓄積がある。これを踏まえて協働がいかにして可能かの議論が展開できる。

表8-2はParsons (1951) によるフォーマル・インフォーマル組織の枠組みである。この枠組みは，M. ウェーバーやE. デュルケームなどによる研究から導き出されたものだった。ウェーバー (1960, 1962) が近代の特徴として描いたのが官僚組織の登場であった。確かにウェーバーの言うように，官僚組織は分業に基づき効率的に業務を行うことができる。これは平常時には重要だが，震災の場合のような非常時はそうではない。マニュアルの遵守のゆえに機能不全に陥った行政機構に代わって，多くのボランティアが不確定性の高い事態の中で意思決定能力を発揮した。こちらの方がより安価で効率的に力を発揮したのである。

こうしたフォーマルな組織とインフォーマルな組織の違いは，改めてまとめると，次の5点で説明ができる。まず1つ目は感情の取り扱いである。官僚に代表されるようなフォーマル組織は，感情に中立的に業務をこなす。それに対

表8-2 フォーマル・インフォーマル組織の特徴

フォーマル組織 (行政・専門NPO／NGO)	インフォーマル組織 (地縁団体・草の根ボランティア)
・感情中立性 ・機能限定性 ・サービスの普遍性 ・機能・資格による所属（職縁） ・集合志向	・感情性 ・機能の非限定性 ・サービスの特殊性 ・出自による帰属（地縁・血縁） ・自己志向

（出典） Parsons, 1951, 1960.

して、ボランティアが被災者に手を差し伸べる理由は、心が動かされるからであり、感情性がインフォーマル組織の中では重要になる。2つ目に、フォーマル組織においては機能が限定的である。担当の業務だけをしなければならない。それに対してインフォーマル組織は機能が非限定的である。前述のインタビュー内で、芦屋ボランティア委員会の北垣内氏が言っていた「われわれは何でもします」である。対して社協のボランティアは、高齢者が専門なら高齢者へのボランティアしかしないという意味で、機能が限定的であった。それはまさに官僚機構の構造によるものである。3つ目はサービスの普遍性である。フォーマルな組織のサービスは、すべての人に等しくあまねく普遍的に提供される。インフォーマル組織では、目の前の人が困っていたらその人を支援するというように、サービスの特殊性がある。4つ目は組織への所属についてだが、フォーマル組織では機能や資格によって所属が決まるのに対して、インフォーマル組織では地縁や血縁、あるいは趣味・関心・嗜好などの個人的な要因により帰属が決まる。最後に、何らかの活動に対する根拠を組織の決定にするのがフォーマルな組織であり（集団志向）、自分の意志で動く自己志向なのがインフォーマル組織である。

　ここで重要なことは、どちらかの組織原理が優れているということではない、という点である。災害によって被災した人々は、フォーマルな組織とインフォーマル組織双方のサービスを必要とするからである。例えば、行政が避難所を立ち上げておにぎりを配ったとする。ボランティアがそこに1品、炊き出しで

お味噌汁を加える。冷たいおにぎりに温かい炊き出しが加えられることで被災者は，大きな便益を得るのである。

　それでは，これらの組織原理の異なる2つの組織はどのようにすれば連携が可能になるのだろうか。Litwak (1985) は，それぞれの組織が得意にする課題を担当すればよいと提案する (**表8-3**)。規格化されたサービスの提供や，分業制が敷ける業務，専門知識や技術が活用できるような業務は，フォーマル組織の方が効果的・効率的に遂行できる。それに対してインフォーマルな組織は，規格化できない業務の遂行に秀でている。日常生活の中で規格化できない業務と言えば，家事や育児，介護がこれに当たる。そういった業務に関してはインフォーマルな組織の方が効果的・効率的に遂行できる。さらに，これらの業務は分業制が不可能である。専門知に対して日常知，すなわち常識が活用できるような業務もインフォーマル組織向きである。被災者の立場から見るとどちらも必要である。それならば，得意な業務をそれぞれに提供してもらい，協働の課題が見えてくる。

　しかし，前述の芦屋ボランティア委員会のように，インフォーマル組織が資源を求めてフォーマルな組織に近づきすぎると下請け化が起こる。あるいはそのことへの反発や確執が生じる。これを避けるために，Litwakはフォーマル・インフォーマル組織は距離のバランスを取らなければならないと指摘する。フォーマルな組織とインフォーマルな組織は「山荒らしのジレンマ」関係にあるという。冬の嵐が吹きすさぶ中で2匹の山荒らしが出会う。寒いから近づいて肌を寄せ合えば互いに暖を取れるが，山荒らしには針が生えているので，近づきすぎるとお互いの針につつかれて痛い。かといって離れすぎると寒い。このような関係を山荒らしのジレンマと呼ぶ。フォーマルな組織とインフォーマルな組織も，没交渉ではいられないが，密着しすぎると取り込みや排斥，衝突が起こる。まさに芦屋ボランティア委員会と芦屋市当局の間で起こったことである。それを防ぐには，Litwakによると近すぎれば遠ざけ，遠すぎれば近づけるのがよい (フォーマル組織とインフォーマル組織間のリンケージに関するバランス理論，Litwak & Meyer, 1966; Litwak, Meyer & Hollister, 1977; Sussman, 1977) のだが，バランスを実現するための具体的な議論はしていない。バランスを保つためには，特別の仕組みや場が必要だ，というのが筆者の立場である。次項で

表8-3　フォーマル組織・インフォーマル組織の最適課題

フォーマル組織 （行政・専門NPO／NGO）	インフォーマル組織 （地縁団体・草の根ボランティア）
・同一の規格化されたサービスの提供 ・分業制 ・専門技術知識・技能の活用 ・ローテーション・ジェネラリスト人事（日本）	・同一化・規格化されないサービスの提供 ・非分業制 ・日常知・常識の活用 ・地域定住

（出典）　Litwak, 1985.

は，その具体的な議論を紹介する。

2.4　対境担当者モデルと中間支援者モデル

　フォーマル組織とインフォーマル組織が1対1の関係であると，芦屋市のように取り込みや排斥が入る。これを回避するには，組織と組織の折衝を担当する人員，すなわち対境担当者を置き，対境担当者を通じて組織間の連携を図ればよいというのが組織間関係論の議論である（**図8-3**）。

　対境担当者は組織内外の接点に位置し，組織間関係（コミュニケーション，資源交換）の媒介となる人員である（山倉，1993）が，その性質ゆえ以下のような特徴を持つ。

1. 組織内の他メンバーから心理的・組織的に「浮いた」存在と見られ，懐疑心や監視を受ける。
2. 他組織に対して，自組織を代表する。外部に対する組織の「顔」であり，外部組織の価値・規範を熟知しなければならない。
3. 他組織に対する影響力の行使者であるとともに，他組織による自組織への影響の目標ともなるので，組織内・外に対する交渉行動が求められる。

　対境担当者は**図8-3**の点線でつながれ，対境担当者同士が目に見える人間関係を持っているが，フォーマル組織とインフォーマル組織がうまく連携・協調できるようにするためには，対境担当者が集まって中間支援の仕組みを作る必

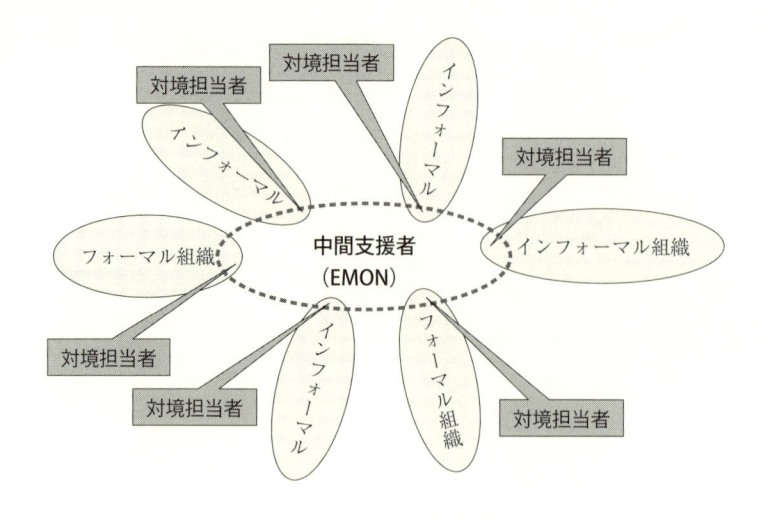

図8-3　対境担当者＋中間支援者モデル

要がある。あるインフォーマルな組織がフォーマル組織の資源を必要とした場合(芦屋市のようなケース)，1対1で折衝したらバランスが悪くなり，取り込みなどの恐れもある。そのときにインフォーマルな組織は中間支援者に依頼をし，それを介して資源の要請を行う。間に中間支援組織をかませることにより，インフォーマルな組織はフォーマル組織と直接の交渉をせずに済む。かつ，フォーマル組織から見ると，素性の分からないインフォーマル組織と1対1対応するのではなく，信用できる中間支援者が窓口になると交渉もしやすい。インフォーマル組織から見ると，自分たちの公益性がかさ上げされ，社会的な認知度が高くなるというメリットがある(立木, 1997, 2001a)。

以下に中間支援者(組織)の特徴をまとめる。

- 対境担当者(そして代表する組織)間で大きな力の差があるとき，力の弱い側は「間に立つ者(組織)」を介することで対等な立場を確保できる。
- 組織間構造が交渉を原則とし，個別組織間の交渉では複雑性があまりに高すぎる際に，組織間ネットワークの複雑性を減少させるために作られる「組織の組織」。

●被災地で，自主防災組織・ボランティア・NPOが，それぞれの使命を果たすためには，それぞれに中間支援が必要。

　中間支援の仕組みは行政と地縁型組織の間でも成り立つし，ネットワーク型組織とピラミッド型組織間，特に行政との間でも考えられる。最近よく聞かれるのは，ボランティアと地縁型組織間での仲介を進めるような中間支援者の必要性である。
　以下に中間支援者の機能をまとめる。

①仲介や斡旋を通じた資源調達の機能，
②確執が起こりやすい当事者の間に立って解決に努力する仲裁や調停の機能，
③ボランティアや行政を連携させてネットワークを作ることにより，結果的にボランティアの公益性をかさ上げする機能，
④局面の変化に応じて新たなボランティア組織の立ち上げを支援する孵化機能，
⑤個々のボランティア組織の活動を客観的に裏づける評価・調査・研究を行うシンクタンク機能である。

　芦屋市の例では，この中間支援者が介在せずに，小規模なボランティア組織と大規模な行政組織が直接交渉しなければならず，大規模な組織の意向に左右されたのだと考えられる。

2.5　異組織間連携における変化マネジメント——EMONとフィードフォワードの視点から

　対境担当者が集まり中間支援の仕組みを作ったら協働ができるのかというと，それだけではうまくいかない。ピラミッド型組織とネットワーク型組織では，変化への対応が根本的に違っているからである（Romme, 1992; Stacey, 1992; 立木, 2015b）（**表8-4**）。
　ピラミッド型組織は，「もしこういうことが起こったらこうする」というシナリオを事前に持っており，危機は管理できるという前提に立つ。このために「If→Then」型のマニュアルを整備して実働に備える。そのため過去に起こっ

表8-4　両組織の変化のマネジメント原理

ピラミッド型組織	・シナリオ型・危機管理 ・「If→Then」マニュアル型実働 ・世界は予見可能（過去と現在の和として未来がある） ・フィードバックによる維持・補正
ネットワーク型組織	・即興劇型・危機対応 ・自己組織化型実働 ・世界は複雑系（直近の未来　イメージの共有がすべて） ・フィードフォワードによるドラマの筋の共有

た事例を踏まえて今後の行動をマニュアル化するのだが，この前提にあるのは，過去と現在の和として未来があり，世界は予見可能だという考え方である。そして想定の範囲で事態が進行すれば維持し，想定した状態からズレが生じると，ズレを補正するフィードバックを用いて変化対応する。

　一方のネットワーク型組織は，即興劇の例を考えるとよい。なぜ即興で演劇が成立するのかと言うと，相手の動きに対応して自分が動き，さらにそれに対応して相手が動くといった自己組織的な規範が共有化されており，少し先の未来の道筋についての共通なイメージを持つことによって演者間の協調や連携が達成されるからである。ここで働いているのは，世界は複雑系であり，遠い未来は予見不能だが，直近の未来についてはイメージの共有ができるという考え方である。そのような世界観に立脚した考え方を，フィードフォワードと呼ぶ。サッカーで，フォワードとミッドフィールダーのイメージ共有により，相手のいない空間にミッドフィールダーが出したキラーパスにフォワードが走り込むようなかたちで反応しゴールにつながることがある。これがフィードフォワードである。直近の未来におけるお互いの位置や結果という一時的なシナリオを，その場その場で共有化し，消費し続けていくことによって変化に対応できるというのが，ネットワーク型組織の考え方である。

　災害社会学の分野では，このように発災後に自然発生的に生まれる多様な救援・支援組織がやがて相互に連携し，災害現場で新たに産まれる現実や事象に対して即興性を発揮して臨機応変に対応する組織間のネットワークをEMON（Emergent Multiorganizational Network，創発的多元組織ネットワーク）と呼び実証

研究が進められてきた (Drabek et al., 1981; Tierney, 2014)。ここでの何よりのポイントは，災害時に対境担当者や中間支援者によって構成される多元的で異質な組織間のネットワークはたとえピラミッド型の行政組織がメンバーとして入っていたとしても，全体として形成される「組織の組織」はネットワーク型の形状になる。このためにネットワーク型の変化原理を取り入れざるを得ない。

災害時に形成される多元的組織ネットワークは以下のような4つの特徴を持つという (Drabek et al., 1981; 本荘, 2016)。①単独では存在できず，活動に必要な資源が他組織に依存するため多元的な組織形態 (multiorganizational) を取ること，②構成メンバーが公式・非公式，ピラミッド型・ネットワーク型，地元・地元外と多様 (diversity) であること，③現場で出現する想定外の課題を，その場の状況に応じて一時的な規範を生成・更新し続けながら即興性 (improvisation) を発揮して対応すること，④ネットワークメンバーのそれぞれは，自らの自律性を高め，他組織からの依存を回避しようとして，組織間の結びつきが比較的緩やかで，独立性が強い状態に留まろうとすること (loose coupling)，の4点である。Tierney (2014) は，EMONに関する，30年以上にわたる研究成果をサーベイし，即興的な対応を行う上で，EMONは縦割りのピラミッド型組織よりも優れていると論じている。

それぞれに自律性や独立性の高い多様な組織が連携して効果的に災害事態に対応できるためには，これまでの議論を踏まえれば対境担当者が顔の見える関係で組織間の協議を行うことが重要である。協議の結果として中間支援の機能が発揮する場合もあるだろう。しかし，重視すべき価値や指向性も異なる多様な組織に，そもそも連携や協調をうながす一番の要因とは何だろう。この点で進化生物学 (Dawkins, 1976/2006) やR.アクセルロッドの繰り返しゲーム理論の知見 (Axelrod, 1984/1998) は重要な示唆を与えてくれる。

R.アクセルロッド (1998) は，協調と裏切りという2つの選択肢を持つ2人のプレーヤによる，繰り返しのある「囚人のジレンマゲーム」の構造を解析した。その結果，将来にわたってゲームが繰り返されるという期待を示す「将来の重み」が大きければ，たとえそれぞれのプレーヤが利己的であったとしても——あるいは，利己的であるがゆえに (Dawkins, 1976/2006) ——，一番合理的な解である互恵主義に基づく協調関係を選択し，両者の関係は安定すると論じてい

る。一方,「将来の重み」が大きくなく,つき合いがそれほど長続きしないと予見される場合には,利己的に目先の利益を追求して裏切ることが合理的となると述べている。

　R．アクセルロッド流に考えるならEMONを構成する多元的な組織の対境担当者が集まったとき,協調や連携をうながすためには「将来の重み」を高める操作が必要となる。それぞれの組織は,1回限りでつき合うのではなく,かなりの回数,終わりが予見できないくらい将来にわたって資源や情報の融通をし合う,という未来像を共有できるか,が鍵になるのである。しかも,状況が刻々と変化する中では,固定した未来像と言うよりは,そのような未来像を絶えず更新させながら,常に新鮮な未来イメージを持ち続けられるかが問われる。このような新鮮で,そして繰り返しの交渉に耐え得るような「将来の重み」の高い未来像が提示されるなら,それに向けて全員がフィードフォワードを行うことで,動的に安定した連携や調整が可能になるのである。その未来イメージとは「何が求められているのか,何ができるのか」について,刻々と変化する状況の中でもぶれることのないミッションやビジョンである。ミッションやビジョンを通じて異なった立場の人々が連携・協調できる,そのような遠い将来まで見すえた未来シナリオを作れるかどうかがEMON形成と安定の一番の肝となるのである。

第9章

災害ストレスとトラウマ（心的外傷）の社会学

1.「こころのケア」の震災報道

　阪神・淡路大震災以降使われるようになり，日常の言葉になったものがいくつかあるが，その1つが「こころのケア」である。震災翌日の1月18日付毎日新聞大阪版朝刊に掲載された座談会記事で初めて使われた。震災当日の1月17日から，大阪では日米都市防災会議が開かれることになっており，ちょうど日本やアメリカの防災専門家が集まっていた。震災当日の夕方，毎日新聞が会議参加の専門家に集まってもらい緊急座談会を行った。当時京都大学防災研究所の助教授だった林春男氏が，これから何が起こるかについて以下のような指摘をしている。

　私の専門は社会心理学です。今回のような地震はほとんどの人にとって初めての体験だと思いますが，1，2カ月のうちに，多くの人が「眠れない」「地震の光景を夢に見る」「ぼう然とする」「しずんでしまう」など，いろんな心理的な変調をきたすことが予想されます。
　（中略）アメリカのノースリッジ地震[1]の際は，90万人がこころのケアの相談に押しかけたといい，その対処に約30億円を要しました。
　（中略）地震で大切なものを失った人は多いでしょう。たとえどんなささいなものであれ，その気持ちをばかにしないであげてほしい。また，例えば子どもにとって災害はたいへんなショックで，そのために幼児返り現象を起こ

---

1) 座談会が開かれた日のちょうど1年前の1994年1月17日に発生している。

141

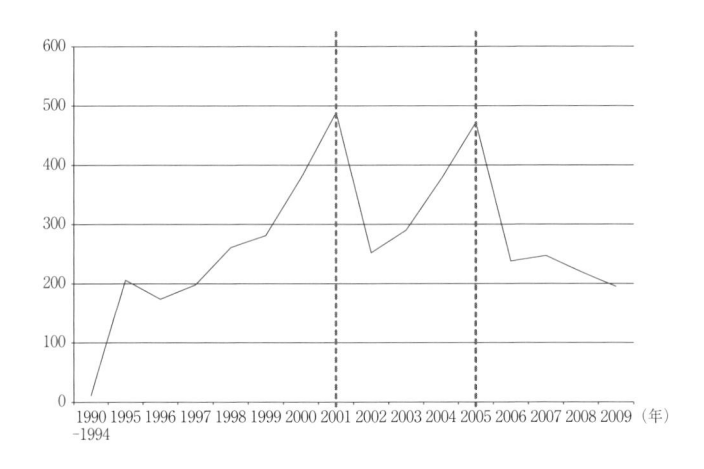

```
600
500
400
300
200
100
  0
    1990 1995 1996 1997 1998 1999 2000 2001 2002 2003 2004 2005 2006 2007 2008 2009（年）
    -1994
```

図9-1　毎日新聞記事における「心のケア」の出現数の推移

すこともあります。さし当たっては，そうしたことがあって当然なのだという気持ちを持って，対応してあげることが大切です。
(1995年1月18日　毎日新聞大阪版朝刊　特集「阪神大震災　兵庫県南部地震　緊急座談会」)

　災害後の心的外傷（トラウマ）に対する心理・社会的な予防策という意味で「こころのケア」が活字になったのは，これが初出だった。その後，日本全国の人々が「こころのケア」という言葉に接することになる。毎日新聞を例に取り「こころのケア」がどの程度出現したのかを経年グラフ化したものが**図9-1**である。1995年の阪神・淡路大震災当時には205件がカウントされている。それから5年目でピークを迎え，10年目で次のピークを迎えている。

　時間の経過に従って，「こころのケア」の内容も変化した（**図9-2**）。震災直後は，災害でストレスを負った人への支援という意味が88％と圧倒的に多かった。それが10年後には，災害ストレスへの予防的支援策（必ずしも専門家とは限らない）という意味と，災害に限らず心的外傷後ストレス障害（PTSD）全般に対する専門家による支援の意味と「こころのケア」が，大きく2通りの意味で使われるようになった。

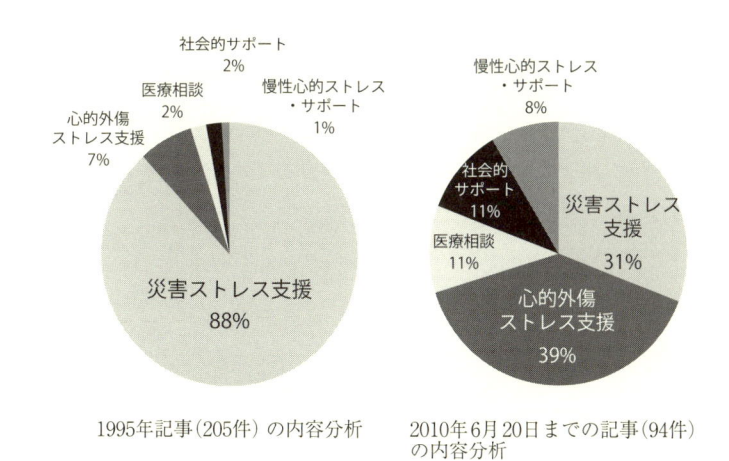

[図: 円グラフ2つ]

1995年記事(205件)の内容分析:
- 災害ストレス支援 88%
- 心的外傷ストレス支援 7%
- 医療相談 2%
- 社会的サポート 2%
- 慢性心的ストレス・サポート 1%

2010年6月20日までの記事(94件)の内容分析:
- 心的外傷ストレス支援 39%
- 災害ストレス支援 31%
- 社会的サポート 11%
- 医療相談 11%
- 慢性心的ストレス・サポート 8%

図9-2　「心のケア」が指す内容の比較（1995年対2010年）

2．子どもの「こころのケア」が叫ばれると，被災地の家族にはどのようなことが起こったか？

2.1 「こころのケア」と母親・子ども

1995年当時，筆者は神戸市の児童相談所で毎週1回，不登校児童や生徒とその親への家族相談や，親支援のためのグループ相談を担当していた。そのような経緯から1995年11月から翌年3月まで児童相談所のソーシャルワーカーや心理判定員，児童精神科医とともに，親と子のこころのケアのために神戸市内で被災の激しかった地域の幼稚園や保育所を会場に，出張講座とグループ相談会を実施した。震災直後から，子どものこころのケアの重要性が声高く叫ばれていたが，それが1年近く経つと，被災地の家族にはどのようなことが起こったのかを本節では見てゆく（立木，1998，1999c）。

以下は，震災翌年に放映された『報道特集「母親たちに残る心の傷」』（TBS，1996年3月24日放送）の一部をまとめたものである。

〈6歳のあさみちゃんとお母さんの物語〉

1,500人近くが亡くなった神戸市東灘区。6歳になるあさみちゃんは，祖父と2つ離れた姉を失った。幼稚園で砂遊びをしながらこんなことを言う。

「もう1人，お姉ちゃんおったでしょ。……死んじゃってん」。家は全壊し，母は骨折して40日間入院している。母は，あさみちゃんの姉が亡くなった後に，あさみちゃんのそばにいられなかったことを悔やんでいた。「最近ちょっとよく思い出すことがあってたまに泣くので，そういうときは泣いていいよと言って，泣かせてあげて……」。残された子どものために頑張ると繰り返す母だが，自分の気持ちについてはほとんど口にしない。つらいときの相談相手を尋ねられると，こう答えた。「話はしませんね。つらいという気持ちを言える相手がいないんで。主人の方がショックが大きかったものですから，私が言ってしまうと主人のプレッシャーが大きくなってしまう」。

　震災の年の10月に母は，文部省（当時）による子どものこころの相談会を訪れていた。「（あさみちゃんが）1人で眠れないことがあるんです。（以前は）お姉ちゃんが先に寝てしまうので，その横ですぐに寝ていたんです」。母は子どものことばかりを心配し，自分のこころを見せようとしない。震災後，乱暴になった，おねしょが止まらないなど子どもの異常を訴える母たちの話の中に，いつしか母親自身の問題が見えるようになってきた。「自分たちがパニック状態だったと思う」「しんどくて，しんどくて」「軽いうつ病とか，そういうのでは……」。

　母親が子どもの相談に来るのだが，子どものことからだんだんと母自身のつらさ，しんどさが語られるようになっていた。筆者もソーシャルワーカーや心理判定士と一緒に現場で相談会を開いているときに，「お母さんの方がしんどそうだな」と，実感として感じられた。そのため，ある時期から，子どもだけの相談ではなく，母も含めてこころのケアの対象とする方向に対応を変えていった。

　神戸市児童相談所チームによる相談会では，母親にストレスへの対処法について気づいてもらうため，自由に6コマの物語を描いてもらい，そこからそれぞれのストレス対処法を探るという試みをした（157ページ，コラム「BASIC-Phを通してストレス対処資源を見つけてみよう」参照）。

　1コマ目は主人公，2コマ目は物語の使命や課題といったように，深く考えずに思いついた話を絵物語にしてもらった。描かれた絵を基に，感情を外に表

す，ひたすら身体を動かすなどの，ストレスに対処する方法がどのように各自の絵に表れているのかを自己分析してもらい，自分に一番合ったストレス対処法を見つけ，その人自身の力で立ち向かってもらえるようにした。これは，元々イスラエルで開発されたBASIC-Phと言われる手法である (Lahad & Cohen, 1989)。その後，グループになって1人ずつ震災の体験を自由に話してもらう。自分が大けがをした体験，倒れて動かない家族に声をかけ続けた体験。今まで友だち同士で話をしてきたが，ここまで聞いてもらったことがなかったので，充実したと話す母親の姿もあった。

2.2　ストレス刺激とストレス対処資源── BASIC-Phモデル

　母親自身がストレスを抱えていることが分かってきたため，何故このようなことが起こるのか，そのメカニズムを社会学的な視点から検証しようと考えた。ところで，そもそもストレスとは何か。ショックや生活困難などがすなわちストレスなのではなく，それらはストレス刺激 (stressor) と呼ぶ。ストレス刺激の負荷がかかったときに，その負荷の力を緩和するものをストレス対処資源 (coping resources) と呼ぶ。てんびんをたとえに用いれば，てんびんの片方にはストレス刺激が乗り，もう片方にはそれを和らげる対処資源が乗る（図9-3）。ストレスは，ストレス刺激とストレス対処資源がアンバランスになった結果生じる。つまりストレス刺激が大きくなるか，あるいは対処資源が少なくなる，もしくはその両方の結果，てんびんが傾く現象のことを指す。言い方を換えると，ストレス刺激にさらされても，ストレス対処資源を増やすこと（エンパワーメント）によって，てんびんのバランスを保ち，ストレスを予防することができる。これが1995年の6月にイスラエルから神戸に派遣された心理学者，ルーベン・ガル博士から直接学んだ基本的な考え方であった。

　なぜイスラエルなのか。以下は余談である。実は神戸とユダヤの人々とは深いつながりがあったのである。第2次大戦の最中，リトアニア日本総領事館に杉原千畝という外交官がいた。彼は，1万人近くのユダヤ人に日本への出国ビザを発給した。そのおかげでナチの虐殺から危うく逃れることができた。これらのユダヤ人難民が，敦賀港を経由して第3国に出国するまで滞在した地が神戸だったのである。

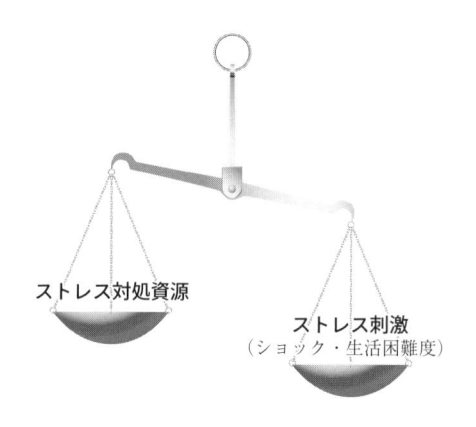

**図9-3　ストレスはストレス刺激とストレス対処資源の
アンバランスから生まれる**

　当時の神戸市民は，これら新来の難民たちを人道的な立場から手厚くもてなしたという。多くの市民が，衣類や食料を差し出したのである。神戸市の当局者は，難民の最終受け入れ国が決まるまでの間，彼らの滞在を認める決断をした。難民に手を差し伸べた当時の神戸市民は，彼らの行為が政府の方針に反することなのか，沿うことなのか，確たる思いのないまま，ただ「いてもたってもいられない」気持ちにつき動かされて，支援したのである。

　恩義のある故杉原領事代理のために，そして神戸のために。ユダヤ系のアメリカ人たちが音頭を取った神戸復興のための「スギハラ」基金に全米から義援金が寄せられた。そのおかげでイスラエルからガル博士を，そしてアメリカからはホロコーストの生存者や広島原爆のヒバクシャ研究で高名なロバート・リフトン博士を招き，災害ストレスとその対処について学ぶことができたのである（立木, 1998）。

　ガル博士に学んだことに話を戻そう。人生で出会うさまざまなストレスに対し，本当に対処できないときには休養や被災地外への疎開といった手段でストレス刺激の量を減らし，ストレスを和らげる手もある。だが，ストレスのてんびんがストレス刺激側に傾いたときに，意図的に対処資源を増やすことでバランスを回復させることもできる。イスラエルのLahad & Cohen（1989）は，ス

表9-1　人が持つストレス対処資源（BASIC-Ph）

B	Belief（信念）	被災体験に意味づけをする
A	Affect（情動）	内面の感情を表に出す
S	Social（人とつながる）	周りの人と密接につながる
I	Imagination（想像）	音楽や芸術，空想などによる癒やし
C	Cognition（現実の吟味）	現状に対する見通しや打てる手立てを考える
Ph	Physical（身体運動）	適度な運動や入浴

トレス刺激に対処する資源を大きく6つに分類し，BASIC-Phモデルと名づけた（表9-1）。

　Belief（信念）は，「自分が今この事態に対応することに意味がある」と強い思いを持つこと。Affect（情動）は，感情を包み隠さず表に出すこと。例えば泣くと気持ちがいい。あるいは，大声を上げるようなこと。これらが実は対処資源として働く。Social（人とつながる）については，1人にならないということである。つらくなったら家族や友人とつながることが，ストレス反応を和らげる効果を持つ。Imagination（想像）は，現状のストレスがあたかも（as if）消え去ったかのように空想することや，あるいは音楽や芸術作品に身を投じ，空想を働かせることによる力である。Cognition（現実の吟味）は，現在起こっていることの原因を分析し，複数の解決策を考え，一番効果のありそうな問題解決策を検討すること。最後のPhysical（身体運動）は，身体を動かしてリラックスさせること，例えば入浴や運動がこれに当たる。BASIC-Phの面白いところは，1人ひとりの顔の形が違うように，自分が得意としている対処資源のパターンは人それぞれに違うということである。自分が得意とする対処資源の活用法に気づけば，次のストレス遭遇時には，自分が得意としているBASIC-Phの対処資源を意識的に増やすことにより，ストレスに対処ができる。これがガル博士の講習のポイントだった。

3. 被災幼児の「心のやすらぎ保育」に参加した母親への質問紙調査[2]

3.1 調査方法

神戸市教育委員会では阪神・淡路大震災以降，月に2回，幼稚園入園前の幼児を対象に「被災幼児の心のやすらぎ保育」を計画し，神戸市児童相談所のチームが実際に出前講座を実施した。そこに参加していた母親を対象に，筆者は1995年11月の第1週に質問紙調査を行った。出前講座の後，その場で質問紙を配布し（配布数は865），うち445名から回収した（回収率51.4％）。このうち有効回答数は438名であった。また，幼児の性別は男児184人，女児228人，不明26人であった。

調査に用いたのは5種の尺度である。

①子ども版PTSD症状尺度

神戸市児童相談所が子どものPTSD症状を測定するため，DSM-Ⅳの診断基準を基に独自に作成したもので，全21項目でPTSDに関する主症状をすべて含んでいた。

②立木研究室版 Impact of Event Scale

ホロウィッツらが作成した *Impact of Event Scale* (Horowitz, Wilner & Alvarez, 1979) の和訳をさらに阪神・淡路大震災の文脈に合うように調整したものであり，母親の心的外傷後ストレス反応の程度を測定するものである。PTSDの主症状である回避8項目と再体験7項目の合計全15項目からなる。

③暫定版BASIC-Phストレス対処資源評価尺度

前述したBASIC-Phモデルに準拠して立木研究室で新たに開発した尺度である。

④家族システム評価尺度（FACES KG Ⅲ, Family Adaptability and Cohesion Evaluation Scale at Kwansei Gakuin, version 3）母親版

家族の資源性をきずな（cohesion）・かじとり（adaptability）の2次元から測定することを目的として，オルソンの円環モデルに基づき，日本の文化・社会に適合するよう独自に開発を進めてきたものである。詳しくは次章と立木（2015b）参照。

---

[2] 本節は以下の論文に基づく。立木（1999c），野口他（1997），坪倉他（1997）。

⑤地震後生活環境評価尺度

　震災直後に置かれた生活困難度を尋ねる尺度で，震災による被害の程度や喪失，ライフラインの復旧までの時間などに関する全15項目からなる。

3.2　結　　果

　大多数の回答者は，多大な生活困難を震災後に経験していた。住宅に関しては，55.5％（243名）が一部損壊，21.7％（95名）が半壊，11.0％（48名）が全壊の損害を受けていた。震災による喪失は心的な影響を及ぼすことが考えられるが，同居の家族を亡くした回答者が14名（3.2％），親類を亡くした回答者が22名（5.0％），友人を亡くした回答者が23名（5.3％）であった。趣味で集めていたもの等，大事にしていたものを失った回答者は144名（32.9％）に上った。

　震災直後の対応としては，半数はそのまま家にいたが，残りの半数はすぐに家族とともに避難をしていた。避難をしていた者のうち，避難期間は9日以内が約5割と多かったが，1カ月以内が約1割，2カ月以内が約2割，それ以上の期間にわたって避難していた者が約1割見られた。ライフラインへの影響について，電話・電気は大半が2～3日で復旧していたが，水道に関しては約半数が2カ月近い断水を経験していた。都市ガスにいたっては，約半数が50日以上不通だったと回答している。

　これらは，震災そのものによるショックに加え，ライフラインの切断によって日常生活が3カ月近くにわたって混乱したことを示す回答である。

1）子どものストレス症状

　子どものストレス症状については，神戸市児童相談所が独自に作成した調査紙を用い，該当する項目について，どの程度当てはまるのかを答えてもらった。結果，子どもの症状の特徴には，本章冒頭で触れた1月18日付の毎日新聞大阪版朝刊における林春男氏の予測通り，退行・不安や過剰適応，フラッシュバック，身体的反応が見られた。それぞれの項目について「たびたびある」「いつもある」と答えた者が多かった項目を以下に示している。

〈退行・不安〉

　　親と一緒でなかったり，明かりがついていないと寝床に入れない（30.5％）

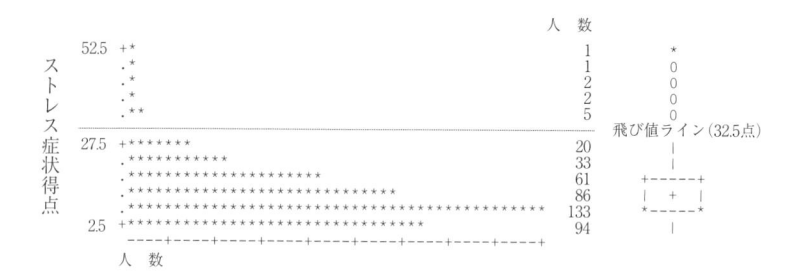

```
          52.5 +*                                    人 数          *
    ス          .                                      1           0
    ト          .*                                     1           0
    レ          .                                      2           0
    ス          .*                                     2           0
    症          .**                                    5          飛び値ライン(32.5点)
    状     27.5 +*******                              20           |
    得          .************                         33           |
    点          .*********************                61           +-----+
               .******************************       86           |  +  |
           2.5 +***********************************  133          +-----+
               .*********************************    94           |
               ----+----+----+----+----+----+----+
                人 数
```

図9-4　子どものストレス得点の分布

　家族や友人と一緒でないと不安そう（21.4％）
　ひどく甘えたり，わがままを言うことがある（13.7％）
〈過剰適応〉
　他の子どもの世話をしようとすることがある（23.4％）
〈フラッシュバック〉
　ちょっとした物音や揺れにも極端に反応することがある（8.4％）
〈身体的反応〉
　おもらし，おねしょなどがある（8.7％）
　アトピーをかゆがる（6.4％）
　いらいらしたりおこりっぽいことがある（5.5％）
　ぜんそくの咳がでる（5.5％）
〈孤　立〉
　友人の中に入らず1人でいることがある（6.2％）

　子どものストレス症状得点の分布は**図9-4**の通りである。縦軸はストレス尺度のトータル値，横軸はそれぞれの度数を示している。
　右端の箱ひげ図にある四角形のまん中の線が分布の中央値を示し，全体の25〜75％は四角形に含まれる。上辺と下辺の距離の1.5倍を超えた値は外れ値と判断する。今回の調査では，四角形の上辺から極端に外れた得点を示した回答者にとりわけ注目した。これらの回答者は重度なストレス症状を呈していると考えられた（**図9-5**）。

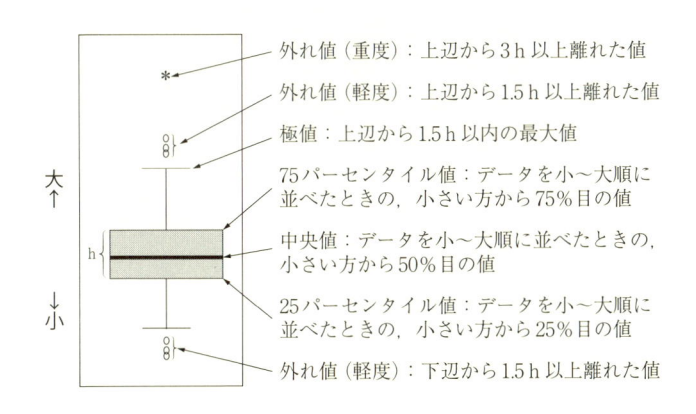

図9-5　箱ひげ図の見方

　子どもの平均値は11.2点(SD = 8.2点)となり，大半は低い得点域に集中していた。しかし，438名中11名(2.5％)は全体の分布からかけ離れて高い値を示しており，調査時点で専門家による援助が必要と判断された。

2) 母親のストレス症状

　母親のストレス症状の特徴は，立木研究室版Impact of Event Scaleの各項目から検討した。「たびたびある」「いつもある」と答えた者が多かったのは，特にフラッシュバック(再体験反応)の項目であった。

〈フラッシュバック(症状の再体験)が多い〉
　地震に関係するものを見るとどんなものでも，あのときの感覚がよみがえった(29.7％)
　そのつもりがないのに，地震の起こった瞬間を思い出すことがある(19.8％)
　震災について考えると何度も強く感情の波が押し寄せた(18.4％)

　母親のストレス得点分布は**図9-6**の通りである。平均は10.9点(SD = 10.8点)であり，全体的に見ると低い値に集まっていた。しかし，全体からかけ離れて高い得点を示した者が36名(8.2％)見られた。これらの母親たちは統計的な分

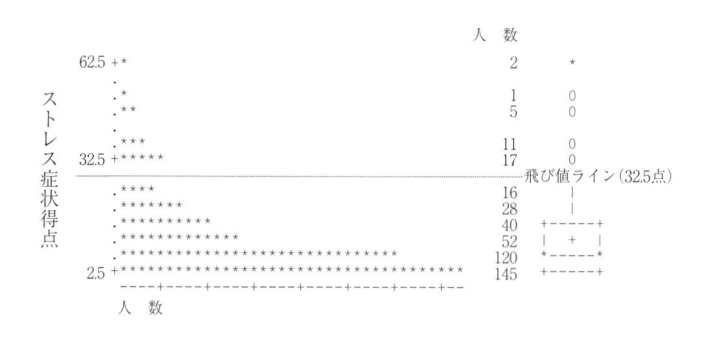

```
                                                       人 数
        62.5 +*                                         2    *
            .*                                          1    0
ス          .**                                         5    0
ト          .***                                       11    0
レ     32.5 +*****                                     17    0
ス          ―――――――――――――――――――――――――――――――――――――――― 飛び値ライン(32.5点)
症          .****                                      16    |
状          .*******                                   28    |
得          .***********                               40    +-----+
点          .*************                             52    |  +  |
            .******************************          120    +-----+
         2.5+*************************************** 145    +-----+
            ----+----+----+----+----+----+----+--
            人 数
```

図9-6　母親のストレス得点の分布

布の上からも，先行研究の知見からも，治療が必要なほどストレス症状が深刻であったと考えられる。また，重症事例の数は36名と，子どもの11名に比べて3倍以上も多い。阪神・淡路大震災の起こった年の年末に，より深刻なストレス症状が見られ，PTSDが強く疑われたのは，母親の方だったのである。

3.3　結果の検討

5つの調査を基に，①家屋の倒壊やライフラインの遮断といった震災による生活困難さ，②それに対する個人や家族の反応，そして③個人や家族システムの対処資源のエンパワーメントとその効果といった要因間の因果関係について，共分散構造分析を用いた因果モデリングを行った。

いくつかの因果モデルを構築し検討を重ねた結果，最終的に採択された因果モデルのパス図による表現が，**図9-7**に示す通りである。楕円は構成概念（潜在変数，いわゆる因子）を，四角は実際の観測変数を表している。楕円間に引かれた太線の矢印は，構成概念間の因果の構造を示す。矢印に添えられた数字は標準化されたパス係数であり，因果の影響力の強さを表す。また，構成概念（楕円）から実際の観測変数（四角）に下ろされた細線の矢印と係数は，概念がどの程度実際の観測変数に反映されているか（因子負荷量）を示している。

この因果モデルによれば，震災によって引き起こされた生活困難は，母親に心的外傷後ストレス反応（因子負荷量.57，固定値）や，つらさの感情表出（因子負荷量.27，$p<.20$）を引き起こす。と同時に，家族システムにはきずなの上昇（因

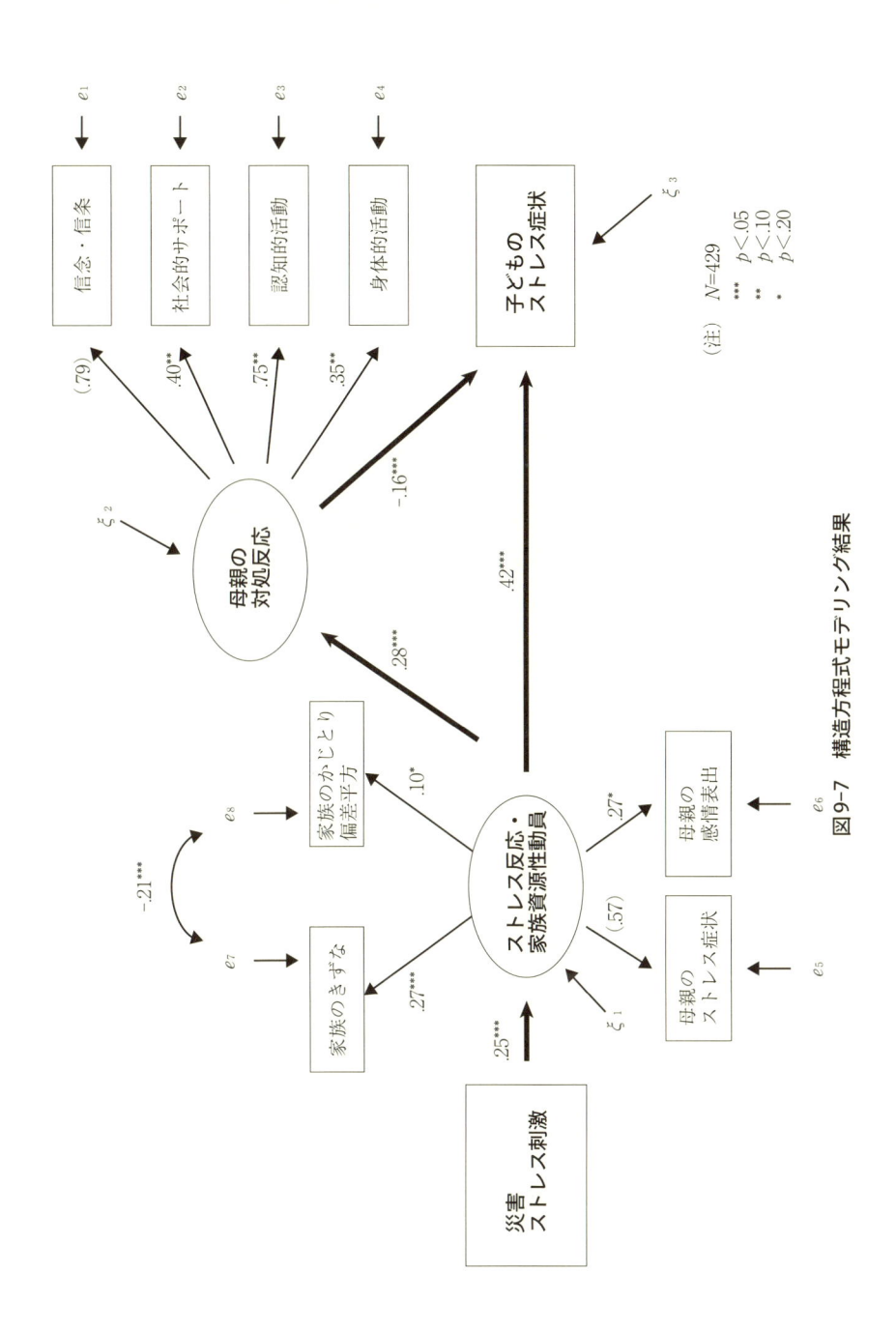

図9-7 構造方程式モデリング結果

(注) $N=429$
 *** $p<.05$
 ** $p<.10$
 * $p<.20$

第9章 災害ストレスとトラウマ（心的外傷）の社会学 153

子負荷量.27, $p<.05$) や，かじとりの混乱（偏差平方の上昇，つまり中央の最適点から極端側への逸脱）を生む（因子負荷量.10, $p<.20$)。家族システムについては次章を参照されたい。

ここで重要なのは，生活困難さ（ストレッサー）が，子どものストレス症状に直接結びついていない点である。いくつかのモデルでは生活困難ストレスを直接子どもの症状に結びつけてみたが，モデルの適合度は低く，またパス係数も有意にはならなかった。生活困難さは家族システムのストレス反応や，家族資源性の動員にのみ影響を与えている（パス係数＝.25, $p<.05$）。

それでは，子どもにとってのストレス源とは何だったのか。それは，母親のストレス症状や感情表出などによって表される，家族システム全体のストレス反応である（パス係数＝.42, $p<.05$）。家族システムが不安定であること（母親のストレス反応や感情表出が過多であり，きずなが高まらない，あるいはかじとりが最適点の中庸水準に近づかない），それ自体が子どもには直接的なストレッサーになっていたのである。

では，子どものストレス反応を緩和する直接の資源とは何だろう。**図9-7**のパス図によれば，「ストレス反応・家族資源性動員」により母親の対処反応因子（信念・信条，社会的サポート，認知的活動，身体的活動など）が活性化されている（パス係数＝.28, $p<.05$）。つまり，活性化された母親の対処反応が，子どものストレス症状の緩和（パス係数＝-.16, $p<.05$）に利用されていたのである。

震災から1年後，ストレスを抱えていたのは母親だった。被災のショックやその後の生活困難は，母親にストレス反応を引き起こしていた。そして，母親のストレス反応が，子どもにとっての直接のストレス刺激となっていた。また，母親のストレス反応は，ストレス対処資源の利用を活性化していたが，活性化された対処資源は，子どものストレス低減に利用されていた。結果として，母親自身のストレスは放置されるままとなっていた。

3.4　ま　と　め

この調査を振り返り，多数の母親と接して筆者が感じたのは，1年間母親たちは実によく頑張ったということだった。だから，1995年末の時点で，これからストレス対処資源は自分のために使ってほしいというメッセージを母親た

ちに伝えていった。

　筆者のチームでは，本章冒頭に述べたように，被災地の保育所や幼稚園を巡回して出張講座を実施したが，講座の後に母親たちにグループになってもらって震災の体験を語ってもらう機会も提供した。最後に，東灘区で被災した母親のエピソードを紹介しよう。震災当日，彼女は子ども2人を両脇に，川の字になって寝ていた。揺れによって，タンスの上にあったTVが落下し，さらにタンスが倒れてきた。両脇に寝ていた子どもは2人とも下敷きになってしまった。そこで母親は究極の選択を迫られ，TVの下敷きになっていた長女やっとのことで引っ張り出し，抱きしめる。その後に駆けつけた夫がタンスを持ち上げ，下敷きになっていた長男を救い出したが，その時点で長男は息が止まっていたそうである。必死になって頬を叩き，名を呼ぶうちに息を吹き返したのだが，それ以来この母親は大きな自責の念に駆られた。長男を見捨てた，娘の方にとっさに手を伸ばしてしまったという自責の念である。夫や実家にも自分の気持ちを打ち明けても，「生きていただけでも幸せ」「甘えた気持ちでどうする」「母親なのだからもっとしっかりしなければ」と励まされるばかりだったと語ってくれた。

　出張講座後のグループ相談では，普段は抑えている感情のレベルにまで立ち入ってもらって話してもらった。同じグループの母親何人かが，「私も同じようなことを言われたのよ」とつぶやいていた。筆者は，「お母さんにそれほど申し訳ないと思わせる坊ちゃんは，とても幸せなお子さんですね。お母さんがこれだけ自分のことを思ってくれているからこそ，お母さんが自責の念に駆られるんです。そのようなお母さんを持てた坊ちゃんは幸せです」と母親に語りかけた。「あなたが悩んでらっしゃるのは，あなたがとても良いお母様だからなのですね」とも。それまで抑え込んでいたものが一気にあふれ出たかのように，母親は気持ち良さそうに泣かれ，そのつらい思いについて見方を変えることができたと語った。筆者が，これがこころのケアに立ち合うということなのだな，と思った瞬間である。

　現在，東日本大震災の被災地でも同じようなことが起こっている。神戸市における母親への調査を通じて，子どものストレス症状の形成に影響を与えるものは，災害ストレス刺激そのものよりも，むしろ家族システムのストレス反応

第9章　災害ストレスとトラウマ（心的外傷）の社会学　　155

と，それに対するストレス対処資源の動員の間のアンバランスであることが示唆された。子どものストレス症状の予防には，母親へのサポートを強化し，母親自身や家族システム全体の安定性を回復することが重要なのである。

BASIC-Ph を通してストレス対処資源を見つけてみよう

　第9章で触れたBASIC-Phは，日ごろのストレスに対処する際にも役立つし，BASIC-Phの分析を通して自分のことがよりよく見えてくるかもしれない。実際にそれをやってみよう。

　まず適当な紙を6つに分けて線を引き，そこに絵物語を描いてゆく。文字は使わない。6コマにそれぞれ書き入れるのは以下の通りである。

1. 主人公。
2. 物語の課題。どんな物語なのか，物語の使命を描く。
3. 課題を実現するのに助けになる人や物。
4. 課題・使命を実現するのに邪魔をする者・障害となる物。
5. どのようにして障害を克服したり解決したりするのか。
6. どのようにして物語は終わるのか。

　描けたら，自分の描いた物語の各コマに出てくるキャラクターやアイテムが，BASIC-Phのどれに相当するのかを書き出してみよう。

　筆者が阪神・淡路大震災後に描いたものを採点例として説明する。

　1コマ目，主人公はウルトラマンのような正義の味方だった。ウルトラマンは現実のキャラクターではないので，Imaginationに当たる。ウルトラマンは同時に正義の味方でもあるので，Beliefも表れている。さらに，戦闘の構えをしている様子を描いたのだが，Physicalにも当てはまる。該当した項目にそれぞれ1点を加える。このようにして，各コマに表れているBASIC-Phの項目を書き出して，点数化してみる。

　2コマ目の課題については，お姫様が宇宙人に捕まって幽閉されている絵を描いた。ミッションは，このお姫様を助けるというものだった。お姫様は空想上のものなのでImaginationに1点，宇宙人も空想上のものなのでさらに1点，幽閉に使われている鎖などは現実のものなのでCognitionに1点を加える。また，お姫様は泣いているので，Affectに1点。宇宙人にも表情があるため，同様に1点。動きもあるのでPhysicalに1点を加える。

　3コマ目の助けになるものには犬を描いた。正義の味方を助ける者として擬人化しているため，Imaginationに1点，飛んでいる＝動きがあるのでPhysicalに1点を加える。さらに，犬は「仲間」を表すため，Socialにも1点を加える。また，1コマ目と同じく，正義の味方であるウルトラマンを描いているの

第9章　災害ストレスとトラウマ（心的外傷）の社会学　157

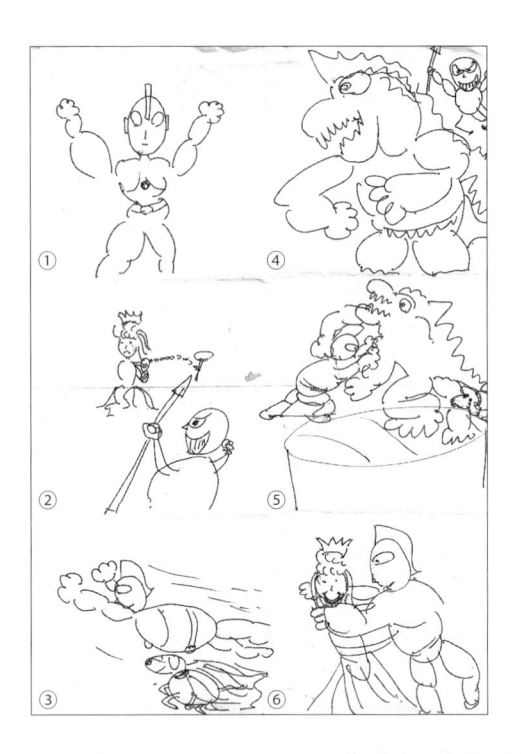

ルーベン・ガル氏のBasic-Phワークショップで筆者の作成した絵物語

で，Beliefに1点。犬についても，正義の味方を助ける役割なので，Beliefにさらに1点を加える。

　4コマ目の邪魔するものは，宇宙人が操縦したモンスターであった。宇宙人もモンスターもそれぞれImagination，宇宙人が感情をあらわにしているのでAffect，モンスターが立ちはだかっているのでPhysicalに1点ずつ加える。

　4コマ目の解決法は単純に戦うことであった。ウルトラマンが出ているのでBeliefに1点，宇宙人がいるのでImagination，戦っているのでPhysicalに1点ずつ。犬も出てきているのでImaginationとSocialに1点ずつ（仲間や複数のものが出てきたらSocialに1点を加える），かみついているのでPhysicalに1点を加える。

　6コマ目の物語の終わりは，お姫様が助かるシーンである。にっこりと笑っているのでAffectに1点，ウルトラマンがいるのでImaginationとBeliefに1点ずつ，抱きしめているのはPhysicalに1点を加える。

すべてのキャラクターやアイテムにBASIC-Phのそれぞれの項目を当てはめ，合計数を出してみよう。

　それぞれの項目数を合計したとき，一番多かったものが，自分がこれまでにストレスに対処するときよく活用してきた資源である。筆者の例では，信念を強く持つことでストレスに対処していたということである。次にあなたがストレス状況に遭遇したときは，6コマの絵物語で一番多く使われた対処資源，これがあなたにとっての得意な資源なのだから，これを意識して使ってみてはいかがだろう。

　筆者は久しぶりに自分で描いた6コマの絵物語を見返してみた。これは1995年6月のルーベン・ガル博士によるBasic-Phワークショップの席上で描いたものである。どのコマにもウルトラマン＝正義の味方が出ており，信念（Belief）の項目がやたら多い。当時は阪神・淡路大震災の被災者支援にのめり込んでいたころだった。被災者の支援は絶対に誰かが何とかしなければならない，それができるのは自分だと思い込んでいた（思い上がっていた）のが，この絵物語に表れている。正直なところ，同僚にはあまりいてほしくないタイプだったかもしれない。

第 10 章

災害と家族

1. はじめに

　本章では，家族社会学の視点から災害と家族について検討を加える。まず，阪神・淡路大震災の避難所にいた被災者による手記を紹介しよう（土岐・河田・林編，2005，pp. 82-83.)。

　……隣では，女子大生のお姉さんがまるで幼稚園の子どものように，おじさんの胸に抱かれて眠っています。ぼくもお母さんといっしょに寝たいのですが，お母さんは病院の屋上に張ったテントで，すぐ上のお姉ちゃんと暮らしていますからできません。
　お父さんが大阪の会社から帰ってきました……お父さんにペットボトルの水を紙コップに入れて差し出すと，ホッとした顔でコップをじっと見つめています。きっと破裂した水道管からチョロチョロとしみ出る水をスプーンですくって，ぼくらに飲ませたときのことを思い出しているのに違いありません。

　女子大生のお姉さんが父親の胸で眠っている。このようなことは，日常ではまず考えられない。なぜ震災のときにこのようなことが起こるのか。なぜ彼女は，父親の胸の中で安心して眠れたのだろうか。本章では，災害に遭遇したときに，どのような家族なら危機をうまく乗り越えられたのかを社会学における家族システム論の視点から検討する。

2. 家族システム円環モデル

2.1 健康な家族システムとは

　ミネソタ大学のD.H.オルソンらを中心とした研究者グループは，システムとしての家族機能に関する理論的・実証的研究を40年以上にわたって精力的に進めてきた。1979年の*Family Process*誌に掲載された家族研究・家族療法の包括的なレビューが最初のものである。ここで彼らは，きずな(cohesion)とかじとり(adaptability)の両次元が家族・夫婦機能の決定の上で中心的であるという主張を行い，この2つの次元を組み合わせて，家族システムの円環モデル(Circumplex model)を発表した(Olson, Sprenkle & Russeell, 1979; 武田・立木, 1989; 立木, 1999a, 2015b)。

　円環モデルでは，きずな・かじとり・コミュニケーションの3次元から家族の健康度が計量的に評価されるのだが，ここでは理論的な演繹の度合いも高く，実証的な検討が豊富になされている「きずな」「かじとり」の2次元に注目する。**図10-1**において，縦軸がかじとり，横軸がきずなである。

　家族のきずなについて，円環モデルでは「家族の成員が互いに対して持つ情緒的結合」と定義する。円環モデルで用いられる家族のきずなの定義は2つの構成要素からなり，両者ともに家族の成員相互の情緒的結合の程度と関係する者である。1つは家族成員を感情的に同一化させる側面で，きずなが極端に強い段階(ベッタリ)として表される。もう1つは逆に，家族成員を家族システムから遠ざけようとする側面で，きずなが極端に弱い段階(バラバラ)として表される。2つの構成要素のバランスが取れた段階(ピッタリ・サラリ)で家族システムは最もうまく機能し，個人の成長も促進される。しかし，バランスの取れた家族でもきずなが常に中庸な段階にあるとは限らず，必要とあれば極端な関係にもなり得る。ただしこの極端な関係は長続きしない。きずなのバランスが取れた家族は，状況的ストレスや発達的変化に応じて，どのような関係をも取り得るし，その幅が広いと推測される。一方で，きずなが極端な家族では，常に極端な関係で固定している。バランスの取れていない極端な家族は，長期的な視点では，変化・成長の過程でより問題が発生しやすいと言える。

　円環モデルを構成するもう1つの次元は家族のかじとりであり，「状況的・

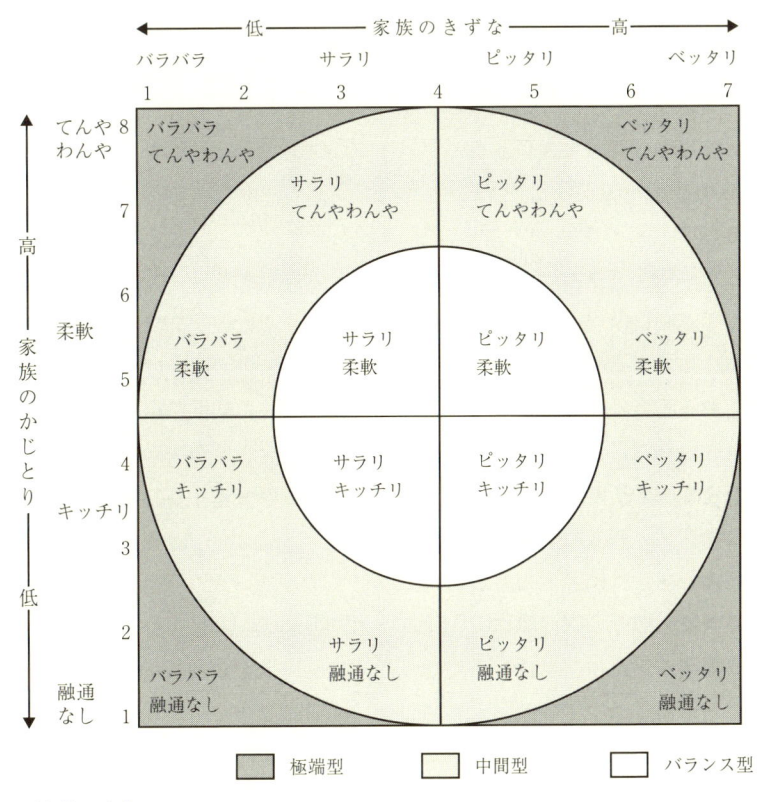

(出典) 立木, 2015b.

図10-1 健康な家族システムとは？──家族システム円環モデル──

発達的ストレスに応じて家族システムの権力構造や役割関係，関係規範を変化させる能力」と定義される。この概念の根底には形態維持（morphostasis）と形態変容（morphogenesis）という対概念があり，システムの正と負のフィードバックとも密接に関連している。負のフィードバックでは逸脱や誤差を発見すると，それを極力少なくし，逸脱に対抗してシステムを保守するような制御（逸脱補正）を行う。正のフィードバックでは，これとは逆に，逸脱や誤差を発見するとむしろそれらを奨励し，逸脱をより増幅させるように働く（Maruyama, 1963; Buckly, 1967）。健康な家族システムは，かじとりの次元のまん中の段階

第10章 災害と家族　163

（キッチリ・柔軟）に位置する。こうした家族は，形態維持と形態変容の間のバランスが保たれている。コミュニケーションが円滑で，リーダーシップが民主的であり，うまく交渉を進められるような家族である。正負のフィードバックは，状況に応じて適度に切り替わり，役割の共有や新しい役割の創設も必要に応じて可能である。また，きまりは明快に示されている。非機能的な家族システムは，これらが何らかの形で極端である。かじとりが低すぎると「融通なし」となり変化に適応できない。逆にかじとりが高すぎても「てんやわんや」となって，問題解決のための役割行動が遂行されない。

きずなとかじとりという2つの独立した次元が作る空間上で，家族システムの機能度を診断評価するのが円環モデルである。この空間の中央部に布置された家族はそれだけ健康であると考えられる。逆に，きずな・かじとりが極端で，空間の辺縁部に置かれた家族には問題が生じやすいと考える。極端型の家族タイプが，図の辺縁部に円環 (Circumplex) 上に布置されることから，「円環モデル」という名づけに至ったと思われる。

オルソンらの円環モデルに基づき，筆者は1986年以来，独自の尺度を用いながら円環モデルの妥当性を検討してきており，日本社会・文化独自の視点を組み込みながら，円環モデルの裏づけとなる家族システム評価尺度 (FACESKG, Family Adaptability and Cohesion Evaluation Scales developed at Kwansei Gakuin) の開発を行ってきている。詳しくは，立木 (2015b) を参照されたい。また，最新の家族システム評価尺度の第4版 (FACESKG IV) は，立木研究室のホームページから入手できる (http://www.tatsuki.org/)。

2.2 家族システムと個人の意識・態度

家族システム論の第1の特徴は，家族成員個々の心の安定や成長，回復という臨床的な問題を，家族内相互作用の文脈からとらえ直すことである。それに対して第2の特徴は，個人をより大きな社会システムに結びつける有力な装置として家族システムをとらえる点にある。個人が起こす社会的な活動も家族のつながりに根があり，その根が豊かに広がってこそ，多様な社会関係の実が結ぶ。

社会に関する古典的な考察としてはルソーのものが挙げられる。ルソーによ

ると，市民社会における家族像の本質は「あらゆる社会の中で最も古く，またただ1つ自然なもの」である家族が，子どもの社会化の後も「相変わらず結合している（のは，家族関係が）自然だからではなく……（成員の）意思にもとづいてで（あり）……家族そのものも約束によってのみ維持されている」（ルソー，1762/1954, p. 16）ことである。1人ひとりが「自分にしか服従しない」（ルソー，1762/1954, p. 29）という意味で自律した成員が自らの意思により，約束を通じて結合あるいは連帯する市民社会の基礎的な単位が，家族なのである。

こうした考察は，社会における家族システムを実証的に考える際にも役立つ。家族システムと個人の意識や指標に関しては，さまざまな指標が考えられる。そのうち，市民性（自律・連帯），一般的信頼，ジェンダー意識についてのデータを示す。兵庫県三田市からの委託を受けて1999年12月に実施した，新三田市男女共同参画計画の指針づくりのための市民意識調査では，自律と連帯に根ざした市民社会の発酵装置としての家族システムという視点を組み込んだ。この調査では，三田市在住の20歳以上男女2,000名を，住民基本台帳に基づいて無作為に抽出して調査用紙を郵送し，1,060名から有効回答（有効回答率53.0％）を得た（三田市，2000）。

三田市調査では，個人が地域社会と関わるときの市民的態度に注目し，家族システムとの関係を調べた。他人をどの程度信頼できると思うか（社会的信頼度）（山岸，1998），社会生活における自律と連帯の意識（市民性）（Tatsuki & Hayashi, 2000），「男は仕事，女は家庭」といった固定的な性役割観からどの程度自由であるか（ジェンダーフリー度）（伊藤・江原・川浦，1996）などは，他者に対する信頼，個の確立と協力関係の形成，対等性といった市民社会の基本構成要素（Putnam, 1993）に対する個人の態度を測るものである。これらの態度の醸成に家族システムがどのような影響を与えているのかを検討した。家族システムの評価にはFACESKG Ⅳ-8（立木，2015b）を用いており，「極めて低い」・「低い」・「高い」・「極めて高い」からなるきずな・かじとりのそれぞれの水準に対応する4段階のサーストン尺度項目から1項目だけを選択する設問が8問並ぶ形式になっている。きずな（問4）とかじとり（問1）について，市民的態度への影響をみたのが，それぞれ図10-2・図10-3（社会的信頼），図10-4・図10-5（市民性），および図10-6・図10-7（ジェンダー・フリー度）である。

第10章　災害と家族　165

図10-2 きずなと社会的信頼

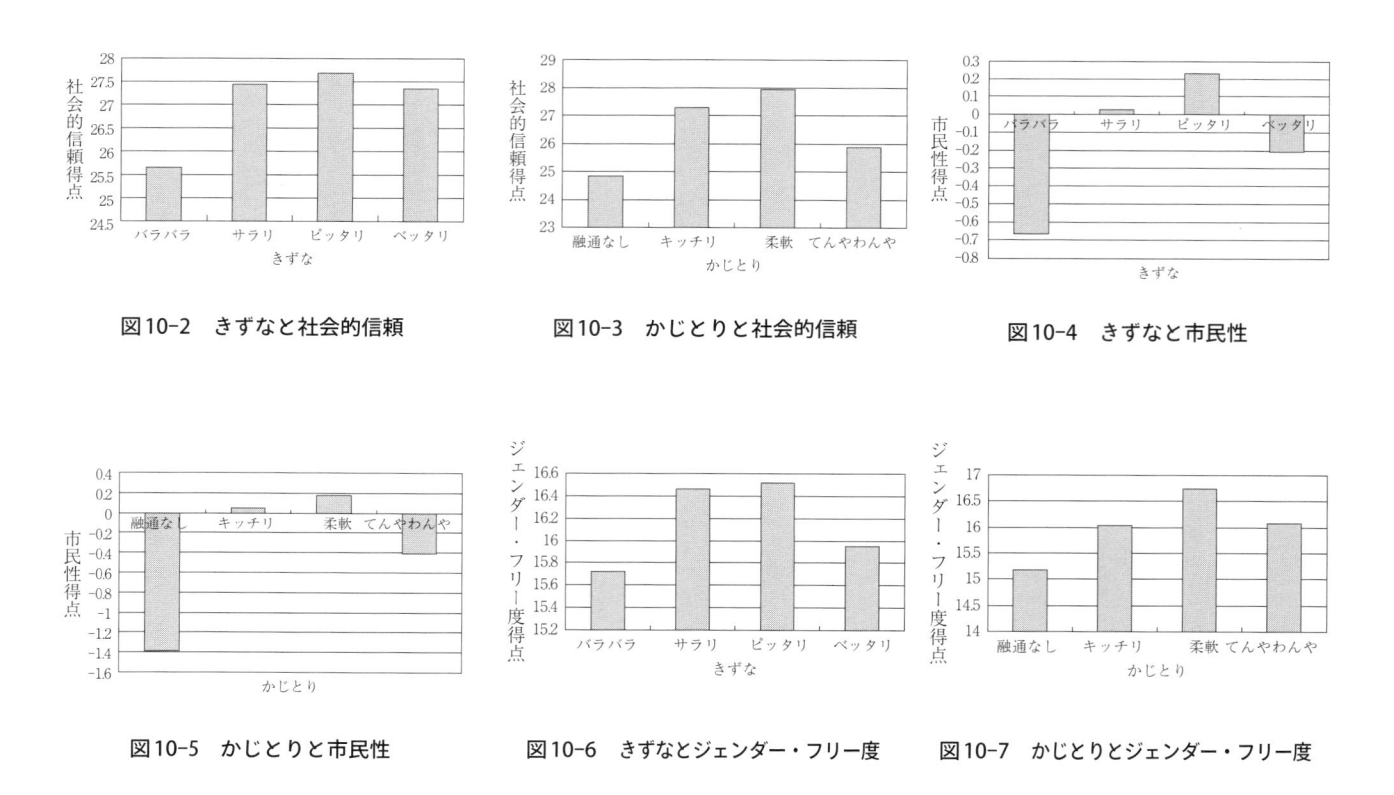

図10-3 かじとりと社会的信頼

図10-4 きずなと市民性

図10-5 かじとりと市民性

図10-6 きずなとジェンダー・フリー度

図10-7 かじとりとジェンダー・フリー度

社会的信頼とは，個人が身内以外の人間に対してどの程度信頼する気持ちを持つかを意味し，高信頼者ほど多様な人々と人間関係のネットワークを結び，より多くの情報や資源の交換を効率的に行うことが知られている。高信頼者が多数派を占める社会では，犯罪率が低く，子どもを育む力が高く，行政の遂行能力も高い (Putnam, 2000)。いわば市民社会の基礎的な資産が高信頼者なのだが，高信頼者の出自は中庸でバランスの取れたきずな・かじとりの家族システムにあることが明らかになった (それぞれ図10-2, 図10-3)。

　市民性尺度は，ルソーの言うような「自分にしか服従しない」という意味で1人ひとりがどの程度自律し，また社会契約を通じた連帯をどれほど志向するかを調べるものである。市民性尺度は，本章第3.1項および第11章で詳述する兵庫県生活復興調査のためにもともと作成されたもので，阪神・淡路大震災被災者の間では，震災前と比べて震災後では自律・連帯の意識が高まったことが確認されている。これは，大震災という未曾有の出来事を前にして，自律・連帯意識が社会生活を営む上でいかに大切かを多数の市民が実感したためであると考えられた (Tatsuki & Hayashi, 2000)。震災を直接体験していない三田市民の間でも市民性の高い人々が今回の調査で確認されたが，そのような自律・連帯志向市民の出自はやはり中庸なきずな・かじとりの家族システムにあった (それぞれ図10-4, 図10-5)。

　政治的な対等性について，最も身近なジェンダーの視点から問うのがジェンダー・フリー度尺度である。国連は1994年の国際家族年に「家族から始まる小さな民主主義」という標語を掲げたが，男女間の平等こそ市民社会の達成度を見る重要な指標である。三田市調査は，まさにジェンダーにおける対等性意識も中庸なきずな・かじとりの家族システムから生まれることを実証するものであった。

　家族システム論の第2の視点は，個人を市民社会に効果的に結びつける装置としてとらえる点である。1999年に実施した三田市調査の結果は，この第2の視点の有効性を実証するものであった。中庸でバランスの取れた家族システムは個人の心理社会的な発達をうながすだけではなく，民主的で効率の高い市民社会を形成する上での基本的な発酵装置の働きも併せて担っていたのである。

3．震災後の心身ストレス・復興感と家族のきずな・かじとりの関係

3.1 1999年兵庫県生活復興調査

　兵庫県は京都大学防災研究所に委託して、1995年の阪神・淡路大震災から4年を経過した時点で、被災者の居住地の変化と暮らしの実情に関する社会調査を実施した。林春男京都大学教授（当時）をリーダーとする調査研究班に筆者も参加し、被災後の家族関係の状態やその変化が震災4年後における被災者のストレスや生活復興に与える影響について検討した（兵庫県, 1999; Tatsuki & Hayashi, 2000）。調査対象は、(1)震災時に兵庫県南部地震震度7地域もしくは都市ガス供給停止地域に在住していた世帯主で、住民台帳を基に確率比例抽出した2,500名と、(2)兵庫県が送付する県外在住の被災者向け広報紙「ひょうご便り」読者名簿から無作為抽出した県外在住者800名、合わせて計3,300名である。有効回答は県内在住者623名（有効回答率24.9％）、「ひょうご便り」読者292名（有効回答率36.5％）である。調査期間は1999年3月中であった。

　生活復興感については**表10-1**の項目に加え、1年後の自分の生活の見通し（1. かなり良くなる〜5. かなり悪くなる）を尋ねている。また、心身ストレス尺度の質問項目は**表10-2**の通りである。

　1999年の兵庫県生活復興調査ではFACESKG Ⅳ-16を利用し、1995年1月の震災から2〜4日後、2カ月後、半年後における家族関係のあり方（本書171-172ページ、**図10-8**から**図10-13**はきずな、**図10-14**から**図10-19**はかじとり）が、1999年3月の調査時点における心身のストレス症状や震災からの生活復興度とどのように関係しているのかを調べた。いずれの図でも縦軸はストレス度や生活復興度を、横軸はFACESKG Ⅳ-16の得点を基に家族のきずな・かじとりを「極めて高い」から「極めて低い」の4水準で示している。これを見ると震災直後（2〜4日目）における緊急対応的な家族関係が、2カ月、そして半年と時間が経つにつれて日常的な家族関係に戻っていった様を観察される。

　家族のきずなについては、震災直後にはきずなが高めで、成員間の物理的・心理的距離が近く緊密化・一体化するほど調査時点でのストレスが低く（**図10-8**）、生活復興度も高い（**図10-11**）傾向が見られた。しかし2カ月後・半年後とその傾向は低減し、半年後では成員個々の自立性や個別性への配慮が戻り、

表10-1　生活復興感尺度項目

問30.
あなたは，現在（平成15年1月）の生活を，震災前の生活と比べてどのように感じておられますか．
以下のそれぞれの質問を読み，あてはまる番号に○をつけてください．

あなたは，震災前と比べて，

	1 かなり減った	2 少し減った	3 変わらない	4 少し増えた	5 かなり増えた
① 忙しく活動的な生活を送ることは，	1	2	3	4	5
② 自分のしていることに生きがいを感じることは，	1	2	3	4	5
③ まわりの人びととうまくつきあっていくことは，	1	2	3	4	5
④ 日常生活を楽しく送ることは，	1	2	3	4	5
⑤ 自分の将来は明るいと感じることは，	1	2	3	4	5
⑥ 元気ではつらつとしていることは，	1	2	3	4	5
⑦ 家で過ごす時間は，	1	2	3	4	5
⑧ 仕事の量は，	1	2	3	4	5

問33.
あなたは，現在（平成15年1月），つぎにあげたことがらについて，どの程度満足されていますか．
それぞれの質問を読み，あてはまる番号に○をつけてください．

以下のことについてのあなたの満足度は

	1 たいへん不満である	2 やや不満である	3 どちらでもない	4 やや満足している	5 たいへん満足している
① 毎日のくらしに，	1	2	3	4	5
② ご自分の健康に，	1	2	3	4	5
③ 今の人間関係に，	1	2	3	4	5
④ 今の家計の状態に，	1	2	3	4	5
⑤ 今の家庭生活に，	1	2	3	4	5
⑥ ご自分の仕事に，	1	2	3	4	5

　家族への一体感と同時に成員個々の個別性の尊重にもバランスよい配慮がされているほどストレス度が下がり（図10-10），生活復興度が高い（図10-13）ことが明らかになった．

　一方かじとりについては，震災直後はかじとりが低めで，家族リーダー主導型の明快なリーダーシップ構造であるほどストレスが低く（図10-14），現在の生活復興度が高い（図10-17）傾向が見られた．しかし2カ月後・半年後になると，成員個々の意思を尊重するより民主的でバランスの取れたリーダーシップ

第10章　災害と家族　169

表10-2 心身ストレス尺度項目

問31.
あなたは，最近1カ月の間（平成14年12月～平成15年1月）に，つぎにあげた「こころやからだの状態」を，どのくらい体験しましたか。以下のそれぞれの質問を読み，あてはまる番号に○をつけてください。

以下のようなこころやからだの状態が，	1 まったくない	2 まれにあった	3 たまにあった	4 たびたびあった	5 いつもあった
① 気持ちが落ち着かない	1	2	3	4	5
② 寂しい気持ちになる	1	2	3	4	5
③ 気分が沈む	1	2	3	4	5
④ 次々とよくないことを考える	1	2	3	4	5
⑤ 集中できない	1	2	3	4	5
⑥ 何をするのもおっくうだ	1	2	3	4	5
⑦ 動悸（どうき）がする	1	2	3	4	5
⑧ 息切れがする	1	2	3	4	5
⑨ 頭痛，頭が重い	1	2	3	4	5
⑩ 胸がしめつけられるような痛みがある	1	2	3	4	5
⑪ めまいがする	1	2	3	4	5
⑫ のどがかわく	1	2	3	4	5

スタイルであるほどストレスが下がり（図10-16），生活復興度が高い（図10-19）ことが分かった。

　震災直後のようにライフラインが寸断され，通常の社会的交換活動が困難な場合には，血縁などの家族内成員の持つネットワークを通じて人的・物的資源を入手する方が効果的・効率的であった。しかし，交通・運輸サービスが復旧し，通常の経済活動が再開した半年後では，さまざまな2次集団と「弱い紐帯」（Granovetter, 1973）を幅広く横断的に維持できる中庸な家族関係の方が「機会費用」（山岸, 1998）が低下したという解釈が，この結果から成り立つかもしれない（Tatsuki & Hayashi, 2000）。この点については，次項でさらに考察を深めよう。

3.2　災害時の家族システムと「信頼の解き放ち理論」

　山岸の「信頼の解き放ち理論」によれば，広く他人を信頼するのか，特定の人とだけ安心できるコミットメント関係を結ぶのかは，当事者が置かれた交換

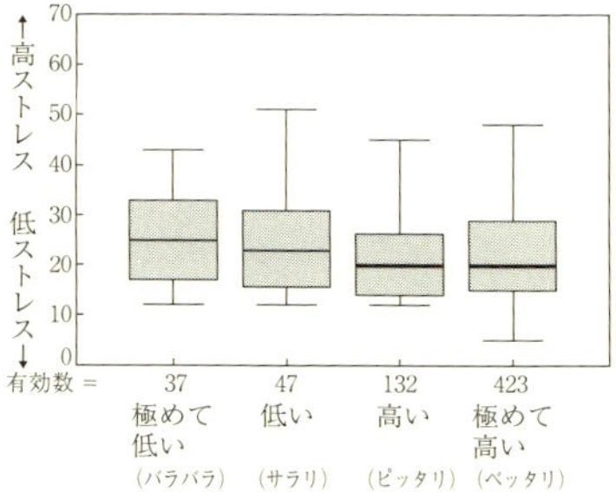

図10-8 震災から2〜4日後の家族のきずなと現在のストレス度

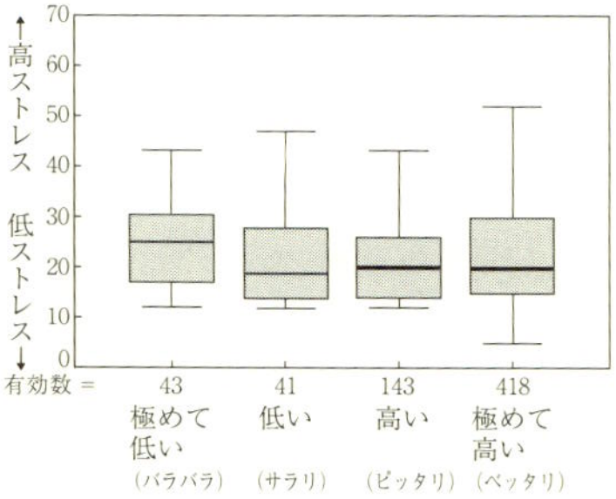

図10-9 震災から2カ月後の家族のきずなと現在のストレス度

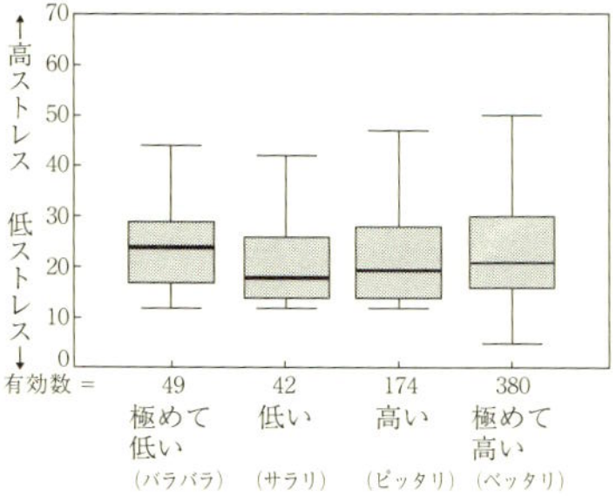

図10-10 震災から6カ月後の家族のきずなと現在のストレス度

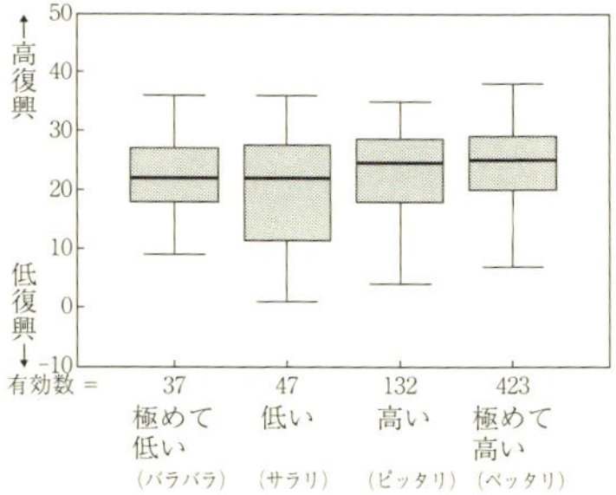

図10-11 震災から2〜4日後の家族のきずなと現在の生活復興度

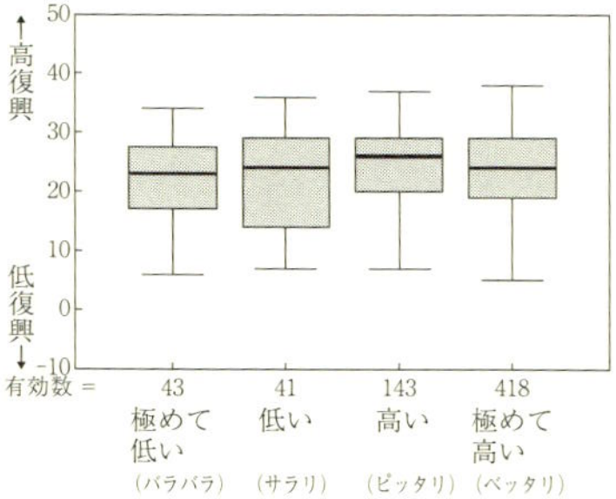

図10-12 震災から2カ月後の家族のきずなと現在の生活復興度

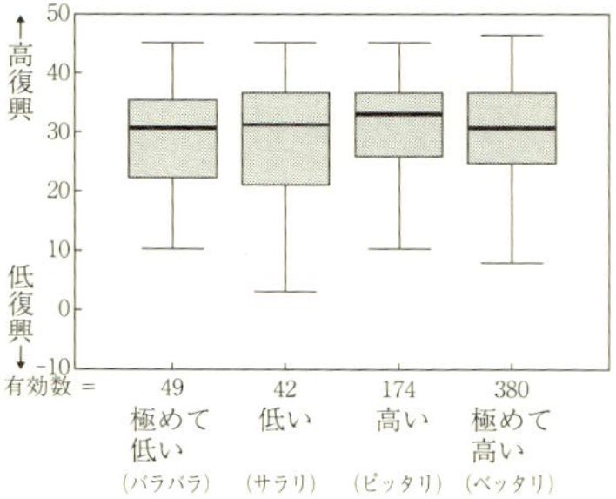

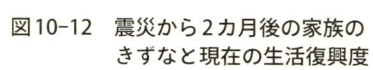

図10-13 震災から6カ月後の家族のきずなと現在の生活復興度

第10章　災害と家族　171

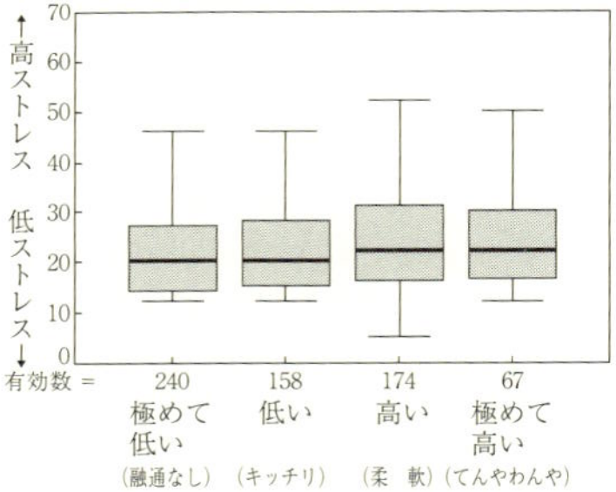

図10-14 震災から2〜4日後の家族のかじとりと現在のストレス度

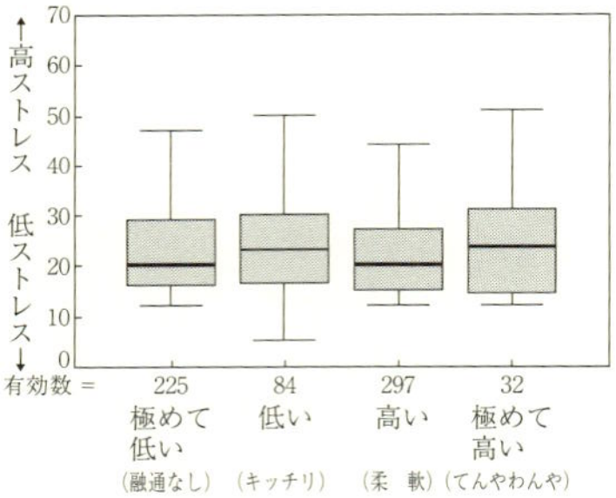

図10-15 震災から2カ月後の家族のかじとりと現在のストレス度

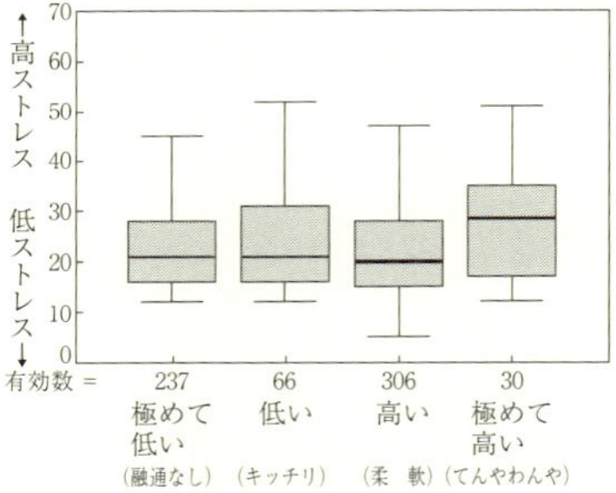

図10-16 震災から6カ月後の家族のかじとりと現在のストレス度

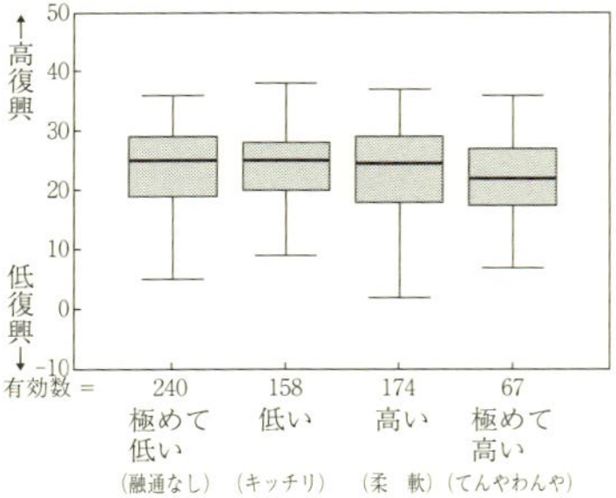

図10-17 震災から2〜4日後の家族のかじとりと現在の生活復興度

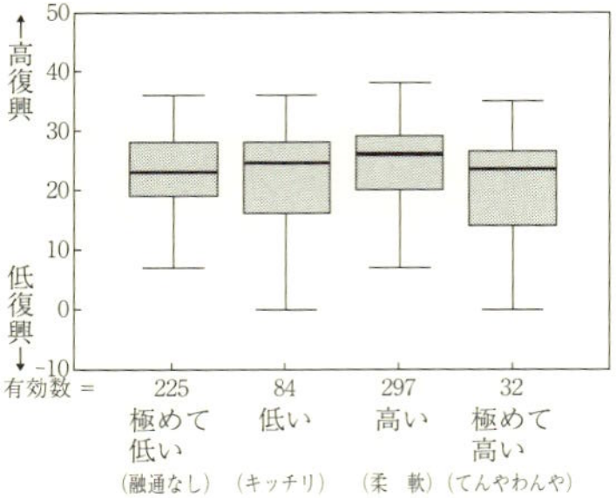

図10-18 震災から2カ月後の家族のかじとりと現在の生活復興度

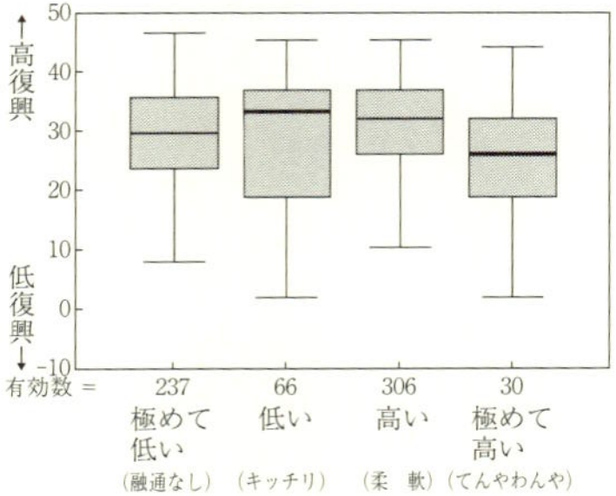

図10-19 震災から6カ月後の家族のかじとりと現在の生活復興度

関係の状況や構造によって左右される。

　相手が確実な品物を提供してくれるかどうか，その不確実性を低減させるためには，2つの方法が使われる。1つは信頼によるもの，もう1つはコミットメント関係によるものである。信頼の場合は，相手が信頼に足るかどうか調べるための取引費用がかかり，コミット関係の場合は，コミットすることによる機会費用が生まれる。あるブランドAで買ったシャツと同じものが安売り店では5分の1の価格で売られているならば，ブランドAにコミットすることで，品質については安心ができても，支払った価格の5分の4に相当する分を損していることになる。これが機会費用である。一方，あるブランドAのシャツを，電車に乗って直接店まで足を運ぶか，ネット通販で購入するかを検討する場合を考えてみよう。店頭では手に取って商品の品質やサイズをチェックできるが，ネット商店ではそれがかなわない。けれども，そのネット商店が大手のeコマースサイトの中であれば，それを信用して手間のかからないネット商店で買い物をするかもしれない。ここで商品購入の決め手となったのは取引にどれだけの手間がかかるか，すなわち取引費用の安さである。このように，不確実性を低減させるための費用には，取引費用と機会費用の2種があるというのが前提である。

　山岸は東南アジアのゴムと米の取引の事例を例に挙げている。生ゴムの原料は，製品化されるまで不純物の混入が分からず，品質が不確定であるため，粗悪品を売りつけられる可能性がある。ならば，特定の生産者や仲買人との間で，その子や孫の代にまでわたる長期的なコミットメント関係を継続した方が有利である。不確実性低減による利益（コミットメントによる利益）の方が，安い生産者から品質の低いものを売られるかもしれないという不確実性への対策の費用，すなわち取引費用よりも大きいことによる。一方，米の場合は，その場で見れば品質が分かるため，市場の中で，一番よい条件で取引できる取引相手を見つける方が有利になる。市場を通して不特定の相手同士で取引をすれば，一番安く，品質の良い米を入手できる。こうした場合はコミットメント関係ではなく，市場を通じた不特定の一般的な他者への信頼による取引の方が合理的である。市場を維持するのに必要な取引に関わる費用，品質が良いかどうかを検討するための取引費用は高くない。したがって，ゴムの場合とは違い，不特定多数の

他者への信頼によって得られる利益の方が取引費用よりも大きくなるので、信頼による取引が成立する。

　他者と関わるときにこの機会費用と取引費用の概念を使うと、家族システムの震災後の変化も説明できる。震災直後の2, 3日は、ライフラインも止まり、通信も交通も遮断されている。ある家族に、マキさんという娘がいるとする。マキさんは震災で不安なときに、彼氏に会って慰めてもらいたい。ところが、彼氏に会いに行くには2, 3日歩かなければならない。心配や不安感、見通しのなさという不確実性は非常に大きく、自分のストレスを和らげたい気持ちはあるが、親友や彼氏に会いに行く取引費用は莫大である。一方、家族関係へのコミットメント——親友や彼氏の代わりに父に慰めてもらうこと——による機会費用は低い。だから、震災直後は家族関係にコミットすることは、理にかなっていた。この状況を生み出した原因は、ライフラインや通信・交通の途絶という、家族の外の状態にある。つまり、震災直後には、家族の外の状態が家族関係を規定していたと言える。その中にあって被災家族は、家族関係へのコミットメントをすることで、社会的な不確実性を低減させていたのである（図10-8、図10-11、図10-14、図10-17）。本章冒頭で引いた被災者の手記に登場する、父親の胸に抱かれて眠る女子大生が、まさにこの例に当てはまる。

　半年後になると流通やライフライン、通信、交通も戻る。この時点で機能的な家族の場合には家族システムは円環モデルで言うところの中庸な状態に戻っている。不安感を覚えたらすぐに友人や彼氏に会いに行ける状態に戻っており、この場合に父に慰めてもらうと機会費用が跳ね上がる——もっと他に慰めてもらえる人がいるのに父とベッタリだと損をする——からである。しかも、そのために発生する取引費用——恋人に会いに行くための労力——は、震災直後とは違って小さい。つまり、交通や流通、通信が戻り、家族外の環境条件が改善することで、家族の外から（例えば恋人とのデート）も中から（例えば父からのお小遣い）も適度に必要なものが手に入れられる中庸な家族関係の方が合理的となっていたのである。

　こうして山岸の機会費用や取引費用という概念を用いて分析すると、どういう家族関係が最適だったのかは、家族システムそれ自体ではなく、その時々の外部環境条件が規定していたことが分かる。

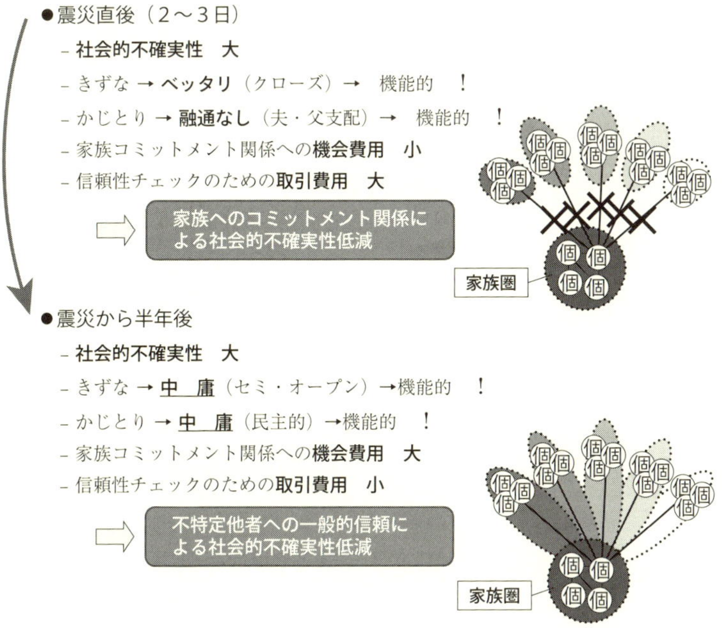

- ●震災直後（2〜3日）
  - 社会的不確実性　大
  - きずな → **ベッタリ**（クローズ）→　機能的　！
  - かじとり → **融通なし**（夫・父支配）→　機能的　！
  - 家族コミットメント関係への**機会費用**　小
  - 信頼性チェックのための**取引費用**　大

  ⇒ 家族へのコミットメント関係による社会的不確実性低減

- ●震災から半年後
  - 社会的不確実性　大
  - きずな → **中　庸**（セミ・オープン）→機能的　！
  - かじとり → **中　庸**（民主的）→機能的　！
  - 家族コミットメント関係への**機会費用**　大
  - 信頼性チェックのための**取引費用**　小

  ⇒ 不特定他者への一般的信頼による社会的不確実性低減

図10-20　震災後の家族システムの変化

3.3　まとめ

　以上をまとめると，震災直後は高コミット関係のベッタリ・融通なしの水準であった家族の方が調査時点でのストレスが低く，生活復興度が高かった。半年後はきずなもかじとりも中庸な関係の家族の方が調査時点でのストレスが低く，生活復興度が高かった（**図10-14**，**図10-17**）。これは，家族員が必要とする資源の流通が家族を取り巻く社会環境の性質に左右されていたからだと説明すればうまく理解できる。つまり，市場が機能しない状態では特定個人との顔の見えるコミットメント関係が不確実を低減させた。一方，半年後には取引相手の信頼性をチェックする市場機能が回復していたので取引費用は下がり，逆にコミットメント関係の機会費用は上がったために，家族内外から資源が調達できる中庸な，**図10-20**の下部のような家族と社会との関係に戻った家族の方が適応力が高かったのである。

第10章　災害と家族　　175

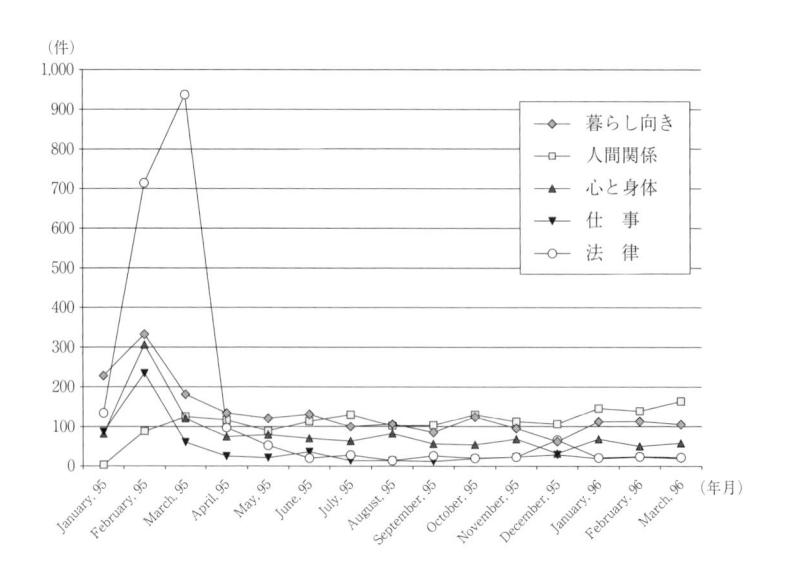

図10-21　兵庫県立女性センターの相談内容の推移

　兵庫県立女性センターでの被災者相談において，震災から半年後の1995年6月には人間関係についてが相談内容のトップになった（**図10-21**）（Tatsuki & Hayashi, 2000）。震災から半年以内では法律や暮らし向き，心身問題，仕事についての相談が上位だった。しかし，ちょうど半年経った時点で人間関係の相談がトップになった。これは，震災直後と半年後における家族システムのあり方の違いとちょうどパラレルな関係になっている。すなわち，震災時点と半年後における適応的な家族システムの類型が，外部環境要因によって左右されていたことの傍証ともなる。同様の現象は本書第5章での阪神・淡路大震災後の神戸市のマクロな統計を用いた復興のパターンでも見られた。離婚数は震災直後に落ち込むが，ある時期からは通常の水準に戻るパターンを示したと紹介した。直後の離婚数の落ち込みは，まさにコミットメント関係への機会費用が低減することによって，また通常の水準に離婚数が回復するのは社会のフローの回復による取引費用の低減によって説明が可能かもしれない。
　家族システムの機能度は，きずな・かじとりのそれぞれでバランスが取れているときに最適になり，逆にきずなもかじとりも極端な場合問題が生じやすい。

ただ，バランスの取れた家族でも，常に中庸な段階にあるとは限らず，震災直後のような状況的ストレスが極端に高い場合には，それに応じて一時的に家族関係を極端状態に近づけることもできる。以上のような円環モデルのカーブリニア仮説は，FACESKG Ⅳ-16 を用いた兵庫県調査によって実証的に支持されたのだった (Tatsuki & Hayashi, 2000)。

第11章

災害とコミュニティ (1)

―― 阪神・淡路大震災

1. 社会調査から見る被災者の生活再建過程

1.1 社会調査による生活再建過程のモニタリング

　本書第5章冒頭で10時間から10万時間に至る災害過程を振り返ったが，それを支える1つの知見が，社会調査から導き出されている。震災が1995年に起き，4年後の1999年から本格的な生活復興過程に関する社会調査が被災地でなされた。これから見るのは2001年，2003年，2005年と行われた兵庫県生活復興調査の結果の一部である。生活の再建や復興には本当に10^3時間，10^4時間，10^5時間もかかるのか，その裏づけになるものだ。

　2001年・2003年・2005年の兵庫県復興調査では，被災地のうち震度7，つまり住宅が3割以上倒壊した地域，また都市ガスの供給が長期的に停止した――いわゆる震度7の帯の――地域から，330地点を選び出した。各地点から住民基本台帳を基に，10人ずつ住所をピックアップし，合計で3,300票の郵送調査を行った。対象者はすべて，調査時点で誕生日が一番近い20歳以上の被災者である。調査実施期間はそれぞれの年の1月中旬から2月初旬にかけてであった。

1.2 復興カレンダー（2005年調査）

　まず，震災から10年目に当たる2005年の復興調査について述べる（木村他, 2006）。この調査では，調査項目の中に復興カレンダーというものが入れ込まれていた。復興カレンダーとは，兵庫県生活復興調査チームのメンバーで木村

玲欧氏（現兵庫県立大学准教授）が担当したもので，1人ひとりの被災者に生活のいくつかの主要な領域の活動（仕事や学校など）が「もとに戻ったのはいつごろか」といった質問をし，その時期を記入してもらうものだった。**図11-1**では，時間軸が被災時点から10^1時間，10^2時間，10^3時間……となっている。調査時点が震災から10年後なので，ほぼ10^5時間までの時間軸である。縦軸は各質問に対して「もとに戻った」と答えた人の累積の割合である。注目したのは，半数の人が「戻った」と答えるまでにどのくらいの時間がかかったか，だった。

まず，①「仕事／学校がもとに戻った」について，半数が「そうだ」と答えたのは10^3時間だった。これは応急復旧が済み，ライフラインや流通が戻り，交通も応急的な対応ができるようになった時期，つまり通勤・通学が可能になった時期である（第4章「4.災害過程」参照）。それまでは家から西宮北口駅まで長距離を歩いて阪急電車に乗っていたとか，バスに乗ってリュックサックを背負って出勤していた人々が，最寄りの駅が復旧して普通に通勤や通学ができるようになり，リュックサックを背負わなくてよくなった，首にタオルを巻いて出かけなくてもよく感じられるようになった。女性はハイヒールで出勤するようになった。これらが10^3時間から始まっていた。

②「住まいの問題の解決」，③「家計への震災の影響」，④「毎日の生活が落ち着いた」，⑤「自分が被災者だと意識しなくなった」の4項目については，基本的に10^4時間（1年強）の前後で，ほぼ半数が問題の解決を見たと答えていた。

最後の⑥「地域経済が震災の影響を脱した」については，半数がそうだと答えるまでに10^5時間かかっている。およそ10年である。みんなが早い復興を願った結果，第5章前半でも見たが，16.3兆円の復興費用の3分の1が初年度に投下され，短期集中型の復興需要の受け皿となった県外の事業者に利益が流失し，結果的に地域内で資金が循環しなかった。このため，半分の人が「地域経済が戻った」と答えられるようになるのでさえ，10年もの月日を要したのである。

被災してから生活が元に戻るまでには時間の節目があり，それは西宮エスノグラフィー調査がモデル化したように10の累乗の時間間隔で刻まれていた。通勤や通学は10^3時間，住まい・家計・生活・意識が落ち着くのは10^4時間，

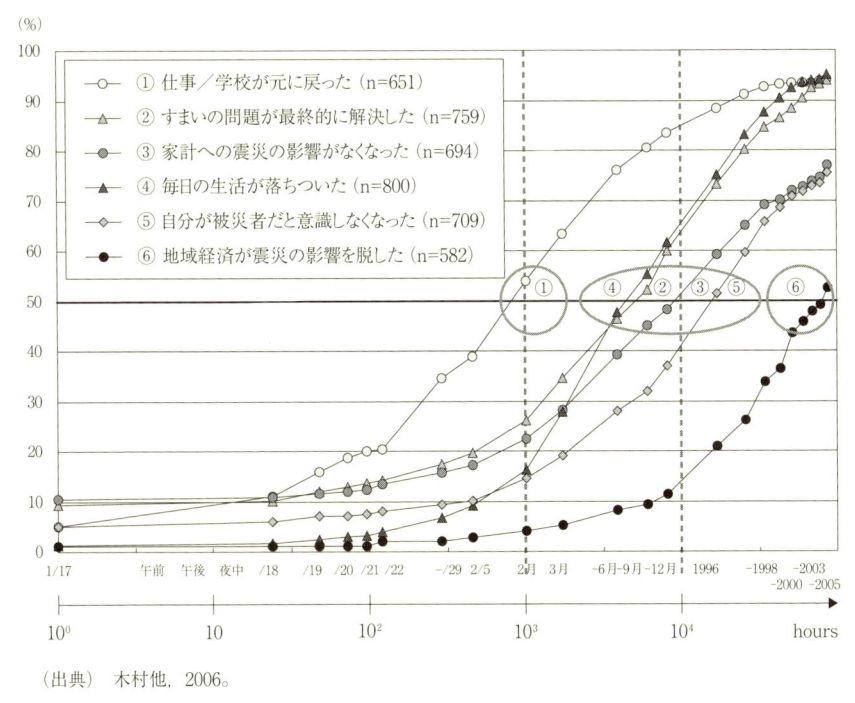

図11-1　復興カレンダー（2005年）

（出典）　木村他，2006。

地域経済の回復については半数が実感できるまでに10^5時間かかったということが，三角測量的な社会調査から実証的に確認されたわけである。これは世界で類を見ない発見であった。

1.3　被害の程度による復興カレンダーの差異

　2005年の調査項目，⑤「自分が被災者だと意識しなくなった」は，対象者のうち709人の回答である。しかし，この709人は，非常に大きな被害を受けた人から，被害を受けなかった人までの合算である。この点で2003年生活復興調査は，被害の程度をより細かく分けて生活復興過程を比較している（図11-2）。復興カーブ（累積曲線）の⑤は無被害だった人を表している。このグループは10^3時間の前，ライフラインの復旧くらいまでで，過半数が「もはや自分は被災者ではない」と答えていた。④のカーブは住宅が一部損壊した人たち，

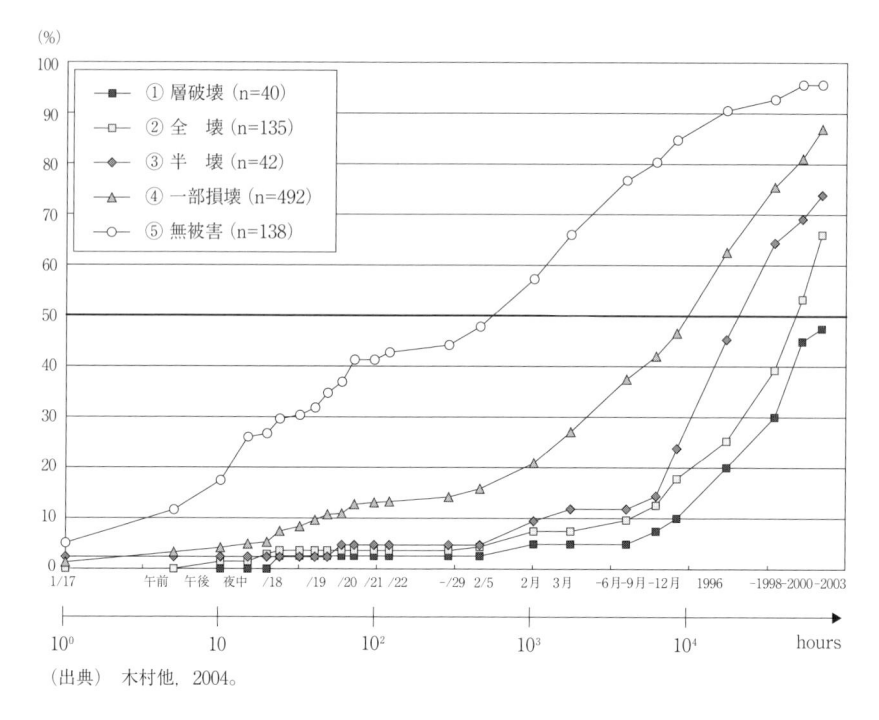

図11-2 復興カレンダー（2003年）

住宅が使えなくなるほどの大きな被害ではないが，それでも被害があり，手直しするまでに業者の手配などが必要だった人たちだ。このグループの半数が「もはや自分は被災者ではない」と思えるようになるのは10^4時間以内だった。これに対して③のカーブは自宅が半壊した人だが，過半数が「自分は被災者ではない」と思えるようになるまでには10^4時間以上かかっている。②のカーブは住宅が全壊した人々の復興過程を示しているが5年（$10^{4.5}$時間）以上の時間が必要だった。最後の①のカーブは住宅が層破壊した人々だが，これは住宅全壊のうちでも最も厳しいカテゴリであり，まるでパンケーキを重ねたように住宅が押しつぶされるものである。1階には生き残れる空間が残らないので，1階に人がいたらかなりの確率で人的被害が発生している。この①層破壊を経験したグループの過半数が「もはや自分は被災者ではない」と思えるようになるまで，10年という時間ではとうてい足りない。少なくとも，2003年の時点では，

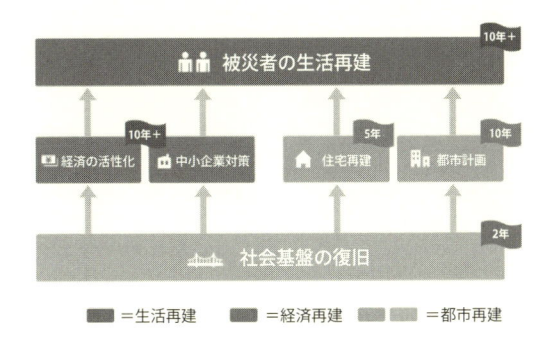

(出典) 神戸市「阪神・淡路大震災の概要及び復興」平成23年1月。
「復興の教科書」(www.fukko.org)。

図11-3　阪神・淡路大震災における復興事業の基本構造

半数以下の人しか「もはや自分は被災者ではない」と思えなかった。

復興過程は全体として見ると10^5時間までなのだが，個々の生活の復興を考えると，被害の程度によってもっともっと時間がかかる場合もあるのである。

1.4　阪神・淡路大震災における復興事業の基本構造

そもそも復興にはなぜ10^5時間程度かかるのか。Webサイト「復興の教科書」(http://fukko.org/)からの引用図 (図11-3) は，これを説明する1つのモデルとなるものである。被災者の目から見たとき，生活を元に戻すことが第1と考えるだろう。阪神・淡路大震災でも，「生活の再建」という言葉が生まれた。しかし，被災者の生活再建を支えるものは，3層構造になっており，図はこのことを示している。

被災者の生活再建が成り立つためには，阪神・淡路大震災の初年度に資金が大量投下された，社会基盤の復旧がやはり必要である。社会基盤の復旧があって初めて，2番目の層にある経済の活性化や中小企業対策，住宅再建や都市計画が可能になる。最上部の層が被災者の生活再建だが，それは社会基盤の復旧や経済・住宅・都市計画が前提になって初めて成り立つ，という構造になっている。阪神・淡路大震災の場合，それぞれにどの程度の時間がかかったのかを見ると，社会基盤の復旧にはほぼ2年，住宅再建には5年である。これは東日

本大震災の被災地でもほぼ同じである。都市計画は場所によって10年を要した。経済活性化や中小企業対策については，本節の復興カレンダーでも見た通り，10年でも半数の人しか元に戻ったと答えていない。つまり，実際には10年以上の時間がかかる。阪神・淡路大震災から21年が経過した本章執筆の時点でも，第5章に示したように被災地の経済は全国と比べて遅れをとったままである。生活再建は，社会基盤，経済，住宅・都市という2層を踏まえたものであるから，それ以上に時間がかかるのである。

2．生活再建とは何か

2.1 被災者の生活復興感と生活再建

兵庫県生活復興調査では，1999年にプレ調査（予備調査），2001年・2003年・2005年に本調査を行い，被災者の生活再建過程が明らかになってきた。ここでは生活復興感を指標化した計量的な検討を行っている。つまり「もはや自分が被災者でない」と思える程度を14の項目の尺度を用いて点数化している。14項目は3種類の下位尺度からなっていた。1つは生活再適応感であり，震災前と比較して質問項目に当てはまる度合いがどの程度増減したのかを尋ねたものである（図11-4）。点数が多いほど生活への再適応が進んでいることになるので，7つの問への回答を足し合わせた合計点を再適応感として得点化した。もう1つの視点は生活満足感である（図11-5）。現在の暮らしについての満足感を，健康や人間関係，家計，家庭生活，仕事などの6項目の回答を基に点数化した。3点目は1年後の見通しであり，「1年後は今よりも生活がよくなっていると思うこと」について，「かなり減った」から「かなり増えた」まで5段階の回答を設けた。最終的に3下位尺度の得点を合計し，1人ひとりの生活復興感得点とした。

社会調査では，何が原因となり，どんな結果をもたらすのかという因果関係を仮説化した調査枠組みの設計が重要である。これらの一連の調査では，結果に当たるものが生活復興感であり，調査の目的は，生活復興感を左右する要因が何かを探るものであった。

神戸市は当初，復興の期間を10年と見積もり，国への予算要求に間に合わ

震災前と比べて，

① 仕事の量は，
② 忙しく活動的な生活を送ることは，
③ 自分のしていることに生きがいを感じることは，
④ まわりの人びととうまくつきあっていくことは，
⑤ 日常生活を楽しく送ることは，
⑥ 自分の将来は明るいと感じることは，
⑦ 元気ではつらつとしていることは，

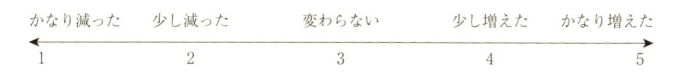

```
かなり減った   少し減った   変わらない   少し増えた   かなり増えた
    1            2           3           4           5
```

図11-4　生活再適応感

以下のことについて，あなたの満足度は，

① 毎日のくらしに，
② ご自分の健康に，
③ 今の人間関係に，
④ 今の家計の状態に，
⑤ 今の家庭生活に，
⑥ ご自分の仕事に，

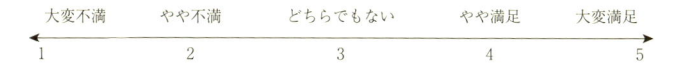

```
大変不満    やや不満   どちらでもない   やや満足   大変満足
  1          2           3             4         5
```

図11-5　生活満足感

せるための時間的制約から，震災の年の新年度にスタートさせる予定だった新しい総合計画（マスタープラン）を下敷きにして復興計画を策定した（大田，2008）。その中で生活再建とは「医・職・住」，すなわち保健・医療・福祉的な政策，就業支援，住宅再建の3分野に特化したものが考えられた。これには確固とした根拠があったわけではない。つまり，実際に生活再建とは何を意味するのか，復興を進める上で何が重要なのか，計画の当初は自信を持って言い切れる状態ではなかったのである。

　筆者は神戸市の生活再建施策の進捗状況を検証するため，発災から5年目に生活再建分野の外部評価委員として，林春男京都大学防災研究所教授（当時）とともに神戸市と関わることになった。第1回目の打ち合わせの席上で，林教

授が音頭を取り，評価・検証の方針が定められた。つまり生活再建課題の鳥瞰図作りにおいて，演繹的な理念型として「生活再建」を想定するのではなく，1人ひとりの意見の積み重ねに基づいて「生活再建とは何か」を明らかにすることをミッションとしたのである。これに基づき，多様な関係者から生活再建を進める上，また復興感を高める上で大切なことについて意見を出してもらい，問題の構造と解決に向けた方針を導き出す生活再建草の根検証ワークショップが計画・実施された（立木，2001, 2004a, 2015c）。

2.2　生活再建7要素モデル――市民・被災者との協働から

　実際のワークショップは1999年7月19日から8月22日の間に神戸市内で計12回開催され，269名の市民や支援関係者が参加した。1回につき3時間のワークショップの中で，参加者は4～6名の班に分かれ，打ち解けるためのウォーミングアップとアイスブレイクの時間後に，「あなたにとって生活の再建を進める上で大切なことは何ですか？」という問いに対する回答をそれぞれ付箋紙に書き出し，班の中で共有化する作業を行った。

　ワークショップ全体で出された1,623枚の意見が出されたのだが，それらすべて研究室に持ち帰り，似たような意見は仲間にし，仲間にしたものには名札タイトルをつけクリップでかたまりにする。次にかたまりごとでさらに似たもの同士を仲間にしてそれに上位の名札をつけるという作業を繰り返す親和図法（KJ法）の手順に沿って，意見の整理・分類を行った（立木，2001, 2004a, 2015c）。

　この結果，「生活再建を進める上で大切なこと」は，最終的に7つに大きく整理・分類されることが分かった（図11-6）。まず，「①すまいがもとに戻ってこその生活再建」が大きな意見のかたまりになった。また，「新しい復興公営住宅に入った。25階建ての高層のアパートで，ホールやエレベーターで会っても誰も挨拶しない。そのような環境では自分の生活がもとに戻ったとは感じられない」ため，「②人と人とのつながりがもとに戻る，あるいは新たに作られないと自分の生活がもとに戻ったとは思えない」という意見があった。さらに「③まちの復興ができない限り，個人の生活の再建は無理だ」，「④こころとからだのストレスが緩和されてはじめて自分にとっての生活の再建だ」，「⑤次の災害へのそなえができて，安全で安心できるまちになることが生活の再建の

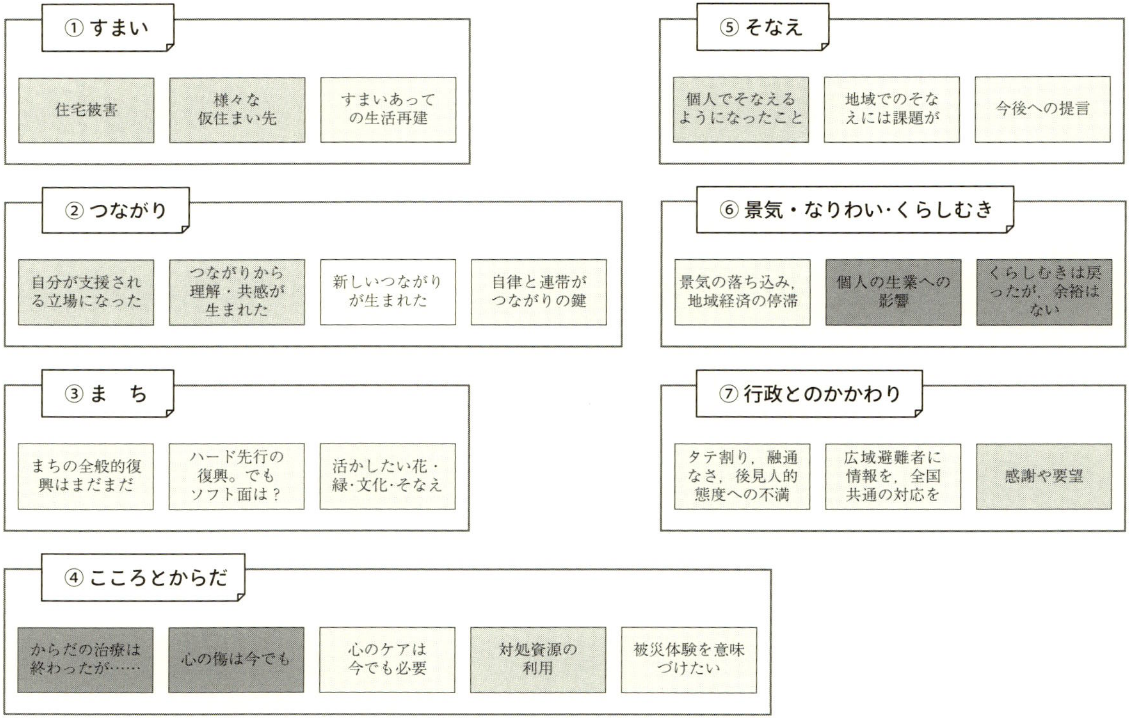

①すまい
- 住宅被害
- 様々な仮設住まい先
- すまいあっての生活再建
- 自分が支援される立場になった

②つながり
- つながりから理解と共感が生まれた
- 新しいつながりが生まれた
- 自律と連帯がつながりの鍵

③まち
- まちの全般的な復興はまだまだ
- ハード先行の復興、ソフト面は？
- 活かしたい花・縁・文化・そなえ

④こころとからだ
- からだの治療は終わったが……
- 心の傷は今でも
- 心のケアは今でも必要
- 対処資源の利用
- 被災体験を意味づけたい

⑤そなえ
- 個人でそなえるようになったこと
- 地域でのそなえには課題が
- 今後への提言

⑥景気・なりわい・くらしむき
- 景気の落ち込み、地域経済の停滞
- 個人の生業への影響
- くらしむきは戻ったが、余裕はない

⑦行政とのかかわり
- タテ割り、融通のなさ、後見人的態度への不満
- 広域避難者に情報を、全国共通の対応を
- 感謝や要望

図11-6 市民の生活再建実感

(出典) 神戸市草の根検証ワークショップ結果, 1999年7月〜9月。

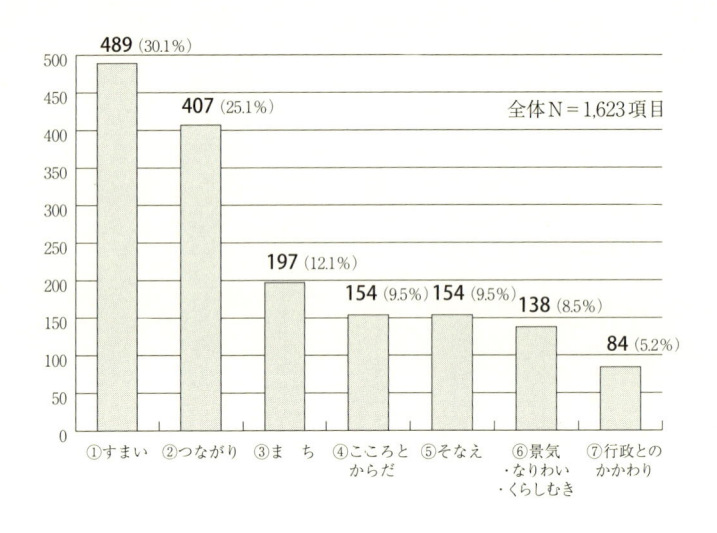

図11-7　生活再建構造の分野別カード枚数

大変重要な要素だ」、「⑥職業や家計、なりわい、くらしむきに関することが安定することが生活の再建だ」、「このような生活の再建を進めていく上で、⑦行政はどのように被災者を支援すればよいのか」というように、意見は7つの大きなかたまりに分けられた。すなわち、①すまい、②つながり、③まち、④こころとからだ、⑤そなえ、⑥くらしむき、⑦行政とのかかわり、以上の7要素が、生活を再建する上で重要であり、1人ひとりの被災者や関係者の復興感を決定する要因になっていることがワークショップから示唆された（立木, 2001, 2004a, 2011, 2015c）。

　要素ごとのカードの枚数を示したものが**図11-7**である。1,623枚のカードの過半数が、集中した「①すまい」と「②つながり」が生活再建上の最重要課題であることが明らかになった。すでに述べたように、神戸市の前期5年の生活再建施策は「医・職・住」を3本の柱とするもので、これらは7要素の「④こころとからだ」、「⑥くらしむき」、「①すまい」のそれぞれのニーズに呼応していた。経済再建施策は「⑥くらしむき」にマクロな視点から取り組むことであり、同じく都市再建は「③まち」に、安全対策は「⑤そなえ」のニーズに対応している。被災者や市民との協働として行われた草の根検証ワークショップで

の検証作業は，以上に加えて人と人との「②つながり」という生活再建上の重大ニーズの存在に光をあて，この課題を正面からとらえることの重要性を浮かび上がらせたのである（立木，2001, 2004a, 2011, 2015c）。

3．生活再建7要素モデルと生活復興感

3.1 2001年兵庫県生活復興調査

草の根検証ワークショップによって，被災者・被災地のニーズが明らかになり，「すまい」に加えて「つながり」を豊かにする政策や施策が，1人ひとりの復興感を高める上で鍵になることが明らかになった。しかし，これはワークショップ参加者269名の意見に基づいた結果であって，本当に被災地・被災者全体に当てはまるのかを検討することが必要になった。そこで，**表11-1**に示すような社会調査を1999年の予備調査から始めて，2001年・2003年・2005年の本調査を隔年で3回実施した。

図11-8は，2001年兵庫県生活復興調査の調査フレームを示している。被害の実態や基本属性といった外生的変数と生活再建に関する7要素といった内生的変数が2001年1月調査時点における被災者の生活復興感を説明するというの

表11-1 社会調査による生活再建過程のモニタリング：1999・2001・2003・2005年兵庫県生活復興調査の概要

①調査地域：神戸市全域、神戸市以外の兵庫県南部
　　震度7地域及び都市ガス供給停止地域
②調査対象者：上記地域在住の成人男女
③層化2段抽出法（県内250地点・県外800名）[*]（330地点→各地点10名）
④標本抽出：住民基本台帳からの確率比率抽出
⑤調査方法：郵送自記入・郵送回収方式
⑥調査実施期間　　　　　　　　　　　　　　⑦有効回答数
　[*] 1999年調査：平成11年3月15日～3月31日　　915（県内623・県外292）
　　2001年調査：平成13年1月15日～2月5日　　1,203
　　2003年調査：平成15年1月15日～2月3日　　1,203
　　2005年調査：平成16年1月15日～2月3日　　1,028

（出典）　木村他（2004, 2006），黒宮他（2006）。

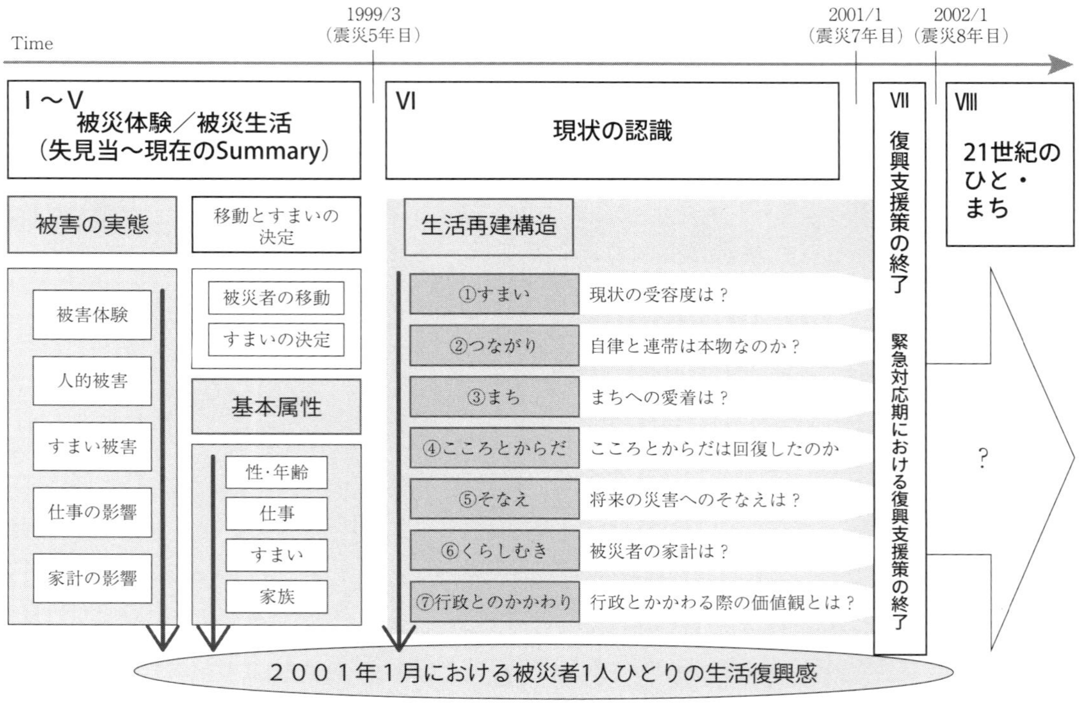

図11-8 2001年生活復興調査フレーム

**表11-2 生活復興感に対する重回帰分析結果（分散分析表）：
2001年1月兵庫県復興調査結果**

		ソース	タイプⅢ平方和	自由度	平均平方	F値	有意確率	ω^2
		修正モデル	713.293	307	2.323	4.255	***	0.454
		切片	0.517	1	0.517	0.947		0.000
外生的変数		り災状況	1.202	3	0.401	0.734		0.000
		り災状況 ＊ 性別	4.144	3	1.381	2.530	*	0.002
		地域	7.834	16	0.490	0.897		-0.001
		年齢区分	16.898	2	8.449	15.473	***	0.013
		性別	1.148	1	1.148	2.102		0.001
内生的変数								
	①すまい	現在の住宅のタイプ	8.260	8	1.033	1.891	*	0.003
		現在の住宅のタイプ ＊ 住宅の構造	14.954	12	1.246	2.282	***	0.007
	②つながり	家族のきずな	11.449	3	3.816	6.989	***	0.008
		家族のかじとり	6.574	3	2.191	4.013	***	0.004
		自律	2.028	1	2.028	3.713	*	0.001
		連帯	4.098	1	4.098	7.505	***	0.003
		まちの行事への参加	6.398	1	6.398	11.718	***	0.005
		社会的信頼	8.374	1	8.374	15.336	***	0.007
	③まち	まちのコモンズ認知	1.824	1	1.824	3.340	*	0.001
	④こころとからだ	からだのストレス	0.850	3	0.283	0.519		0.000
		こころのストレス	57.138	3	19.046	34.880	***	0.046
		からだのストレス ＊ こころのストレス	15.790	8	1.974	3.615	***	0.009
		一般的な健康習慣	5.674	1	5.674	10.391	***	0.004
	⑤そなえ	将来の被害予想	3.795	1	3.795	6.951	***	0.003
	⑥くらしむき・なりわい	収入の増減	18.161	3	6.054	11.086	***	0.014
		預貯金の増減	1.892	3	0.631	1.155		0.000
		支出の増減	2.121	3	0.707	1.295		0.000
		地域 ＊ 経済的な被害	83.035	128	0.649	1.188	*	0.011
		職業	15.115	9	1.679	3.076	***	0.008
		家屋被害 ＊ 年齢区分 ＊ 職業	68.308	86	0.794	1.455	***	0.018
	⑦行政とのかかわり	共用物への支払意思額（WTP）	3.544	1	3.544	6.490	**	0.002
		自由主義対共和主義	1.358	1	1.358	2.488		0.001
社会的望ましさによるバイアス			2.278	1	2.278	4.172	**	
		誤差	488.707	895	0.546			
		総和	1202.00	1203				
		修正総和	1202.000	1202				

$R^2 = .593$（調整済み $R^2 = .454$）

*** $p<.01$, ** $p<.05$, * $p<.10$

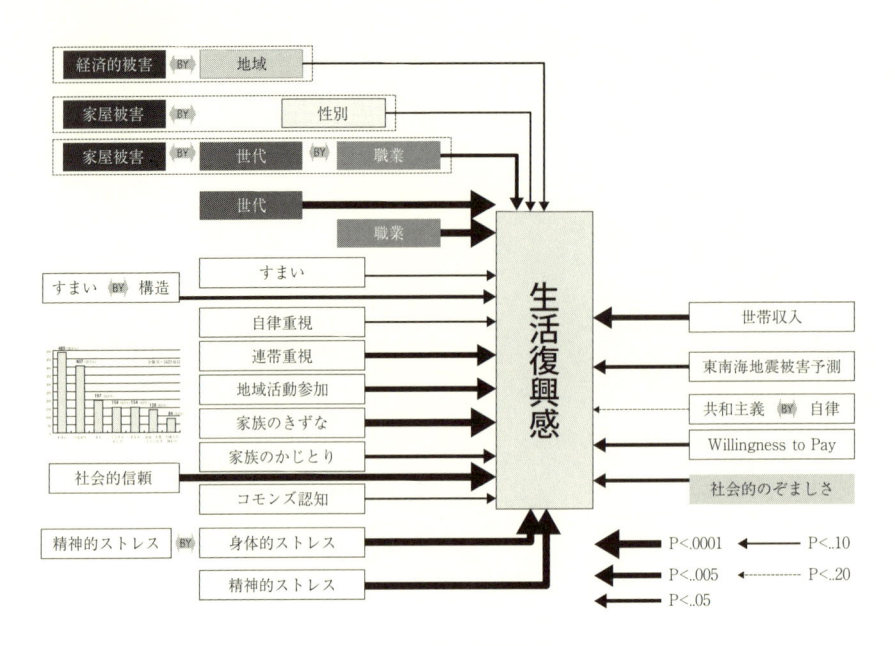

図11-9　生活復興感の既定要因

が，調査の基本的な枠組みであった。**表11-2**がこの重回帰分析結果であり，2001年生活復興調査における生活復興感に対する外生的変数および生活再建7要素からなる内生的変数が生活復興感に与える影響をまとめている。り災状況や性別・年齢・地域といった外生的な変数と生活再建7要素によって，生活復興感の分散の59.3%が説明できる（自由度調整済みの決定係数は45.4%）ことが明らかになった。しかも，このうち各説明変数が生活復興感に及ぼす効果量の指標であるω^2に注目すると，2001年1月時点における阪神・淡路大震災被災者の生活復興感の大部分は生活再建7要素変数によって説明できることが示された（Tatsuki & Hayashi, 2002）。**図11-9**は，この分析結果を概略図としてまとめたものである。

3.2　市民性尺度・行政とのかかわり尺度と生活復興感

　ワークショップでも「つながり」について，被災者の意見・証言を細かく分析すると，2つのことが重要になっていることが分かった。1つは共助の概念

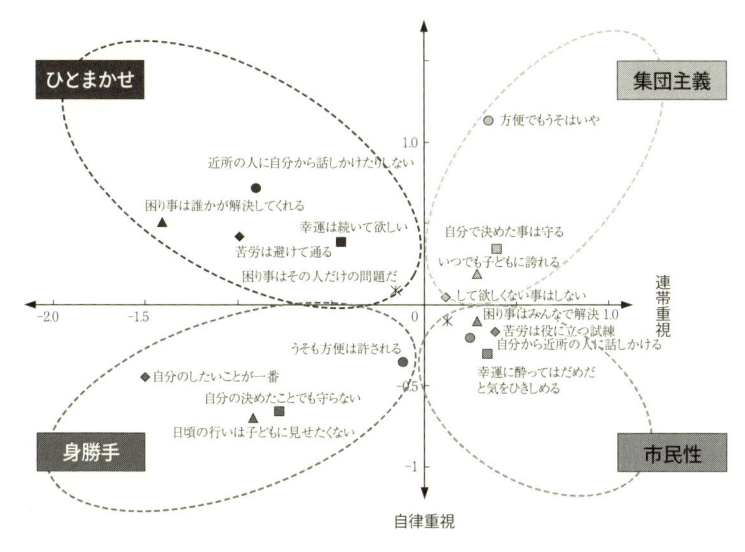

(出典) 兵庫県調査（震災被災者3,300名対象，有効回答1,203名。01年1月実施）。

図11-10　2001年版市民性尺度

であり，これを「連帯」と名づけた。もう1つは，自助の概念であり，「自律」と名づけた。

　2001年の兵庫県復興調査の中で，市民性（自律と連帯）尺度についての結果を**図11-10**に示す。連帯を横軸，自律を縦軸に取って，市民性意識のありようを4種にタイプ分けを行った。連帯・自律の意識を併せ持っているグラフ右下の人は，市民性が高い。グラフの右上の人々は，連帯は重視するが，自律の意識がさほど強くない。これらは集団主義と名づけた。左下は，連帯を重視せずに自律の意識が高い，いわば身勝手な人々である。最後に，左上は連帯も自律も弱い，ひとまかせな人々となる。この4タイプの人々の，生活復興感の平均点を比較したところ，市民性が高いグループの復興感が最も高かった。次いで集団主義，身勝手，ひとまかせの順となった。

　また，2001年調査では，行政との関わり方についても，回答者のタイプ分けを行っている（**図11-11**）。「ゴミ出しのルールが地域で守られないときにどうしますか？」といった具体的な質問に対する回答の検討の結果，こちらは3

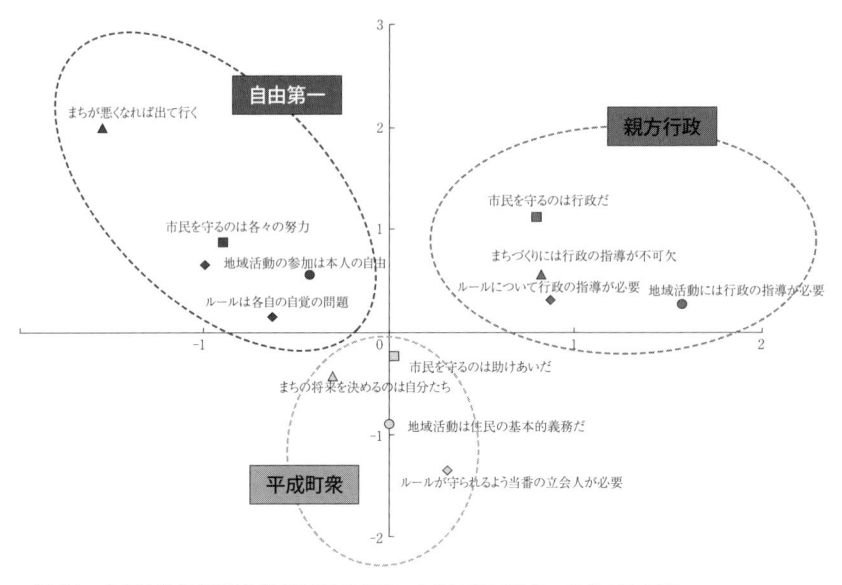

(出典) 兵庫県調査（震災被災者3,300名対象，有効回答1,203名。01年1月実施）。

図11-11　行政とのかかわり尺度

種にタイプ分けがなされた。ゴミ出しの例ならば，立ち番を決めて自分たちでルールを守るようにする，と答えた人々は，共和主義的で自分たちのまちは自分たちで統治するという意識を持っている（グラフ下）。「平成町衆」タイプと名づけたこのタイプに分類される人々は，行政を自分たちのこととしてとらえている。右側は，ルールが守られないならば行政に指導をお願いすると回答した人々である。行政依存型のこのタイプを「親方行政」タイプと名づけた。左側，ルールを守るかどうかは各自の自覚の問題だから強制は良くない，それでまちが汚くなったら出ていくと答える自由（放任）主義タイプを「自由第1」タイプと名づけた。行政との関わり方についても生活復興感の平均点を見ると，「平成町衆」のタイプの復興感が高く，他の2タイプの復興感は低かった。第2.2項で述べた7要素それぞれについて同様の調査を行った。ここで紹介したのは，最も特徴的な部分である。

3.3　2003年・2005年生活復興調査——生活復興過程の2つの道筋

　2001年の調査設計は，復興が進むと生活の満足度が上がり，生活再適応感も1年後の見通しも上がるという単純なものだった。しかし，生活復興の「過程」についてはモデル化していない。どんな過程を通じて復興感が上がってゆくのか，検討が必要だと感じられた。そこで，2003年・2005年調査では生活再建に影響を与える諸要素（内生的変数）と，生活復興という結果（従属変数）をつなぐ過程を検討した。最終的に2つのプロセス（媒介変数）が想定（モデル化）された。1つは，震災の影響がどれほど残っているかという「できごと影響度」である。もう1つは，震災体験をどの程度肯定的に評価できるかという「できごと評価」の過程だった。これにより，原因・結果と，両者を媒介する過程をモデル化して復興感を説明できないかと考えたのである。

　この問いに答えるために外生的変数，内生的変数，媒介変数，従属変数間の構造的な関係について因果モデル分析を行った。**図11-12**および**図11-13**は，2003年および2005年調査データに対する構造方程式モデリングによる因果連鎖分析の結果である。

　2003年・2005年生活復興調査とも，被災者を代表する科学的な標本を基に分析を行ったのだが，これらの調査から復興に至る道筋（過程）の全体像が明らかになった。つまりどちらの調査も毎回1,000名以上の被災者からの回答を基にしているが，「自分はもはや被災者ではない」と思えるようになる生活再建のプロセスは2通りあることが明らかになった（**図11-14**）。

　1つ目は，**図11-14**の下側に示した，震災の影響からどれだけ抜け出せているかという「できごと影響度」の緩和の過程である。震災の影響度を緩和するのは，前節の7要素で言う「①すまい」と「⑥くらしむき」の安定であった。住宅の確保ができ，暮らし向きが好転する状態である。さらに，「④こころとからだのストレス」が低減されていれば，震災の影響度が軽減されていた。これらの3要素は，神戸市が震災の年に策定し，重点的に取り組んだ最初の復興計画の「医・職・住」に対応している。「医」が「④こころとからだのストレス」，「職」が「⑥くらしむき」，「住」が「①すまい」である。最初の復興計画で想定された生活再建要素の「医・職・住」は，震災の影響から脱するという点で意味がある施策だったことが確認された。

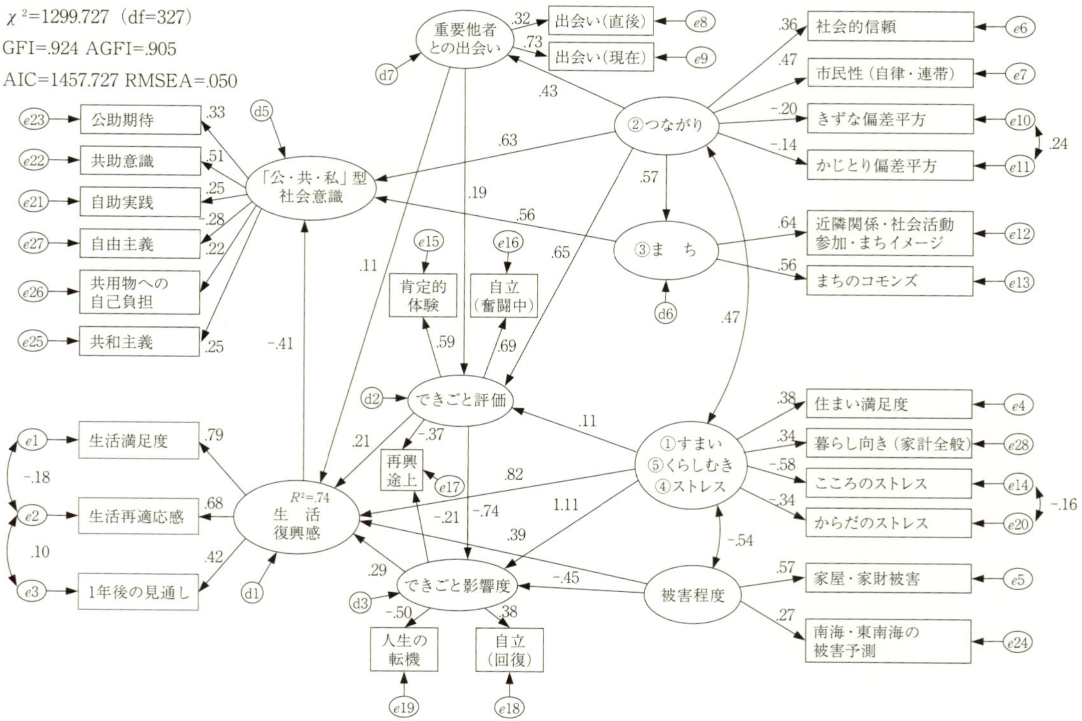

図11-12 生活再建7要素モデルの検証（2003年）

（出典）2003年兵庫県復興調査（震災被災者3,300名対象，有効回答1,203名，03年1月実施）。

図11-13 生活再建7要素モデルの再検証（2005年）

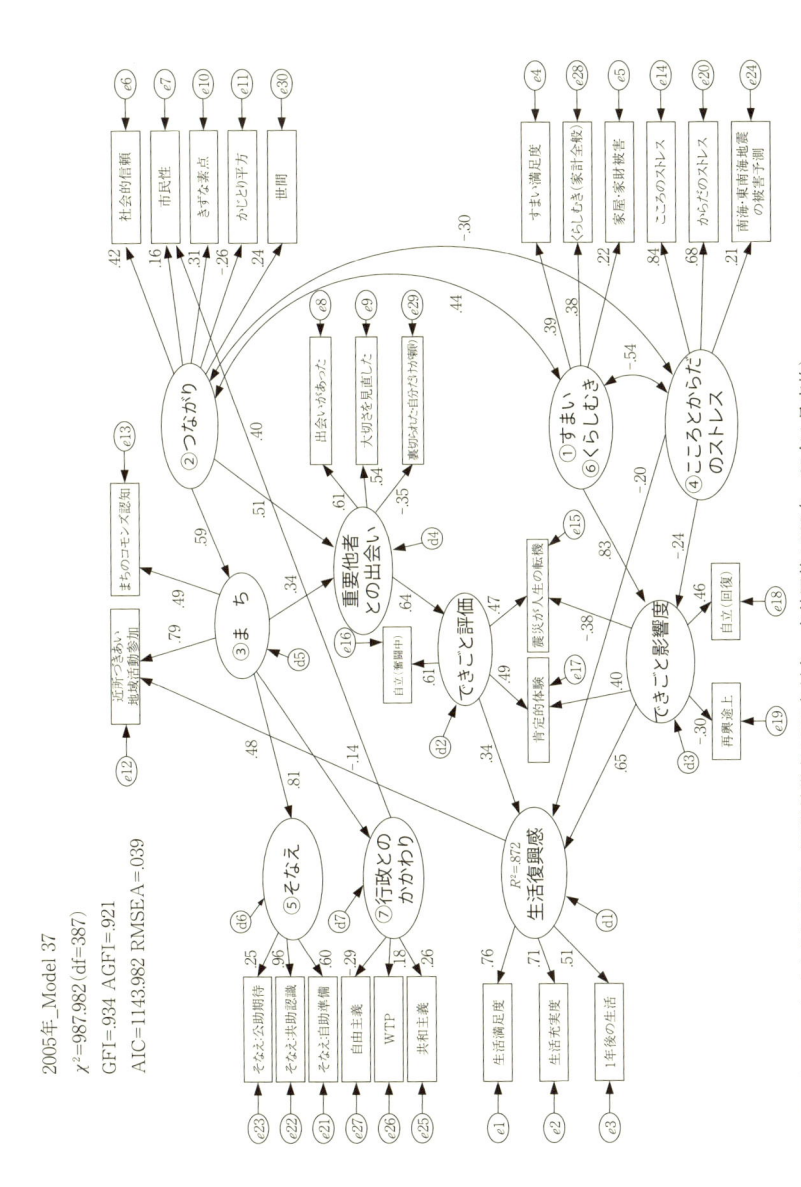

2005年_Model 37
$\chi^2=987.982$ (df=387)
GFI=.934 AGFI=.921
AIC=1143.982 RMSEA=.039

(出典) 2005年兵庫県復興調査（震災被災者3,300名対象、有効回答1,028名。05年1月実施）。

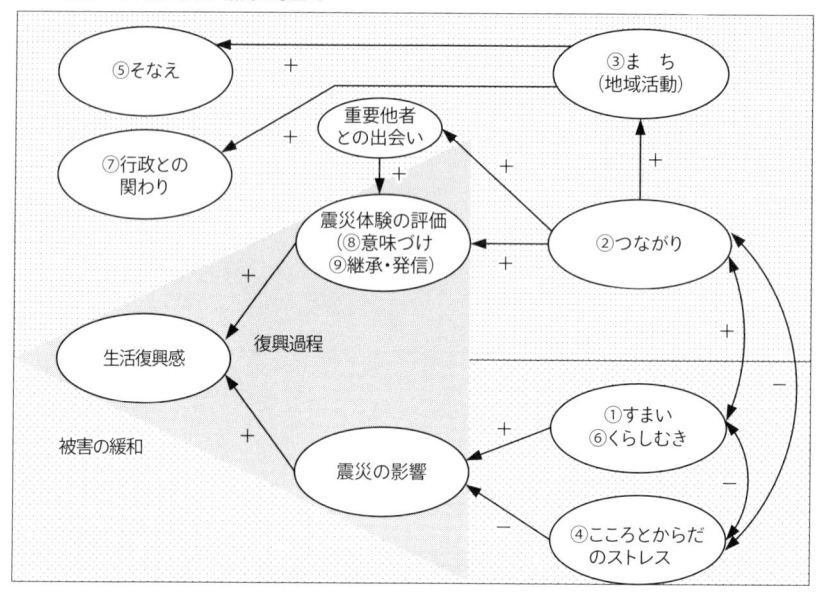

図11-14　生活復興過程の鳥瞰図（2005年生活復興調査結果の概要）

　生活復興感を高めるもう1つのプロセスの存在も明らかになった。それは**図11-14**の上側に示す「できごと評価」の因果連鎖の過程であり、起点は「②つながり」であった。「②つながり」は、震災体験の意味づけや継承、発信を直接的に、あるいは「重要他者との出会い」を通じて間接的に、肯定的なものに変化させていた。震災体験に意味があったと肯定的に評価できることにより、復興感がさらに上がっていたのである。「重要他者との出会い」とは、「この人と出会えたから被災体験に肯定的な意味づけができた」と感じられる体験である。失われても再建できる道や橋とは違い、失われた家族や友人は戻ってこない。しかし、自らの体験に意味を見いだし、自らの人生に与えられた意味や使命を見出すプロセスを通じて、人は新しい幸せを作ることはできるのである。さらに、つながりを介して地域活動（「③まち」）に積極的になるプロセスも分かった。このようにして、生活復興調査から新たに、生活復興感を高め、生活再

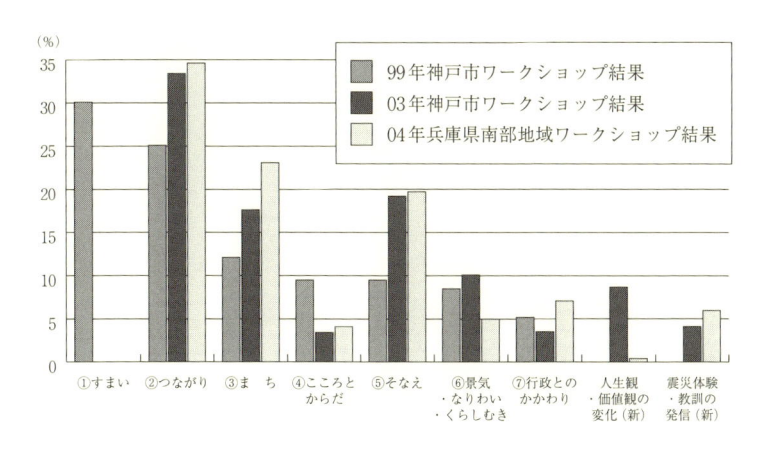

図11-15　生活再建を進める上で重要だと指摘された意見群の変化：
　　　　震災5年目検証と10年目検証ワークショップの結果から

建を進める上で重要な「②つながり」の機能が見えてきたのである。

3.4　神戸市・兵庫県震災10年草の根検証

　被災後の生活再建には，被災の影響度を和らげるための医・職・住の取り組みと，被災体験に肯定的な評価や意味づけを与える主観的で対人的なプロセスの2つが重要である。これが生活復興調査の結論であった。以上は定量的なデータの解析から見えてきたことだが，阪神・淡路大震災から10年を迎える復興計画最終年には，「生活の再建にとって大事なことは？」を被災者や支援者に直接問う草の根検証ワークショップを再び行った。10年間を振り返って，生活再建を進める上で重要な生活再建要素は，**図11-15**のような分布になった。5年目検証で最多だった「①すまい」は，10年検証ではゼロだった。そして，震災から10年目で最多になったのが「②つながり」である。最初の5年は「医・職・住」で震災の影響を脱し，さらに長期的には，「②つながり」を介して体験に意味があったと確信できることが復興感を高める上で重要であり，「もはや自分は被災者ではない」と思えるようになるための大きな力となっていた。これら両者のプロセスを通じて被災者は人生を再構築する。これが生活再建の実相なのである。

4．生活復興パネル調査

4.1 調査対象

　兵庫県の生活復興調査では，毎年3,300票の調査票を，それぞれ別の被災者に送っていた。これに加え，2001年の調査票郵送時に，さらにあと2回予定している生活復興調査に引き続き参加する回答者を募った。2001年の回答数1,203票のうち，486名から次回の生活復興調査参加の同意をいただいた。2003年の調査では，調査票を送付する3,300名とは別に，この486名にも調査票を送付した。そして，その364名から回答が得られた。さらにそのうち297名からは2005年の調査でも回答が寄せられた。2001年・2003年・2005年の3回の調査すべてに回答を寄せた297名が生活復興パネル調査の標本となった（黒宮他，2006）。

4.2 生活復興感と「つながり」

　上記297名について，2001・2003・2005年調査ごとの生活復興感の得点の推移をグラフ化した。さらにクラスター分析の手法により，推移のパターンを解析し，4タイプに分類した。

　パネル調査の結果によると，2001年から2005年までの1人ひとりの生活の復興感は，全体としては大きな変動がなく安定して推移しており，復興感が非常に高い水準で推移した「＋＋」型，平均をやや超えた水準で推移した「＋」型，平均よりやや下位の水準で推移した「－」型，そして復興感が非常に低い水準のまま留まった「－－」型の4タイプに分かれた（**図11-16**）。「＋＋」型の推移は，20歳代の勤労者や，主婦で被災による影響がほとんどなかった層で典型的に見られた。一方，「－－」型の推移は，被災時の年齢が50歳代後半から60歳代前半の男性で，サービス産業，産業労働，商工自営など地域経済に収入が大きく左右される職業に就いており，かつ震災により家族や職場に被害があり収入が減った低所得者層で特徴的に見られた。

　「－－」型の65名について，1人ひとりの変動をより子細に分析すると，その中にも個人差があることが分かった。特に，2003年から2005年にかけて，65名全体では統計的には生活復興感の平均得点に有意な差が見られなかった

生活復興感高い　＋

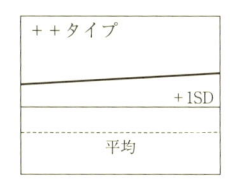

＋＋タイプ　+1SD　平均

属性
- 女性　・主婦，事務職従事者　・震災時に29歳以下だった若年層

被害
- 被災時に自分や家族が身体的被害を受けていない
- 被災時に家財被害がなかった
- 震災の際に職場が被害にあわなかった

生活再建7要素
- くらしむき：震災から6年目，収入が増えている
- つながり：市民性の高さを維持
  （地域のことでも自律連帯の気持ちでがんばっている人）
- まち：まちのコモンズ認知が高い
- こころとからだ：ストレスをうまく緩和している人

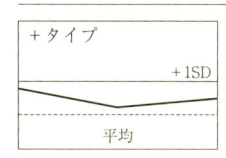

＋タイプ　+1SD　平均

属性
- 震災時の年齢が40歳代
- 主婦，管理職，専門技術職従事者

被害
- 被災時に家財被害が半分程度あった

生活再建7要素
- くらしむき：震災から6年目，収入は震災前と変わらない
- こころとからだ：からだやこころのストレスが基本的に低い

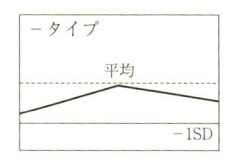

－タイプ　平均　-1SD

属性
- 震災時の年代が30歳代，無職年金受給者層

被害
- 被災時に家財被害に軽くあった

生活再建7要素
- くらしむき：職業は事務営業職，または，無職年金生活者

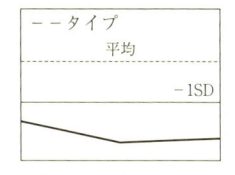

－－タイプ　平均　-1SD

属性
- 男性　・震災時50〜64歳であった人
- サービス関連，商工自営業従事者

被害
- 被災時に自分もしくは家族が怪我などの被害を負った
- 被災時に家財に大きな被害が出た

生活再建7要素
- すまい：現在公営住宅に入居
- つながり：市民性が低く，自分のことで手一杯
  　　　　　他者への一般的な信頼度が低い
- ま　ち：コモンズ認知が低い
- こころとからだ：高ストレス
- くらしむき：サービス産業従事者，産業労働者
  　　　　　　商工自営業者，震災により職場が被害
  　　　　　　震災により収入減，低所得

生活復興感低い　－

図11-16　生活復興感の4タイプ

第11章　災害とコミュニティ（1）　　201

のだが，これは個々の事例を見ると復興感が回復に転じた人と下降した人が混在していたからであった。そして復興感の回復・下降と強い関係が見られたのが，被災者1人ひとりの持つ「②つながり」であった。

　被災後の転居の回数が少ないほど（**図11-17**）生活復興感は回復傾向にあり，転居の回数が4〜5回以上の人々で顕著に下降が見られた。引っ越しの回数が多ければ多いほど，隣近所との関係が薄くなるのではないかと考えられた。そのため，他の項目についても同様に検討すると，住んでいるまちの行事への参加の回数が多いほど（**図11-18**）復興感は回復し（V字回復を見せている），ほとんど行事に参加しない人の復興感は右肩下がりであった。震災による影響が一番濃く現れた「−−」型の被災者の間でも，復興感の推移は被災時の年齢や職業，あるいは性別といった属性――これは政策的に操作が困難である――だけでなく，「②つながり」という操作可能な要因によって差異が見られたのである。

　最後に，現在住んでいるまちの様子について尋ねたところ，住んでいるまちの中で住民相互のつき合いが多いほど（**図11-19**），2003年から2005年にかけて復興感が上昇に転じる人が特徴的に見られた。逆に，つき合いのほとんどないまちに住む人ほど，復興感の低下が見られた。個人がまわりの人と結ぶつながりだけでなく，地域社会全体のつながり（これを社会関係資本と呼ぶ）の量が豊かなところに住むことにより生活復興感が高まるという恩恵が得られていたのである。この知見は，その後のポスト震災復興後の地域の安全・安心を高める上で社会関係資本が果たす役割の実証研究（立木, 2007, 2008, 2012; 松川・鷹家・立木, 2009; 松川・立木, 2011a, 2011b）へとつながるものとなった。

　兵庫県生活復興調査の教訓として，人と人とのつながりには復興感を確実に高める効果があることが，こうして種々の調査・研究から明らかになったのである。

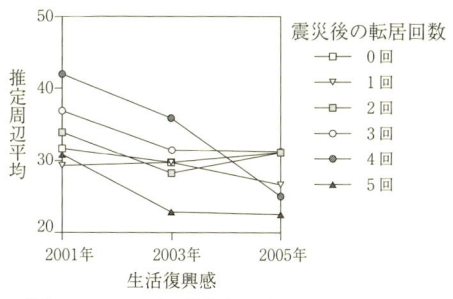

(注) −−タイプの被災者65名。

図11-17　震災後の転居回数と生活復興感の推移

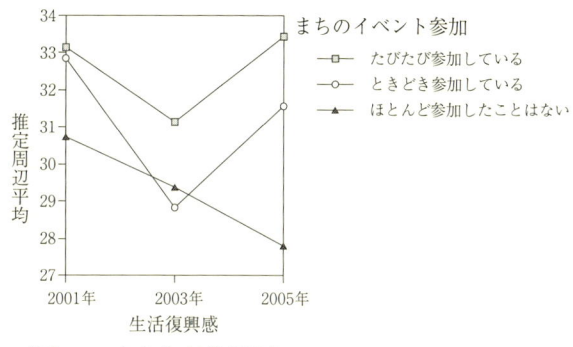

(注) −−タイプの被災者65名。

図11-18　まちのイベントへの参加と生活復興感の推移

(注) −−タイプの被災者65名。

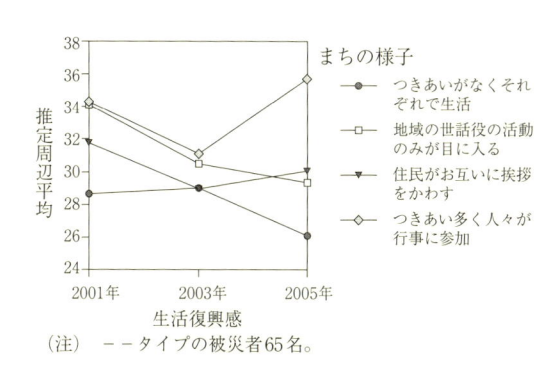

図11-19　震災後のまちの様子と生活復興感の推移

第11章　災害とコミュニティ (1)　203

第12章

災害とコミュニティ(2)
――東日本大震災

1. はじめに

　東日本大震災では，被災者が自分で探してきた民間賃貸住宅を，県が応急仮設住宅として見なして借り上げ，そこに仮住まいする制度が初めて採用された。東北3県で見ると2012年9月の時点で，被災者に提供された仮設住宅等のうち全体の48％にあたる5万世帯が民間賃貸住宅の借り上げ仮設に，37％がプレハブ（建設）仮設に，残りの15％が公営住宅に居住していた。筆者らは東日本大震災直後から宮城県名取市の生活再建支援課の業務をサポートしてきたが，その名取市でも事情は同様であり2014年4月22日の時点で，名取市で被災した市民のうち，借り上げ仮設入居者は900世帯であるのに対して，プレハブ仮設入居者は813世帯であった。さらに，借り上げ仮設住宅居住者については，そのうちのかなりの世帯が住宅事情から名取市内（図12-1上の濃い色のバルーン）ではなく，隣接する仙台市など市外（その他の色のバルーン）に居住していた（立木, 2013, 2014b）。

　借り上げ仮設住宅は，居住者がコミュニティを構成することが困難である，プレハブ仮設居住者との間で受けられるサービスや届く情報に不公平があると感じられている，実際に被災者であることが第3者からは分からないので公的・私的な支援策が届きにくい，といった課題が存在する。その一方で，災害対応上の回復力（レジリエンス）の観点（Tierney, 2014）からは，大量（redundancy）の，堅牢（robust）で，多様な間取り（resourcefulness）の住宅を，迅速（rapidity）に供給可能であり，今後の首都直下地震や南海トラフ地震では，主たる仮

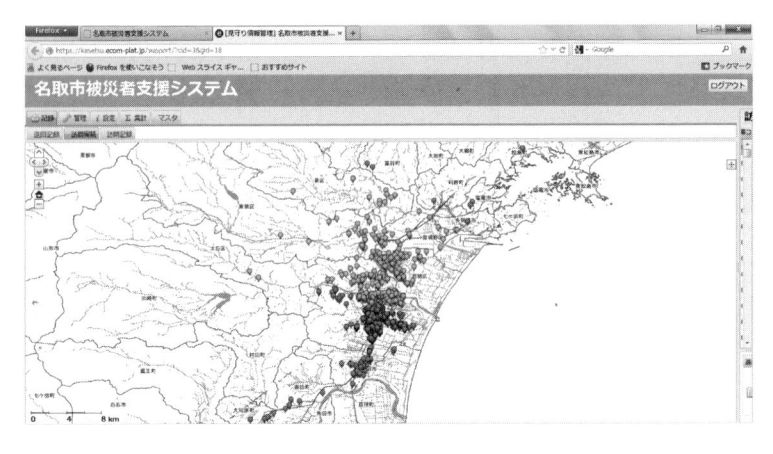

(出典) 名取市被災者支援システム（当時）の画面。

図12-1　閖上および下増田地区被災者の現在の居住地

設住宅供給策となる可能性も高い（立木, 2013, 2014b, 2015d, 2015e）。

　一方，大規模災害後の被災者の生活再建過程の研究やその支援方策は，主として阪神・淡路大震災以降に培われてきた。これらは被災者が集まって住むことを前提としている。名取市では，このような従前型の生活再建支援方策が有効であるのは，**図12-2**（名取市内の被災者の居住地）中で，居住者が集住してクラスター化しているプレハブ仮設居住者（**図12-2**上でバルーンが密集している部分）に限られる。結局，東日本大震災で生まれた借り上げ仮設住宅制度により，大量の被災者が分散して住む事態が出現したが，このような状況にある被災者の生活再建過程に関する知見はほとんど蓄積がない。そのため被災者のみならず，彼らを支援する行政や地域のボランティアなども，それぞれ手探りの状態で活動しているのが実情である（立木, 2013, 2014b）。

　以上のような問題意識を踏まえて筆者らのチームは，2012年11月より宮城県名取市をフィールドとして「借り上げ仮設住宅被災者の生活再建支援方策の体系化」プロジェクト（以下，名取プロジェクト）（立木, 2013, 2014b）を進めてきた。本プロジェクトは，①プレハブ仮設世帯との比較を通じた借り上げ仮設住宅被災者の生活再建過程の実態の解明を踏まえて，②分散居住する被災者への

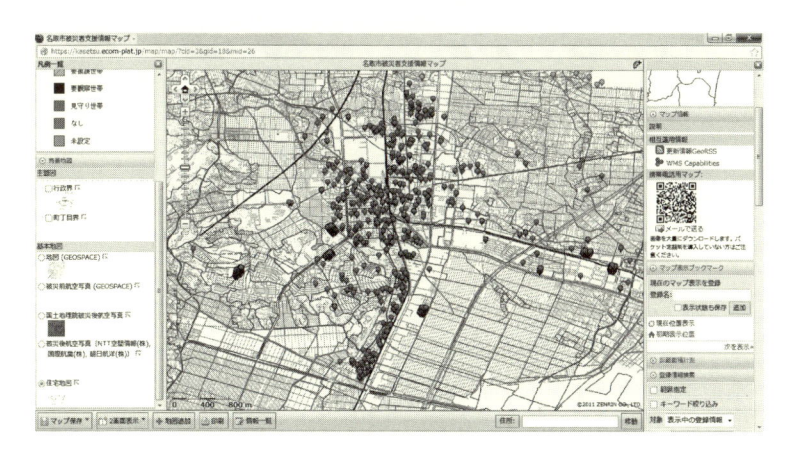

(出典) 名取市被災者支援システム（当時）の画面。

図12-2　名取市内の被災者の居住地

合理的な生活再建支援モデルの開発と社会実装という2つの成果の創出を図ることにある。本章では，名取市における生活再建草の根検証ワークショップと，その成果を基にした2014年度の生活現況調査，そしてその解析から見えてきた東日本大震災被災者の生活再建課題の特徴について検討する（立木, 2015d, 2015e; Tatsuki, 2015）。

2．名取市生活再建草の根検証ワークショップ

2.1　調査対象・調査方法

　生活再建を進める上での課題を市民自身の手で明らかにすることを目的に，2013年1月27日に，プレハブ仮設（13名），借り上げ仮設（7名），在宅（5名），住宅再建済み（6名）の4種類の住まい方をしている被災者計31名に参画していただき，生活再建の課題をテーマに草の根検証ワークショップを行った。ワークショップの実施の方法は阪神・淡路大震災の5年目・10年目の草の根検証ワークショップ（本書第11章参照）と同じである。それぞれの住まい方タイプごとに1班7〜8名の小集団に分け，生活再建を進める上で重要と思われる事項を各

第12章　災害とコミュニティ(2)　　207

自がカードに記入し，その後，カードの内容の親近性に基づいてカードをグループ化し，そのグループに適切なタイトルをつける作業（親和図法）を各班で行った。さらに，各班で作成されたタイトルカードをセンター・テーブルに集め，タイトルカードの内容に基づくグループ化ならびに上位タイトルカードの作成作業を行った。最後に，参加者1人につき3票の投票用シールを使って，「重要と思われる」上位タイトルカードに投票を行い優先度の高い上位タイトルを選択する作業（ノミナルグループプロセス）を実施した（立木，2015d，2015e）。

2.2 名取市と神戸市における生活再建ワークショップ結果の比較

プレハブ仮設，借り上げ仮設，在宅，住宅再建済みそれぞれの小集団のタイトルカードから抽出された上位タイトルカードについて，先行する阪神・淡路大震災被災者への生活再建検証ワークショップの結果から生み出された生活再建7要素モデルとの照合を行った。上位カードのカテゴリは，生活再建7要素モデルを構成する「①すまい，②つながり，③まち，④こころとからだ，⑤そなえ，⑥くらしむきやなりわい，⑦行政とのかかわり」の7課題のいずれかと対応することが発見された（**図12-3**参照）。この結果より，被災者の生活再建課題は，住まい方の違いにかかわらず，上記の7つの課題に整理して検討を進めてゆけばよいという作業モデルを構築することができた（立木，2015d，2015e）。

ワークショップ全体の結果を神戸市における草の根ワークショップの結果と比較すると，7要素の中でも特に「③まち」に関する意見が名取市ワークショップでは特徴的に見られた。宮城県名取市では923名の市民が津波の犠牲となったが，市内で被災規模が最も大きかった閖上地区（本書のカバー写真は閖上小学校屋上から撮影された震災当日の閖上地区の光景である）のまちづくりの内容については，1人ひとりの住民とのコミュニケーションがうまくいかず，また再建の方針が二転三転した。その結果，現地再建と内陸移転で行政や住民相互の意見が割れ，さまざまな会が乱立し，復興のプロセスが複雑化した。このため土地かさ上げによる土地区画整理事業の都市計画決定が行われたのは，草の根検証ワークショップを実施した年の暮れに迫る2012年11月であった。したがって，多くの被災者にとって「③まち」に関する先行きがどのように決まるのかは，生活の復興上の重要な課題となっていた（立木，2015d，2015e）。このような

凡例:
- 1999年神戸市ワークショップ結果 (N=1,623)
- 2013年名取市ワークショップ結果 (N=132)

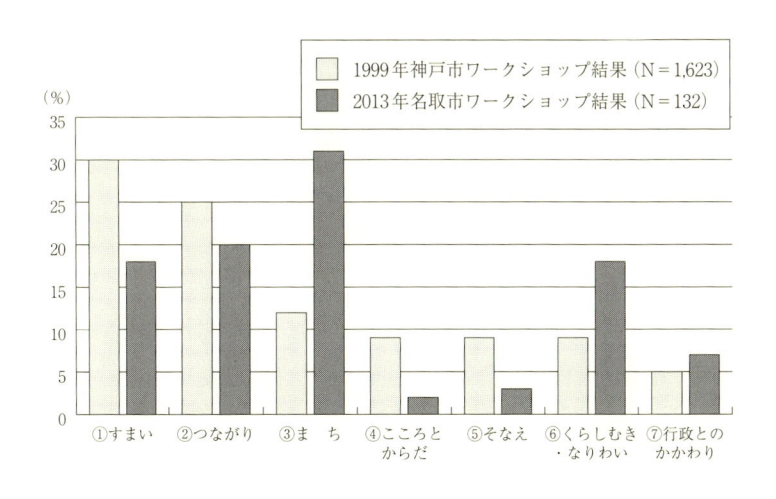

図12-3　神戸市 (1999年7・8月) と名取市 (2012年1月) での生活再建草の根検証ワークショップ結果の比較

経緯から「③まち」に関する意見が多く出されたのだと考えられた。

2.3　プレハブ・借り上げ仮設居住者に特徴的な生活再建要素

図12-4は，住まい方の異なる4つのタイプごとに，生活再建7要素の出現割合を比較したものである。その結果，どのタイプの住まい方でも，意見の出現が20％を超えていたのは「③まち」だけであったが，とりわけプレハブ仮設住宅入居者と再建済み被災者で，出現割合が特に高くなっていた。被災者への個別インタビューの結果から，プレハブ仮設居住者では，閖上コミュニティ一体となったまちの再建（これは，閖上での住宅の再建・公営住宅入居だけでなく，集団での内陸部への移転意向も含んでいる）を希望する層が多く，この人たちにとっては，「③まち」の再建の方針の確定が個人の生活の再建にとって必須の条件となっていたからである。一方，再建済み層にとっては，ワークショップ時点では土地区画整理の都市計画決定も未だ行われていない閖上地区ではなく，それ以外の土地にすでに自宅の再建を済ませており，彼らにとっては新しい土地を今後も「定位するべきコミュニティ」にしていくこと，と同時にこれまで住んできた閖上地区が「記憶のコミュニティ」として今後も気にかかる，といっ

第12章　災害とコミュニティ (2)　209

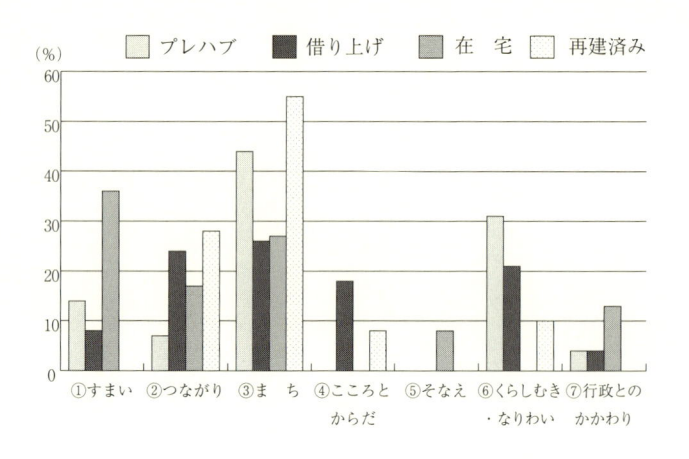

図12-4　住まい方別の生活再建7要素の意見数
（投票によって重みづけた意見分布）

た意識を併せ持っていたため，発言量が多くなったのだと考えられた。

「③まち」以外の要素については，住まい方のタイプによって意見数の出現頻度に相違が見られた。例えば，「⑥くらしむき・なりわい」については，プレハブ仮設居住で特徴的に見られた。一方，「①すまい」については在宅被災者が，「②つながり」や「④こころとからだ」は再建済み者や借り上げ仮設居住者が特徴的に意見表明していた。そこで，「プレハブ，借り上げ，在宅，再建済み」という現在の住まい方のタイプと，生活再建7要素カテゴリとの関連性をさらに詳細に分析するために，関連性の高いタイプ・カテゴリ間は，散布図上で近接させ，関連性の低いタイプ・カテゴリ間は遠距離に布置させる双対尺度法（西里，1982）を用いて，両者の関連性を視覚化した（**図12-5**）。その結果，住まい方と7要素カテゴリ間に類推された関連性が，より明快に見て取ることができるようになった。すなわち，**図12-5**の右下には「プレハブ居住者」に特徴的な再建要素として，「③まち」・「⑥くらしむき・なりわい」が布置されてクラスターを形成した。これに対して図右上では，「借り上げ仮設」ならびに「再建済みの自宅」居住者では，「②つながり・④こころとからだ」が近接して布置された。さらに，「在宅」者では「⑦行政とのかかわり」および「①すまい」が最も関連性の高い生活再建要素であることが示された（松川他，

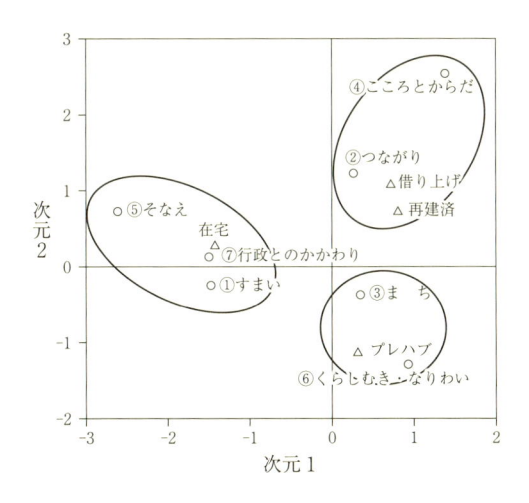

図12-5　住まい方タイプと生活再建7要素カテゴリの
　　　　双対尺度法分析結果

2014)。

　借り上げ仮設居住者や自宅再建済み者は，元の地域コミュニティから離れた場所で分散居住している。借り上げ仮設居住者にとっては一時的に，再建済み者は恒久的にこのような状況が続くことになる。これらの分散居住被災者では，プレハブ仮設や在宅者と比較すると「②つながり」を地域や家族との関係性の中で，いかに（再）構築し，維持していくのか，併せて生活の再建の過程で「④こころとからだ」の健康をいかに維持していくのかといった点に特に関心が高いことが示唆された。

　名取プロジェクトの草の根検証ワークショップは，阪神・淡路大震災被災者との協働的な作業で見いだした生活再建7要素モデルが，東日本大震災被災者の生活の再建のニーズを記述するための枠組みとしても使うことができる，という見通しを与えた。名取プロジェクトでは，被災者や支援者への個別インタビューに基づく克明なエスノグラフィーデータも同時に進め，その内容分析も同時並行で行ったが(Tanaka & Shigekawa, 2014; 田中・重川, 2015)，インタビュー調査も上述のワークショップ結果を基本的に支持するものとなっている。

3．2014年度名取市生活再建現況調査

　2015年1月13日から3月4日にかけて，被災者の生活再建を総合的かつ効率的に実施するための基礎資料とすることを目的として，生活再建状況に関する全数記名式の社会調査の設計・実査・分析を行った（立木，2015e; Tatsuki, 2015; 松川・佐藤・立木，2015）。この調査では兵庫県復興調査（兵庫県，2001; Tatsuki & Hayashi, 2002; 立木他，2004a; Tatsuki, 2007）で用いた生活再建7要素の各指標を活用した。

3.1　調査対象

　調査対象は，名取市が把握している応急仮設住宅（プレハブ仮設住宅，県借り上げ民間賃貸住宅）に居住する全1,533世帯と，その18歳以上の世帯員3,513名である。この中には，被災時に名取市に居住していた世帯（調査時点での市外居住世帯を含む）と，被災時には市外に居住していたが調査時には名取市内に居住していた世帯（主に福島で被災し県外避難した被災世帯）が含まれている。各世帯を対象に，世帯全体の状況をうかがう世帯票（両面1枚，2ページ）と，18歳以上の世帯構成員個々人に状況をうかがう個人票（両面2枚，4ページ）の2種類からなる調査票セットを郵送した。世帯票は1票，個人票は市で把握している最大の世帯構成員人数よりも若干多い6枚を同封した。回収数（率）は，世帯票が1,107（72.2％），個人票で1,971（56.1％）である。

3.2　調査項目

　名取市被災者現況調査の調査フレームは3つの変数セットから構成されている。被災者の生活再建に影響を及ぼす外生的（被災状況，年齢・性別などの属性）ならびに内生的（生活再建7要素を中心とする，政策的に操作可能）な変数，震災の現在の生活への影響度と被災体験の主観的な評価からなる媒介変数，そして従属変数としての現在の生活復興感である。

　生活復興感は，1999年から隔年で4回実施した兵庫県復興調査で用いたものと同じ尺度で，生活再適応感，生活満足感，1年後の見通しからなる（本書第11章を参照）。生活満足度として，毎日の暮らし，自身の健康，今の人間関係，今

の家計の状態，今の家庭生活，自身の仕事の計6項目について5件法ライカート尺度（1. 大変不満である〜5. 大変満足している）で尋ねている。生活再適応感については，忙しく活動的な生活を送ること，自分のしていることに生きがいを感じること，周りの人々とうまくつき合っていくこと，日常生活を楽しく送ること，自分の将来は明るいと感じること，元気ではつらつとしていること，家で過ごす時間（逆項目），仕事の量，といった7項目について5件法（1. かなり減った〜5. かなり増えた）で問い合わせる。最後に1年後の見通しについては，今よりも生活が良くなっていると思うかどうかについて，5件法ライカート尺度（1. かなり良くなる〜5. かなり悪くなる）で質問している。兵庫県生活復興調査研究から全14項目は1次元尺度となることが実証されているので，全項目の主成分得点を用いて平均を50，標準偏差を10に標準化した得点を用いた。

独立変数のうち外生的変数である年齢，性別，被災時の住所，り災程度は質問紙で問い合わせた。また，要介護度や障害区分などの情報は，生活再建支援課で別途追加を行った。一方，内生的変数である生活再建7要素については，以下の項目を用いた。

①すまい：借り上げ仮設かプレハブ仮設居住か，住まいの再建方針，住まいを再建する上で気がかりなこと，住まいを再建する上で重要視すること，借り上げ仮設入居時期やその見つけ方（借り上げ入居者専用世帯票のみ）。
②つながり：近所づき合い・サークルや趣味のつき合いの状況，サロンや集会所への参加。
③まち：現在住んでいるまちの様子。
④こころとからだ：心身ストレスと健康状態の主観的評価。
⑤そなえ：すまいを再建する上で災害に強い建物や土地を重要視するか。
⑥くらしむき：家計（収入，支出，預貯金，ローン・負債）の増減，主な世帯収入，家計収入の満足度，地震保険加入の有無，震災前後の職業。
⑦行政とのかかわり：行政との関わりに関する方針について「行政依存／自由主義／共和主義」か，広報誌を知っている／読んでいるか，支援員による訪問の必要性。

また，媒介変数として，震災体験が現在の生活にどの程度の影響を及ぼしているのかを問う，できごと影響度1項目（これからどのように暮らしていけばよいのか，そのめどが立っている），震災体験を主観的にどのように評価しているかを問う，できごと評価2項目（「生きることには意味がある」と強く感じる，その後の人生を変える出会いがあった）（立木他，2004）についても，調査票で問い合わせた。

3.3 分析の方法

今回の調査と同様の調査フレームを用いた2001年兵庫県復興調査結果（Tatsuki & Hayashi, 2002）との比較が可能となるように，生活復興感を従属変数とし，外生的・内生的な変数ならびに媒介変数を独立変数とする重回帰分析を行った。

3.4 生活再建7要素モデルは被災名取市民の生活復興感をどの程度説明できたか？

1）回答者の属性

回答者の性別と仮住まい先別の平均年齢を**表12-1**に示す。回答者全体の平均年齢は男性で54.4歳，女性で56.1歳であった。仮設住宅タイプで見るとプレハブ仮設全体で59.8歳と，ほぼ過半数が60歳以上の高齢者であったのに対して，借り上げ仮設では52.1歳となり，働き盛りや子育て層がより多く借り上げ仮設住宅に居住していた。

回答者のり災状況を**表12-2**に示す。回答者の実に4分の3以上が津波の直接被害による全壊・全焼世帯であったことが分かる。また，福島で被災し名取市に県外避難した方々の住宅り災状況は「福島で被災し原発災害から避難」と別カテゴリとした。

2）モデルの個々の変数の効果と全体の説明力の検討

生活復興感を従属変数とし，被害の程度や被災者の属性といった外生的変数，内生的変数としての生活再建7要素変数群，そして媒介変数としての復興過程感（できごと影響度1項目とできごと評価2項目の合成変数）を説明変数とする重回帰モデルについて数度の検討（立木，2015d, 2015e; Tatsuki, 2015; 松川・佐藤・立木，2015）を踏まえて，本書に示す最終的な予測モデルを構築した。このモデ

表12-1 調査回答者の仮設住宅タイプ別の性別と年齢の平均（標準偏差）

		平均年齢	(SD)	人数
男性	プレハブ	57.7	(18.2)	393
	借り上げ	51.9	(16.6)	515
	合計	54.4	(17.6)	908
女性	プレハブ	61.8	(17.8)	402
	借り上げ	52.3	(18.1)	592
	合計	56.1	(18.6)	994
合計	プレハブ	59.8	(18.1)	795
	借り上げ	52.1	(17.4)	1,107
	合計	55.3	(18.1)	1,902

（注）欠損値69件。

表12-2 回答者のり災状況

り災分類	度数	パーセント
全壊・全焼	1,503	76.3
大規模半壊	58	2.9
半壊・半焼	80	4.1
福島で被災し原発災害から避難	164	8.3
無回答	166	8.4
合計	1,971	100.0

ルでは①すまいに関連する変数群の中に，仮住まいタイプ（プレハブか借り上げか）と，「単身高齢世帯」や「身体に健康不安のある人がいる世帯」，「高齢の母と中年の子の2人世帯」との交互作用項も投入している。最終モデルが全体として観測された生活復興感の変動をどの程度説明できるのかを示す決定係数（R^2値）は，**表12-3**最下段に示す通り.532であり，自由度を調整した決定係数は.520であった。つまり東日本大震災被災地における生活復興感の分散の約半分強は，生活再建7要素と復興過程感で説明できることが明らかになった。これを視覚化したものが**図12-6**である。モデルによる生活復興感の予測値と回答者からの生活復興感得点の実測値が線形の関係としてよく適合していることが示されている。前章では2001年1月の兵庫県復興調査における生活復興感に対する重回帰モデル（自由度を調整した場合，生活復興感の分散の45.4％を説明し

表12-3　生活復興感に対する重回帰分析結果（偏回帰係数推定値と関連指標）：
2015年1月名取市生活再建現況調査

説明変数の内訳	説明変数（項目）	変数カテゴリ	B (パラメター推定値)	標準誤差	t値	有意確率	ω^2	共線性の統計量（VIF）
外生的変数		切片	50.531	1.021	49.495	***	0.596	
	被害の程度	全壊・全焼	.306	.585	.523		0.000	2.655
		大規模半壊	.410	1.052	.390		0.000	1.354
		半壊・半焼	1.753	.941	1.862	*	0.001	1.478
		福島で被災し原発避難	-1.756	.767	-2.291	**	0.001	1.920
	性別	男性ダミー	-0.671	.324	-2.070	**	0.001	1.119
内生的変数								
①すまい	プレハブor借り上げ	プレハブ仮設居住ダミー	-1.186	.391	-3.030	***	0.000	1.594
	すまいへの気がかり	復興公営住宅に関する気がかり	2.697	1.003	2.689	***	0.002	1.149
		現在の仮住まいの状況に関する気がかり	-1.348	.487	-2.767	***	0.002	1.216
		借り上げ仮設居住かつ高齢単身ダミー	-6.338	2.831	-2.239	**	0.001	1.042
		借り上げ仮設居住かつ身体心配ダミー	-0.537	.166	-3.241	***	0.002	1.174
		借り上げ仮設居住かつ高齢母と中年子世帯かつ仮設入居時期遅いダミー	-0.411	0.158	-2.592	***	0.002	1.075
②つながり	震災前の近所づきあい	いない	1.391	.627	2.218	**	0.001	2.005
		1～4人	2.422	.608	3.983	***	0.004	1.539
		5～9人	.602	.515	1.170		0.000	1.448
	震災後の近所づきあい	いない	.285	.795	.358		0.000	4.958
		1～4人	-1.262	.781	-1.617	(p=.106)	0.000	4.088
		5～9人	-.065	.777	-.084		0.022	3.632
		10人以上	1.424	.729	1.953	*	0.001	4.511
	震災前の趣味サークル仲間	いない	-.135	.743	-.182		0.000	5.889
		1～4人	-.967	.995	-.972		0.000	2.423
		5～9人	-1.044	.905	-1.154		0.000	2.737
		10人以上	-2.577	.771	-3.344	***	0.002	4.308

	震災後の趣味サークル仲間	いない	-.261	.832	-.313		0.000	7.362
		1～4人	1.257	1.047	1.200		0.000	3.222
		5～9人	1.791	.995	1.800	*	0.001	3.015
		10人以上	2.910	.901	3.229	***	0.002	4.648
③まち	あなたのまちの様子	まちのつき合いがあまりなく，それぞれで生活している	-1.862	.796	-2.338	**	0.001	6.496
		まちのつき合いはあまりないが，地域の世話役の人たちの活動が目にはいる	-1.681	.889	-1.891	*	0.001	3.209
		まちのつき合いは少しあり，住民がお互いに挨拶をかわすこともある	-.492	.791	-.622		0.000	6.017
		まちのつき合いはかなりあり，何かのときには多くの人が参加する	2.210	.915	2.416	**	0.001	2.794
④こころとからだ	健康状態	良い	4.185	.992	4.220	***	0.004	5.135
		普通	1.462	.909	1.608		0.000	8.150
		悪い	-.359	.959	-.374		0.000	5.809
	心身ストレス	心身ストレスの高さ	-2.499	.188	-13.274	***	0.043	1.412
⑤そなえ	そなえ	そなえについて考えていない	.335	.159	2.113	**	0.001	1.078
⑥くらしむき・なりわい	くらしむき	震災の家計への影響度	-0.855	0.159	-5.386	***	0.007	1.042
		家計の余裕度（収入・支出・預貯金・ローン）	.611	.156	3.919	***	0.003	1.079
	なりわい	自営業（震災前）	-2.763	.690	-4.006	***	0.004	1.750
		自営業（現在）	2.677	.921	2.908	***	0.002	1.715
		退職者（震災前）	1.353	.608	2.226	**	0.001	1.962
		退職者（現在）	-2.421	.520	-4.653	***	0.005	2.271
		失業中（震災前）	1.757	.581	3.027	***	0.002	1.437
		失業中（現在）	-3.313	.540	-6.137	***	0.009	1.516
⑦行政とのかかわり		共和主義度	-.344	.162	-2.126	**	0.001	1.122
		行政からの広報誌読んでいない	.405	.160	2.530	**	0.001	1.122
媒介変数								
		復興過程感	3.759	.172	21.818	***	0.116	1.271

$R^2 = .532$（調整済み $R^2 = .520$）

*** $p<.01$, ** $p<.05$, * $p<.10$

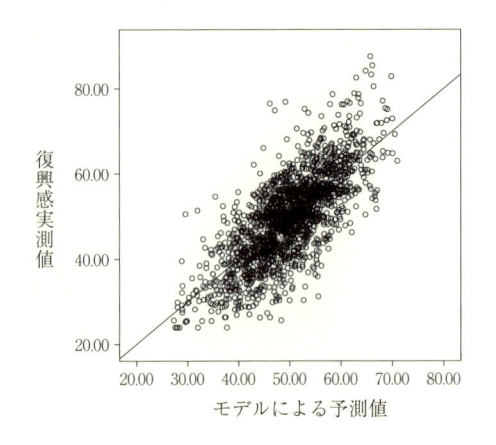

図12-6 名取市現況調査回答者の生活復興感の重回帰モデルによる予測値と実測値の関係

ていた）の分散分析結果を**表11-1**として示していた。両モデルの各変数の効果や自由度調整済み決定係数を比較しても，今回の生活再建現況調査に対する予測モデルは，2001年1月の兵庫県生活復興調査のモデルとほぼ同等かそれ以上の精度であることが分かった。

3) 重回帰モデルの個々の変数の振る舞いの検討

　表12-3は生活復興感に対する重回帰モデルに投入された外生的・内生的・媒介的変数がどのように生活復興感を左右していたのか——高めるか低める方向か——を検討するために，変数の個々の振る舞いを説明する偏回帰係数（パラメター推定値）とその関連指標も表中にまとめている。関連指標としては，推定の標準誤差，t値とその有意確率，効果量（ω^2）および共線性に関する指標（VIF）——10を超える場合は共線性が疑われる——を載せている。

　表12-3の最初の数行は被害の程度や性別といった操作不能な外生的変数の偏回帰係数を示している。り災状況の各水準に対する偏回帰係数は生活復興感に及ぼす影響の具体的なあり様を示している。すなわち半壊・半焼者（ダミー）変数の偏回帰係数は正の値（$p<.10$）となっており，福島で被災し原発避難で名取市に転入（ダミー）変数の偏回帰係数は負の有意な値（$p<.05$）を示した。これ

らから，り災状況については全壊・全焼者や原発避難者と比較すると，半壊・半焼者は相対的にり災のインパクトが小さい傾向にあったこと，その一方で，福島で被災し原発災害を逃れて名取市に移動してきた人たちの生活復興感がとりわけ低いことが明らかになった。また回答者の年齢区分は調査時点での生活復興感を左右する要因とはなっていなかったが，性別については男性（ダミー変数）の偏回帰係数が負の有意な値（$p<.05$）となり，男性の生活復興感が全般的に低いことが分かった。

　次に，生活再建7要素の各内生的変数の振る舞いについて見てみる。①すまいについては，回答者は全員が仮住まいをしている。その仮住まいのタイプ（借り上げ仮設かプレハブ仮設住宅）の違いに注目すると，プレハブ仮設居住のダミー変数の偏回帰係数が有意な負の値を示した。これは平均的に見ると，借り上げと比較してプレハブ居住は生活復興感に負の有意な効果（$p<.01$）を与えていたことを意味する。逆に言うと，借り上げ仮設住宅の居住は，全般的に復興感を高める要因として働いていた。借り上げ仮設住宅制度は，東日本大震災を機に一般施策として導入されたものだが，仮住まい者の相対多数がこの制度を利用したことからこの制度が被災者のニーズに沿ったものであることがうかがえる。さらに災害対応上の回復力（レジリエンス）に関する4つのRの観点（Tierney, 2014）からも，大量の（redundancy），堅牢（robust）で，多様な間取りの（resourcefulness）住宅を，迅速に（rapidity）供給可能であり，今後の首都直下地震や南海トラフ地震では，主たる仮設住宅供給策となる可能性が高い。その意味で，「被災者の多くにとっては，プレハブ仮設団地居住と比較して分散居住を強いる借り上げ仮設住宅居住ではあるが，むしろ民間賃貸住宅への入居は生活復興感を高めることに寄与していた」という今回の計量調査の結果は，借り上げ仮設住宅制度の有効性の一端を実証するものである。しかしながら，借り上げ仮設住宅への入居が誰にとっても効果的な選択であったのかについては，被災者のさまざまな属性や特徴との掛け合わせの効果についてより細かく検討する必要がある。この点については，次項で詳細に検討する。

　②人と人とのつながりについては，被災前後で近所づき合いの人数が復興感に与える影響に特徴的な相違が現れた。すなわち震災前では近所づき合いが少ない（いない，もしくは4人まで）という回答への偏回帰係数が正の有意な値を示

していた。一方，震災後の仮住まいでの近所づき合いでは，10名以上という回答に正の有意（$p<.05$）な効果があり，5名以上だとほぼ平均的な復興感を示したのに対し，4人以下の回答には有意ではない（$p=.106$）ものの負の係数が推定された。仮住まい後では，現在の仮住まいの近隣の人とのつき合いを意識的に増やした「被災後社交派」とでも呼ぶべき人たちは生活復興感が高く，逆に震災前と同程度の社交に留めた人たちは，人と人とのつながりが復興感に与える恩恵に浴していなかった。趣味サークル仲間の人数では，被災前のサークル仲間が多い人ほど生活復興感に負の影響を与えていた。これに対して，現在の趣味サークル仲間の多さは正の効果を持っていた。被災と仮住まいによって日常的に会う友人の数が多かった人ほど，つながりの喪失により生活復興感が低くなる一方で，仮住まい後に趣味サークル仲間を意識的に多くした「被災後社交派」は状況の変化に適応していた，と解釈することができる。これらは，被災者宅の個別訪問，茶話会・サロン活動などを通じて，被災後のつながりの維持や再構築を目的とする復興支援員制度の必要性を実証的に支持するものとなっている。

　③まちについては，住民相互のつき合いが「かなりある」場合は有意な正の効果（$p<.05$）が確認された。一方，「あまりないが世話役の人が活動している」（$p<.10$），「あまりなく，それぞれで生活している」（$p<.05$）地域は，すべて有意な負のパラメター値が推定された。しかも，つき合いの程度が「少しあり，あいさつ程度はする」から順につき合いが低下するにつれて負のパラメター値が大きくなっていた。社会関係資本の議論を援用すると，「②人と人とのつながり」は個人財，「③まち」は共有財としての社会関係資本の指標である。個々の被災者の社会関係を豊かな方向に持っていく個別のサポートだけではなく，被災者を包摂するコミュニティ全体の地域力（立木，2007，2008，2012）を高めることの重要性を示す結果となった。

　④こころとからだについては，主観的な健康状態が良い場合は，生活復興感に有意な正の効果（$p<.01$）を持っていた。さらに8項目の心身ストレスの症状の程度を問い合わせたこころとからだのストレス尺度得点も有意な負の効果が確認された（$p<.01$）。これらは保健師や訪問看護師による1人ひとりの被災者への健康調査や健康指導事業は生活再建の支援策として重要であることの実証

的な証拠となっている。

⑤そなえについては，今後の住まいについて災害リスクを考慮するか，それとも考慮しないかに関する合成得点を用いたところ，今後の災害リスクを考慮しないことが有意に（$p<.01$）復興感を高めていることが分かった。なお同様の結果は，2001・2003・2005年の兵庫県生活復興調査でも繰り返し確認されている。住宅の選択にあたり，仕事・学校・買い物・通院といった「今，ここ」における日常生活に関する要因に重きを置き，将来の災害リスクにはむしろとらわれないことが生活復興感と関係していることが今回の調査でも示された。

⑥くらしむき・なりわいについては，収入・支出・預貯金・ローン残高などについて震災により変化があるほど生活復興感に有意な（$p<.01$）の負効果を与えていた。一方，これらの項目それぞれについて家計の余裕が高まる方向（例えば収入増，支出減，預貯金増，ローン残高減など）への回答は生活復興感に有意な（$p<.01$）正の効果を与えていた。なりわいについては，震災前に自営業者であったと場合は有意な（$p<.01$）負の効果を与えていたが，震災後に自営業と答えた人の復興感は有意に（$p<.01$）高くなっていた。一方，震災前に退職者や失業者であった人は現在の生活復興感に有意な（それぞれ$p<.05$, $p<.01$）正の効果を与えていたが，被災後の退職や失業は復興感に有意な（ともに$p<.01$）負の効果を与えていた。現況調査対象者の大半を占めるのは震災前に閖上地区に居住していた人たちであるが，震災によりこの地区の商業施設が大きな被害を受けたことによる影響や，震災により退職や失業を余儀なくされた人たちの現在の生活の困難さが浮き彫りにされた結果となっている。一方，被災後に自営業を始めるか再開した人は，就労を始めたことにより復興感が高まっていることも確認された。これらの点については，阪神・淡路大震災との比較の上でさらに後段で論述する。

⑦行政とのかかわりについては，自分たちのまちの復興は自分たちが主役となって進めることを重視する共和主義（町衆）的な態度は，調査時点ではむしろ生活復興感に有意な（$p<.05$）負の影響を及ぼすことが分かった。また行政からの広報には関心を持たない態度は生活復興感に有意な（$p<.05$）正の効果を持っていた。阪神・淡路大震災では，コミュニティの重要性が強調されたが，コミュニティにはセーフティーネットとしての側面と，個人の自由な行動を統制

する側面との両方の機能がある。閖上地区の土地区画整理事業のように，まちの再建までにまだ多くの時間がかかることが予測されるときに，個人の生活の再建を優先させる非共和主義的で行政非依存の被災者の方が，現時点では生活復興感が高いことを示しているのだと考えられる。

4) 借り上げ仮設とプレハブ仮設住宅の最適な活用とは

すでに生活再建7要素の検討で見たように①すまいについては，借り上げ仮設居住はプレハブ仮設居住と比べて生活復興感を高める効果が確認された。しかし，このことは借り上げ仮設住宅が，誰にとっても効果的な仮住まい先であることを意味するのではない。単身高齢世帯，身体の健康に不安がある人がいる世帯，高齢母と中年子からなる2人世帯の人たちでは，これとはむしろ逆の結果が確認された。表12-3に示した偏回帰係数表の①すまい変数のうち，「借り上げ仮設住宅居住かつ単身高齢」世帯ダミー変数には有意な負の効果 ($p<.05$) が，「借り上げ仮設住宅居住かつ身体の健康に不安のある人のいる」世帯ダミー変数も有意な負の効果 ($p<.01$) が，そして「借り上げ仮設住宅居住かつ高齢母と中年の子の世帯かつ仮設住宅入居が発災から5カ月以上」世帯ダミー変数でも有意な負の効果 ($p<.01$) が確認された。

図12-7から図12-9は，これらの交互作用項のダミー変数の振る舞いを視覚的に確認するために「プレハブ仮設居住か借り上げ仮設居住か」別に「これらの世帯対それ以外のタイプの世帯」の生活復興感の平均値を対比させてグラフ化した。図12-7は仮住まいタイプ別ならびに高齢単身者世帯の有無別の生活復興感の平均値を比較したものである。図12-8は仮住まいタイプ別ならびに身体の健康が気がかりな人の有無別の生活復興感の平均値を示している。そして図12-9は，仮住まいタイプ別，高齢の母と中年の子の母子世帯か否か別ならびに仮設住宅入居時期別の生活復興感の平均値を比較したものである。どのグラフでも，これらの3種類の世帯タイプでは，明らかにプレハブ居住世帯の方が生活復興感の平均値が高く，逆に借り上げ仮設住宅居住では生活復興感の平均値が低いことが示されている。

図12-7から図12-9で取り上げたような世帯では，生活上の合理的な配慮が求められる。そしてそのような配慮の提供は，支援員がプレハブ仮設団地の集

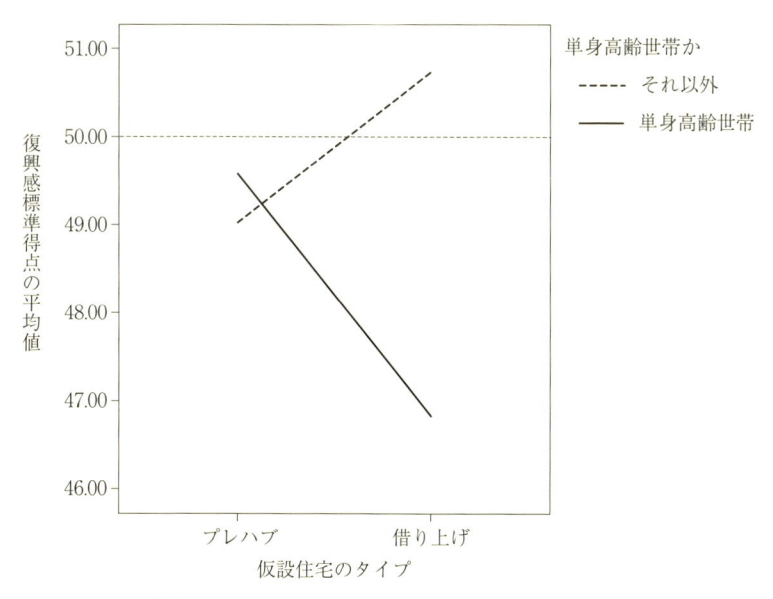

図12-7　仮住まいタイプ別および単身高齢者とそれ以外の世帯別の生活復興感の比較

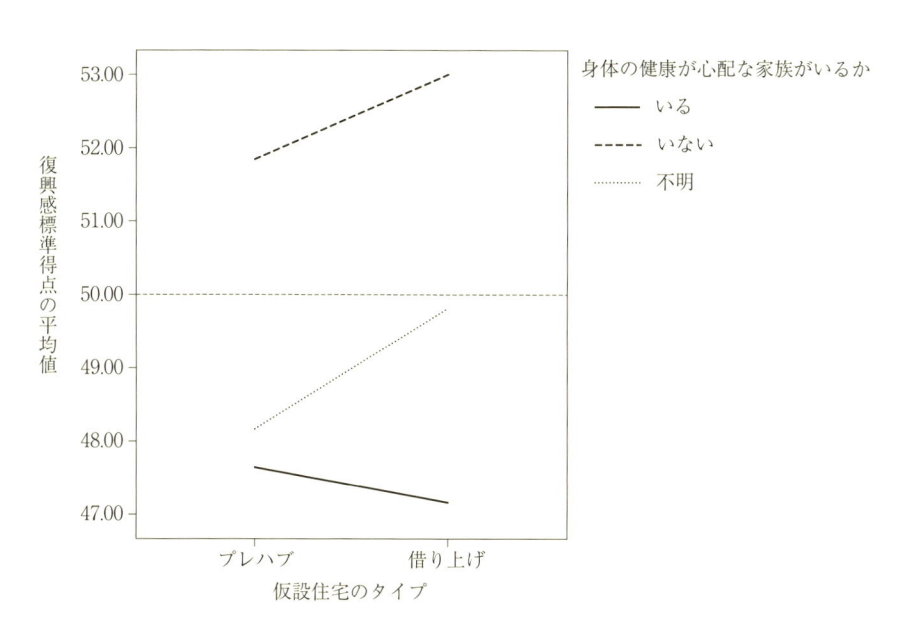

図12-8　仮住まいタイプ別および身体が心配な家族員の有無別の生活復興感の比較

第12章　災害とコミュニティ(2)

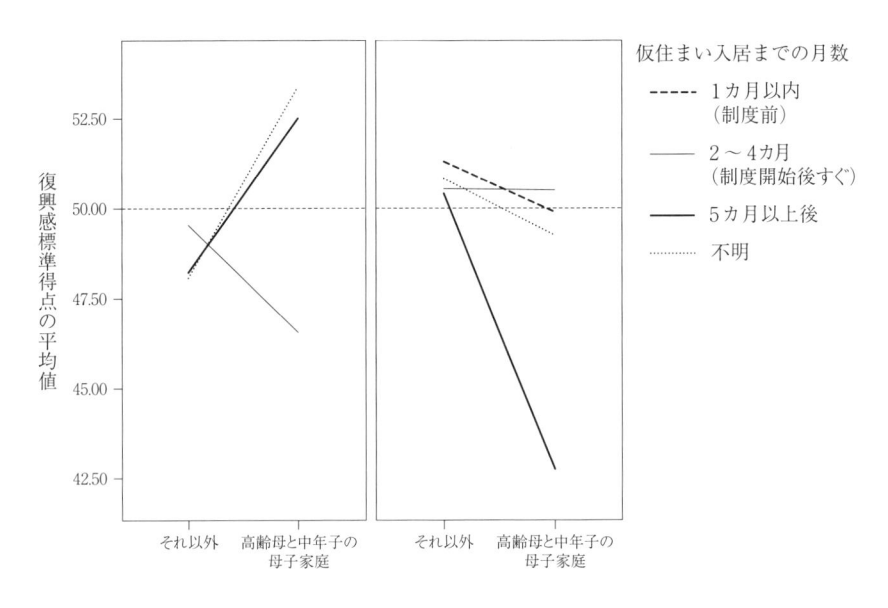

図12-9　仮住まいタイプ別および仮住まい先入居時期別および高齢の母と中年の子からなる世帯かそれ以外の世帯別の生活復興感の比較

会所に常駐し，共同居住・集住のために住民同士の互助やボランティア・NPOによる共助などが自然に芽生えやすいプレハブ仮設居住の方が有利であったと考えられる。一方，分散居住し，コミュニティから孤立する可能性の高い借り上げ仮設では，公的支援者からの配慮や近隣の互助あるいはボランティアからの共助といった社会関係資本を介したインフォーマルな支援者からの配慮が得られにくい。以上の結果を踏まえると，今後の借り上げ仮設住宅制度の運用にあたっては，今回の調査が同定したような周囲からの合理的な配慮の提供が求められる要配慮世帯については，プレハブ仮設居住に特徴的に見られる公助・共助・自助が育まれやすい環境の提供に配慮することが重要であると考えられる。

5) 神戸市・名取市における草の根検証ワークショップ・生活復興調査から得られた生活再建7要素の重要度の比較

　重回帰モデル全体の説明力は決定係数 (R^2) あるいは自由度調整済み決定係

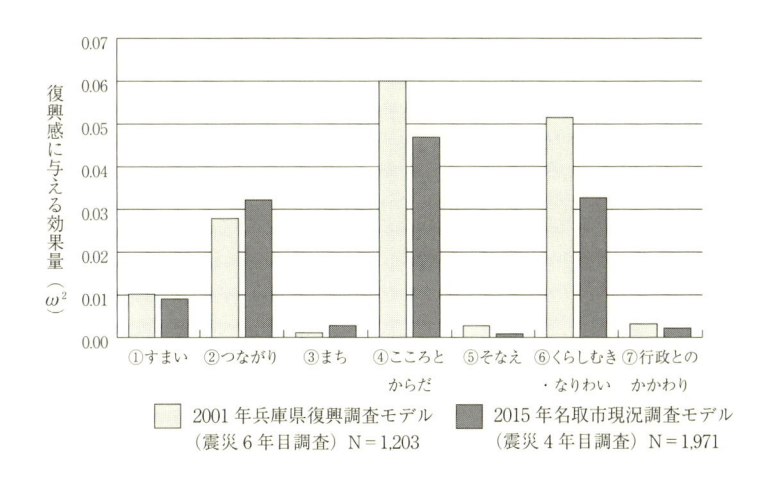

図12-10　生活再建7要素が生活復興感に与える効果量（ω^2）に関するメタ分析：
2001年兵庫県生活復興調査と2015年名取市生活再建現況調査の比較

数（adjusted R^2）で推定が可能であり，今回の重回帰モデルは全体として53.2%（自由度を調整した場合は52.3%）の説明力を有していたが，重回帰モデルを構成する個々の説明変数については，ω^2を用いて個別の変数の効果量を比較することができる（Maxwell, Camp & Arvey, 1981；水本・竹内，2008）。しかも個々の要因に対応するω^2の総和は，調整済み決定係数とほぼ等しくなる（不偏推定量である）ことが知られている。そこで今回の調査における重回帰モデルのうち生活再建7要素だけに注目し，それぞれの要素の効果量（ω^2）を2001年兵庫県生活復興調査モデルと比較するメタ分析を行った結果が**図12-10**である。

名取市調査モデルと兵庫県生活復興調査モデルを比較すると，名取市調査では④こころとからだ，⑥くらしむき・なりわい，②つながりの順での効果量が大きいこと，一方兵庫県調査では④こころとからだ，②つながり，⑥くらしむき・なりわいの順で生活復興感に及ぼす効果が大きいことが分かる。期せずして，どちらの調査でもこれら3つの要素が共通して生活復興感に及ぼす影響が特に高いことが確認されたのである。本章初めに紹介した神戸市と名取市の草の根検証ワークショップ結果の比較でも，名取市ワークショップでは③まちと⑥くらしむき・なりわいに関する意見が特徴的に多く出され，この2要素を名

取市の被災者はとりわけ重視することが示唆された。この点は計量調査でも再度支持されることになった。

　本章の初めに神戸市と名取市の草の根検証ワークショップ結果を比較した（図12-3）。これは，ワークショップ当日に足を運び，他の参加者と共同で生活再建を進める上で重要なことについて意見カードを自由に記述した被災者や支援者の意見をまとめたものであり，これらの意見を最終的に集約した各要素の意見数は，被災者・支援者から見た生活再建要素それぞれへの生活再建上の集合的な関心度（スロウィッキー，2009）の指標と見なすことができる。一方，図12-10のω^2値の比較は，社会調査から示された1人ひとりの生活復興感に対する客観的な効果量を7要素で比較したものである。そこで，生活再建7要素のそれぞれについて，集合的な市民参画型のワークショップでの意見数の高低（図12-3）と，客観的な社会調査から得られた生活復興感への効果量の高低（図12-10）の2軸を用いて，神戸市（兵庫県）と名取市の結果を比較したものが表12-4である。

　集合的な関心度の指標としての意見数も多く，かつ効果量も高いと両方の被災地で判断されたのは「②つながり」である。神戸市・名取市のワークショップおよび社会調査のどちらでも2位となっている。本書第11章で解説したように，阪神・淡路大震災直後に策定された神戸市の復興計画に盛り込まれた生活再建施策は「医・職・住」を柱とするものであったが，5年目の生活再建草の根検証ワークショップの結果を踏まえて「②つながり」の重要性が行政課題として認識され，後期の復興推進プログラムではさまざまな施策が投じられた。「②つながり」の重要性は10年目の生活再建草の根検証ワークショップでも，引き続き関心度の一番高い要素であることが被災者・支援者の集合知として提示された。さらにこの視点の重要性は，第11章後半の2003年・2005年兵庫県生活復興調査結果からも確認されている。そして，この阪神・淡路大震災被災者との調査結果は，東日本大震災被災者の生活再建や生活復興についても一般化できることが確認されたのである。

　集合的な関心度の指標としての意見数は低いが，生活復興感への効果量が高かった——効果量が1位だった——ものは「④こころとからだ」であり，阪神・淡路大震災でも東日本大震災の被災者でも同様の結果であった。これは，

表12-4　神戸市・名取市における草の根検証ワークショップ・生活復興調査から得られた生活再建7要素の重要度の比較

		ワークショップで示された集合的な関心	
		意見数が多い	意見数が少ない
社会調査で示された1人ひとりの生活復興感に対する客観的効果量	効果量が高い	②つながり （神戸市・名取市） ⑥くらしむき・なりわい （名取市）	④こころとからだ （神戸市・名取市） ⑥くらしむき・なりわい （神戸市）
	効果量が低い	①すまい （神戸市・名取市） ③まち （神戸市・名取市）	⑤そなえ （神戸市・名取市） ⑦行政とのかかわり （神戸市・名取市）

恐らくは方法上のバイアスによるものと考えられる。1人ひとりで回答する社会調査と異なり，初対面の参加者同士で意見を共有化することが求められるワークショップでは，本音に近く，さらに自らの脆弱性や弱みを表出化することに抵抗やためらいが感じられる意見や感想は表に出にくいからである。本書第9章では，阪神・淡路大震災を契機として新たに生まれたコトバの1つが「こころのケア」であることを紹介した。このコトバは，被災者の脆弱性意識を刺激することなく心理・社会的な個別対応をノーマライズ（普通のこと，当たり前のこととして社会に広めること）をする上で，大いに役立ったと，改めて感じる。そして，こころのケアはその名称を関したセンターが東日本大震災の被災地各地でも開設され，ストレスケアの訓練を受けた専門家がアウトリーチ活動やコンサルテーション活動に，現在も励んでいる。彼らの活動が被災者の生活復興感を高める上で役立つことを，2つの大災害からの複数の方法による調査研究結果から本書は示すことができた。

　⑥くらしむき・なりわいについては，神戸市（兵庫県）と名取市の社会調査に基づいた1人ひとりの生活復興感に及ぼす効果量では，どちらも高順位でありながら，ワークショップに基づく集合的な関心度の指標としての意見数では相違が見られた。名取市のワークショップでは，①すまいと同率の3位と高位であったが，神戸市のワークショップでは6位と低順位であった。この点で，東北大学が河北新報社と合同で行った社会調査結果が示唆を与えてくれる（佐

藤・今村・古関，2015)。この調査では神戸市の草の根検証ワークショップで用いたのと同じ問いかけ（あなたの生活再建にとって大切なことは何ですか）を行い，自由記述欄に回答を求めた。この回答を生活再建7要素に基づいて整理し，神戸市のワークショップ結果と比較したのが図12-11である。この調査では，「⑥くらしむき・なりわい」に関する自由記述意見が全体の40.1%と突出して多くなっていた。前述のように，ワークショップでは，本音に近く，自らの弱みを表出することに抵抗やためらいが生まれやすいのに対して，1人ひとりで回答できる社会調査では，このようなバイアスを受けにくい。このために1999年の神戸市草の根検証ワークショップでは，「この場では，本音はともかく，一般的に受け入れられるように反応した方がよい」という防衛性や社会的望ましさバイアスが働き，関心度が人工的に抑えられた可能性が考えられる。

　しかし，これだけでは「⑥くらしむき・なりわい」が名取市ワークショップでは高順位となったことが説明できない。もう1つの可能性は，生活再建に向けてくらしむきやなりわいが課題になるといった発言を抑制させるバイアスが生じにくい状況が名取市ワークショップにはあったことである。図12-5は，住まい方カテゴリと生活再建7要素カテゴリの出現数を基に双対尺度法により，それぞれのカテゴリの尺度値を求め，2次元空間にプロットしたものであった。この結果を見ると，「⑥くらしむき・なりわい」の関心はプレハブ仮設居住者に特徴的に出されていることが分かる。この結果は，プレハブ仮設居住者だけが特異に家計や生業について生活再建上の困難を抱えていた，と考えるよりも，参加者が元々地域の共同性や凝集性が高いことで知られた閖上地区の住民であり，仮設住宅団地での共同居住や自治会活動を通じて，さらに一層親近度を高めていたはずのプレハブ仮設居住者グループでは，本音をかくす必要性が低かったため，と考えることもできる。

　「⑥くらしむき・なりわい」の項目として，兵庫県生活復興調査では確認されず，2015年名取市生活再建現況調査で見いだされた事実に，震災による失業・退職した被災者の生活復興感の低さがある。東日本大震災では住まいも働きの場も同時に被災した市民が多数発生した。このために震災前の生業が再開できない自営業者や，震災により退職や失職を余儀なくされた被災者に特徴的に生活再建問題が集中する状況を生んでいるものと見られる。生活再建を生活

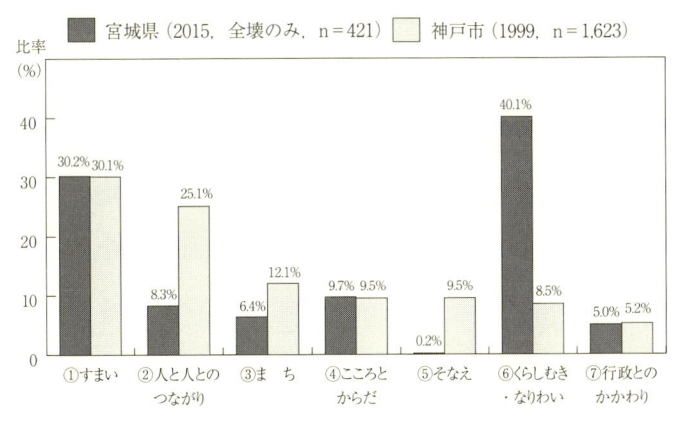

■ 宮城県（2015, 全壊のみ, n=421）　□ 神戸市（1999, n=1,623）

比率(%)

① すまい：30.2% / 30.1%
② 人と人とのつながり：8.3% / 25.1%
③ まち：6.4% / 12.1%
④ こころとからだ：9.7% / 9.5%
⑤ そなえ：0.2% / 9.5%
⑥ くらしむき・なりわい：40.1% / 8.5%
⑦ 行政とのかかわり：5.0% / 5.2%

（出典）　佐藤・今村・古関，2015。

図12-11　宮城県（東北大学・河北新報合同継続調査自由記述回答）と神戸市（草の根検証WS）の比較

の困窮の問題としてとらえる視点（菅野，2015）が東日本大震災の生活再建課題の解決では，より重要になると思われる。

　次に，ワークショップで出された意見数は高順位であったのに，社会調査から得られた効果量が低順位であったのは，「①すまい」と「③まち」であった。これらの乖離は，ともに調査方法上の制約に起因すると考えられる。すなわち神戸市の草の根検証は1999年の夏に行われた。神戸市における仮設住宅の解消は同年の暮れであったことから考えると，1999年は阪神・淡路大震災被災者にとって「①すまい」の課題の解決が最初に頭に浮かぶものであったピークの年だったことが推定される。しかし「①すまい」は，生活再建草の根10年検証ワークショップでは，誰1人課題として取り上げる人がいなかった（第11章図11-17）。このように「①すまい」の課題は，解決すると案外に早く意識されなくなる性質があるのかもしれない。このため2001年兵庫県生活復興調査票が郵送された同年1月の時点では，生活復興感に与える効果量を捕捉することができなかった可能性がある。また，名取市調査では，調査時点で回答者は全員が仮住まいのために，「①すまい」変数の変動の幅は限られていた。

　同様の技術的な問題が「③まち」にもある。2015年1月の名取市生活再建現

第12章　災害とコミュニティ（2）　229

況調査の時点では，やっと土地のかさ上げ工事という社会基盤整備の事業が始まったばかりであり，閖上地区の土地区画整理事業はまだ緒についていなかった。この時点では，「③まち」変数が生活復興感に及ぼす変動量は極めて限られたものとならざるを得なかったのである。一方，2001年兵庫県生活復興調査では「③まち」変数として「地域の共有物（コモンズ）の認知」尺度のみが用いられ，2003年・2005年調査で使われることになる共有財としての社会関係指標量の尺度が用いられていなかったために，充分に「③まち」概念が測定されていなかった可能性がある。

　以上のような技術的な制約の一方で，2015年名取市現況調査では，「③まち」の指標としては2003年・2005年兵庫県復興調査でも使われた共有財としての社会関係資本の豊かさを採用している。そして，この変数の効果量が被災名取市民にとっては，兵庫県調査の回答者と比べて特徴的に重要なものの1つになっていた。これは，「まち」の物理的な開発の状況といったハードウェアの側面だけではなく，共同性やコミュニティ意識といったコミュニティのソフトウェアとしての機能も生活の再建にとって重要であることを物語っている。閖上地区における土地区画整理事業では，まちのハードウェアの整備だけではなく，コミュニティ機能が発揮できるような配慮や工夫が必要であること，閖上地区以外で自宅を再建・移転する市民にとっては，自らがコミュニティの一員として共同性やコミュニティ感情が共有できるようになるまでの支援が必要であることを今回の調査結果は示唆していると考える。

6）生活再建の支援方策としての現況調査の活用

　今回の調査では現況調査を個別被災者支援の手段として活用することの重要性も示唆された。とりわけ公助や共助による支援者の目が行き届きにくい借り上げ仮設住宅居住者については，現況調査が生活再建上のニーズを発見するための非常に有効な手段になり得るからである。2015年1月の名取市現況調査の回収率は世帯票が72.2％，個人票が56.1％であった。が，今回の調査結果の分析を踏まえて，現況調査を個別支援の方策として活用することの重要性を名取市は認めた。そこで2015年10月23日から11月6日にかけて，借り上げ仮設とプレハブ仮設に居住する全1,187世帯を対象に実施した第2回目の生活再建に

かかる現況調査では，調査票の提出がなかった世帯には職員による電話や直接の訪問を通じた督促を繰り返した．その結果，2016年1月時点での回収率は世帯票で90.9%（1,079世帯）となっている．その結果，今後の住まいの再建方針について「方針が未決定」と答えた16.2%（175世帯）および「未記入」であった4.7%（51世帯），さらに調査に未回答の9.1%（108世帯）については，2016年1月以降も引き続き訪問などにより個別相談を行い，早期の方針決定をうながすとともに，必要に応じて各種手続きの補助などの個別事情に応じた支援を実施することを決定した（名取市，2016年1月18日定例記者会見資料）．

　被災者1人ひとりから得られたこれらの回答を基に今後の生活再建に向けた個別支援を進めていくためには，被災状況やこれまでに活用した社会資源に関する情報などと統合し，1人ひとりの被災者の生活の復興の支援に活用できるデータベース（生活再建ケースマネジメント支援システム）を構築・運用し，1人ひとりの生活再建を支えるツールの開発も肝要となるだろう．筆者らの名取市プロジェクトでも，このような生活再建のためのケースマネジメント支援システムを現在開発中であり，2016年4月よりの実装運用を目指している．今後引き続き実施する生活復興に関する現況調査や，生活再建支援のためのデータベースについては，今後，稿を改めて発表する予定である．

引用・参考文献

青野文江, 田中聡, 林春男, 重川希志依, 宮野道雄 (1998)「阪神・淡路大震災における被災者の対応行動に関する研究：西宮市を事例として」,『地域安全学会論文報告集』No. 8, pp. 36-39.

有賀喜左衛門 (1967a)「第Ⅲ部　公私の概念と日本社会の構造　1. 公と私――義理と人情」,『有賀喜左衛門著作集Ⅳ』(第2版) 未来社, pp. 187-277.

有賀喜左衛門 (1967b)「第Ⅲ部　公私の概念と日本社会の構造　7. 日本社会の階層構造――日本の社会構造における階層性の問題――」,『有賀喜左衛門著作集Ⅳ』(第2版) 未来社, pp. 328-353.

Axelrod, M. A., (1984). *The Evolution of Cooperation*, NY: Basic Books. (アクセルロッド, R.／松田裕之訳 (1998)『つきあい方の科学』ミネルヴァ書房)

Bradley, B., & Cubrinovski, M. (2011). Near-source Strong Ground Motions Observed in the 22 February 2011 Christchurch Earthquake. *Seismological Research Letters* 2011. Vol. 82 No. 6, pp. 853-865.

Buckly, W. (1967). *Sociology and Modern Systems Theory*. NJ: Prentice-Hall.

Comafay, N., 北浜陽子, 飛岡香, 立木茂雄 (2008)「平成19年能登半島地震における災害時要援護者への対応に関する質的研究――要介護高齢者支援組織の対応過程分析より――」,『地域安全学会論文集』No. 10, pp. 521-530.

ドーキンス, R.／日高敏隆, 岸由二, 羽田節子, 垂水雄二訳 (1976/2006)『利己的な遺伝子（増補新装版）』紀伊國屋書店.

土岐憲三, 河田惠昭, 林春男編 (2005)『12歳からの被災者学』NHK出版.

Drabek, T. E., Tamminga, H. L., Kilijanek, T. S., & Adams, C. R. (1981). *Managing Multiorganizational Emergency Responses: Emergent Search and Rescue Networks in Natural Disaster and Remote Area Settings*. Boulder, Colo.: Institute of Behavioral Science, University of Colorado.

DRI調査レポート No.27 (2010) ひょうご震災記念21世紀研究機構人と防災センター (http://www.dri.ne.jp/wordpress/wp-content/uploads/no27_2010_1st-ht.pdf) (2016年2月12日閲覧).

Dynes, R. R. (1998). Coming to Terms with Community Disaster, E. L. Quarantelli ed., *What Is a Disaster?*, London: Routledge, pp. 109-126.

Friedsam, H. J. (1960). Older Persons as Disaster Casualties, *Journal of Health and Human Behavior*, Vol. 1, No. 4 (Winter, 1960), pp. 269-273.

復興の教科書ホームページ (http://www.fukko.org/) (2016年2月12日閲覧).

福眞吉美 (1993)「台風の激しさの指標化と防災対策の評価」,『気象庁研究時報』45, 気象庁編.

Global Voices (2010) 2010年2月7日「ハイチ：『略奪』の報道，しかし地震後に暴行が起きた証拠は少ない」(https://jp.globalvoices.org/2010/02/07/1410/) (2016年2月12日閲覧).

Granovetter, M. S. (1973). The Strength of Weak Ties. *American Journal of Sociology*, 78, pp. 1360-1380.

早瀬昇（1992）「第1章　我が国におけるボランティア活動とその変遷」，『企業ボランティアに関する調査研究』財団法人中小企業労働福祉会．

林春男（1996）「災害弱者のための災害対応システム」，『都市政策』第84号，神戸都市問題研究所，pp. 41-67.

林春男（2001）『率先市民主義――防災ボランティア論講義ノート』晃洋書房．

林春男，村上陽一郎（2003）「社会の安全学――震災後の危機管理」，村上陽一郎編『安全学の現在』青土社，pp. 89-131.

疋田桂一郎（1959/2007）「黒い津波の跡を歩いて――伊勢湾台風」，柴田鉄治，外岡英俊編『新聞記者疋田桂一郎とその仕事』朝日新聞社．

本荘雄一（2016）「大規模災害時における自治体間協力やNPO/NGOによる人的支援に対する被災自治体の受援力の研究――東日本大震災を対象として――」，同志社大学博士学位請求論文．

Horowitz, M., Wilner, N., & Alvarez, W. (1979). Impact of Event Scale: A Measure of Subjective Stress. *Psychosomatic Medicine.* 1979 May; 41 (3), 209-218.

兵庫県（1999）「震災後の居住地の変化と暮らしの実情に関する調査調査結果報告書」．

兵庫県（2001）「生活復興調査報告書」（http://www.drs.dpri.kyoto-u.ac.jp/publications/DRS-2001-01/index.html）（2016年2月12日閲覧）．

一陣の清風（http://avalonbreeze.web.fc2.com/38_01_02_04_weibull.html）（2016年2月12日閲覧）．

伊藤裕子，江原由美子，川浦康至（1996）『性差意識の形成環境に関する研究』，東京女性財団．

柄谷友香，林春男，河田恵昭（2000）「神戸市社会統計を利用した阪神・淡路大震災後の生活再建指標（RI）の提案」，『地域安全学会論文集』No. 2, pp. 213-222.

建設省建築研究所編（1996）『平成7年　兵庫県南部地震被害最終報告書』．

菊池美代志（1990）「町内会の機能」，倉沢進，秋元律郎編『町内会と地域集団』ミネルヴァ書房．

木村玲欧，林春男，立木茂雄，浦田康幸（1999）「阪神・淡路大震災後の被災者の移動とすまいの決定に関する研究」，『地域安全学会論文集』No. 1, pp. 93-102.

木村玲欧，林春男，立木茂雄，田村圭子（2004）「被災者の主観的時間評価からみた生活再建過程――復興カレンダーの構築」，『地域安全学会論文集』No. 6, pp. 241-250.

木村玲欧，林春男，田村圭子，立木茂雄，野田隆，矢守克也，黒宮嘶希子，浦田康幸（2006）「社会調査による生活再建過程モニタリング指標の開発――阪神・淡路大震災から10年間の復興のようす――」，『地域安全学会論文集』No. 8, pp. 415-424.

木村玲欧，田村圭子，井ノ口宗成，林春男，立木茂雄（2015）「10年を超える生活再建過程における被災者の現状と課題――阪神・淡路大震災から16年間を振り返る復興調査結果――」，『地域安全学会論文集』No. 27, pp. 35-45.

気象庁（2009）「気象庁震度階の変遷と震度階級関連解説表の比較」（http://www.data.jma.go.jp/svd/eqev/data/study-panel/shindo-kentokai/kentokai2/ken2-2-2.pdf）（2015年2月12日閲覧）．

国立天文台（2014）『理科年表』丸善出版，p. 716.

Kreps, G. A. & Bosworth, S. L. (1993). Disaster, Organizing, and Role Enactment: A Structural Approach. *American Journal of Sociology*, Vol. 99, No. 2, pp. 428-463.

倉本智明 (2002)「身体というジレンマ——障害者問題の政治化はいかにして可能か」, 好井裕明, 山田富秋編『実践のフィールドワーク』せりか書房, pp. 189-205.

黒宮亜希子, 立木茂雄, 林春男, 野田隆, 田村圭子, 木村怜欧 (2006)「阪神淡路大震災被災者の生活復興過程に見る4つのパターン——2001年・2003年・2005年兵庫県生活復興パネル調査結果報告」,『地域安全学会論文集』No. 8, pp. 405-414.

Lahad, M., & Cohen, A. (1989). BASIC-Ph: The Study of Coping Rescues. In M. Lahad (Ed.), *Community Stress Prevention*, 2, Center for Emergency, Kiryat Shmona, Israel.

Litwak, E., & Meyer, H. J. (1966). A Balance Theory of Coordination between Bureaucratic Organizations and Community Primary Groups. *Administrative Science Quarterly*, 11, pp. 31-58.

Litwak, E. (1985). *The Elderly: The Complementary Roles of Informal Networks and Formal Systems*. NY: The Guilford Press.

Litwak, E., Meyer, H. J., & Hollister C. D. (1977). The Role of Linkage Mechanisms between Bureaucracies and Families: Education and Health as Empirical Cases in Point. *Power, Paradigms and Community Research*. Beverly Hills, CA: Sage.

The Maddison-Project, http://www.ggdc.net/maddison/maddison-project/home.htm, 2013 version. (2016年2月12日閲覧).

Maruyama, M. (1963). The Second Cybernetics: Deviation-amplifying, Mutual Causal Processes. *American Scientist*, 51.

松川杏寧, 鷹家光吾, 立木茂雄 (2009)「地域の安全性から探索するCPTEDとソーシャル・キャピタルにおける防犯指標に関する研究：京都市内共同住宅地でのケーススタディ」,『地域安全学会論文集』No.11, pp. 15-126.

松川杏寧, 立木茂雄 (2011a)「ソーシャルキャピタルの視点から見た地域の安全・安心に関する実証的研究」,『地域安全学会論文集』No. 14, pp. 27-36.

松川杏寧, 立木茂雄 (2011b)「地域特性がソーシャルキャピタルに与える影響に関する研究——多母集団同時分析を用いた神戸市事例研究——」,『地域安全学会論文集』No. 15, pp. 385-394.

松川杏寧, 松本亜沙香, 水田恵三, 柄谷友香, 佐藤翔輔, 河本尋子, 田中聡, 重川希志依, 立木茂雄 (2014)「東日本大震災における被災者の生活再建の現状——名取市被災者生活再建ワークショップのデータをもとに——」,『地域安全学会梗概集』34, pp. 43-46.

松川杏寧, 佐藤翔輔, 立木茂雄 (2015)「東日本大震災における仮住まいのあり方が個人の生活再建に与える影響について——名取市現況調査のデータをもとに——」,『地域安全学会梗概集』No. 36, pp. 41-44.

松本亜沙香, 立木茂雄 (2012)「東日本大震災における市町村別の死者集計データを用いた分析による障害者と高齢者の死者発生因に関する研究」,『地域安全学会論文集』No. 18, pp. 241-250.

松本亜沙香, 立木茂雄 (2009)「阪神・淡路大震災におけるアンケート震度および社会的脆弱性が建物被害や直接死者数に及ぼす影響に関する確認的研究」,『地域安全学会論文集』No. 11, pp. 89-96.

Maxwell, S. E., Camp, C. J., & Arvey, R. D. (1981). Measures of Strength of Association: A Comparative Examination. *Journal of Applied Psychology*, 66, pp. 525-534.

水本篤, 竹内理 (2008)「研究論文における効果量の報告のために――基礎的概念と注意点――」,『英語教育研究』31, pp. 57-66.

永松伸吾, 林敏彦 (2005)「阪神・淡路大震災からの経済復興と復興財政の機能について」,『震災復興と公共政策Ⅱ』, DRI調査研究レポート7, 2005年10月, pp. 40-59.

永松伸吾 (2016)「第1章：データで見る東日本大震災――復興過程の現状と課題――」, 関西大学社会安全学部編『東日本大震災復興5年目の検証』ミネルヴァ書房, pp. 31-49.

長瀬修 (1999)「障害学に向けて」, 石川准, 長瀬修編『障害学への招待』明石書店, pp. 11-39.

名取市 (2015)『名取における東日本大震災の概要』(http://www.city.natori.miyagi.jp/soshi-ki/soumu/311kiroku/index/shinsai-gaiyou/node_34436) (2016年2月12日閲覧)

日本銀行神戸支店 (2013)「兵庫県経済の質的変貌――過去21年間の変化と今後の課題」(http://www3.boj.or.jp/kobe/kouhyou/report/report130906.pdf) (2016年2月12日閲覧)

野田隆 (1997)『災害と社会システム』恒星社厚生閣.

野口啓示, 坪倉裕子, 谷口泰史, 立木茂雄 (1997)「震災ストレスとエコロジカルモデル1――構造方程式モデルによる震災ストレスとコーピングの検討――」,『社会学部紀要』76号, 関西学院大学社会学部.

太田敏一 (2008)「神戸市復興計画策定過程の評価と考察」,『地域安全学会論文集』No. 10, pp. 215-224.

Oliver, M. (1990). *Politics of Disablement*. Macmillan. (オリバー, M./三島亜紀子, 山岸倫子, 山森亮, 横須賀俊司訳 (2006)『障害の政治――イギリス障害学の原点』明石書店)

Olson, D. H., Sprenkle, D. H., & Russell, C. S. (1979). Circumplex model of Marital and Family Systems: Ⅰ. Cohesion and Adaptability Dimensions, Family Types, and Clinical Applications. *Family Process*, 18, pp. 3-28.

織田彰久 (2007)「世界の自然災害保険制度からみた日本の地震保険制度」, ESRI Discussion Paper Series No.178, http://www.esri.go.jp/jp/archive/e_dis/e_dis178/e_dis178.html (2016年2月12日閲覧).

Parsons, T. (1951). *The Social System*, Clemcoe, Ill: Free Press.

Putnam, R. D. (1993). *Making Democracy Work: Civic Traditions in Modern Italy*. NJ: Princeton University Press.

Putnam, R. D. (2000). *Bowling Alone: The Collapse and Revival of American Community*. NY: Simon & Schuster.

Quarantelli, E. L., Dynes, R. R., & Haas, J. E. (1966). *Organizational Functioning in Disaster: A Preliminary Report*, University of Delaware Disaster Research Center.

呂恒倹, 小檜山雅之, 牧紀男, 林春男, 田中聡, 西村明儒 (1999)「阪神・淡路大震災における西宮市の人的被害発生実態に関する研究」,『地域安全学会論文集』No. 1, pp. 151-156.

Romme, A. (1992). *A Self-Organizing Perspective on Strategy Formation*. Maastricht: Datawyse.

ルソー, J. J./桑原武夫, 前川貞次郎訳 (1762/1954)『社会契約論』岩波文庫.

三田市（2000）「男女共同参画社会に関する市民意識調査報告書」.
佐藤翔輔，今村文彦，古関良行（2015）「東日本大震災の発生から4年間における生活復興過程の評価――宮城県の被災者を対象にした東北大・河北新報合同継続調査から――」,『地域安全学会梗概集』36, pp. 45-46.
星加良司（2007）『障害とは何か――ディスアビリティの社会理論に向けて』生活書院.
ジンメル，G.／居安正訳（1890/1970）『社会分化論』（現代社会学大系第1巻）青木書店.
Solnit, R. (2009). *A Paradise Built in Hell: The Extraordinary Communities That Arise in Disaster*. NY: Penguin Books.
Stacey, R. (1992). *Managing the Unknowable*, San Francisco: Jossey Bass.
菅磨志保（2000）「「災害弱者」と災害支援――阪神・淡路大震災以降の概念の広がりと対応の変化を中心に――」,『日本都市学会年報』34, pp. 38-45.
菅野拓（2015）「東日本大震災の仮設住宅入居者の社会経済状況の変化と災害法制の適合性の検討――被災1・3年後の仙台市みなし仮設住宅入居世帯調査の比較から――」,『地域安全学会論文集』No. 27, pp. 47-54.
スロウィッキー，J.／小高直子監修・翻訳（2004/2009）『「みんなの意見」は案外正しい』角川文庫.
Sussman, M. B. (1977). Family, Bureaucracy and the Elderly Individuals: An Organizational/linkage Perspective, In E. Shanas and M. B. Sussman (Eds.), *Family, Bureaucracy and the Elderly*, Durham, NC: Duke University Press.
鈴木進吾，林春男（2011）「東北地方太平洋沖地震津波の人的被害に関する地域間比較による主要原因分析」,『地域安全学会論文集』No. 15, pp. 179-188.
田淵結（2001）「第3章 キリスト教的（聖書的）ボランティア理解のための一試論」, 立木茂雄編『ボランティアと市民社会（増補改訂版）』, 晃洋書房.
武田丈，立木茂雄（1989）「家族システム評価のための基礎概念：オルソンの円環モデルを中心として」,『関西学院大学社会学部紀要』60, pp. 73-97.
Tanaka, S., & Shigekawa, K. (2014). Housing Recovery Processes of the Temporary Housing Dwellers for the 2011 Great East Japan Earthquake: Natori City Case Study. Proceedings of the 3rd International Conference on Urban Disaster Reduction, 2014.
田中聡，重川希志依（2015）「生活再建支援員への調査から明らかになった借り上げ仮設住宅居住者の生活再建に関する課題」,『地域安全学会梗概集』36, pp. 55-56.
立木茂雄編著（1997）『ボランティアと市民社会――公共性は市民が紡ぎ出す』晃洋書房.
立木茂雄（1998）「災害ストレス・ケア活動の中の家族支援」,『喪失と家族のきずな』金剛出版, pp. 141-153.
立木茂雄（1999a）『家族システムの理論的実証的研究――オルソンの円環モデル妥当性の検討』川島書店.
立木茂雄（1999b）「アドホック・ネットワーク組織による危機マネジメント」, 黒田展之，津金澤聰廣編『震災の社会学――阪神淡路大震災と民衆意識』世界思想社, pp. 135-158.
立木茂雄（1999c）「震災ストレスと家族システムの対処に関する計量的研究」,『阪神・淡路大震災の社会学』第2巻, 昭和堂, pp. 128-143.
立木茂雄（2001a）『ボランティアと市民社会――公共性は市民が紡ぎ出す（増補改訂版）』晃洋書房.

立木茂雄 (2001b)「ボランティアと社会的ネットワーク」，立木茂雄編『増補版　ボランティアと市民社会──公共性は市民が紡ぎ出す』晃洋書房，pp. 119-147.

立木茂雄 (2001c)「阪神・淡路の体験は重油災害ボランティアにどう活かされたか」，立木茂雄編『増補版　ボランティアと市民社会──公共性は市民が紡ぎ出す』晃洋書房，pp. 149-172.

立木茂雄 (2004a)「神戸における『自律と連帯』の現在」，『都市政策』116号，神戸都市問題研究所，pp. 88-105.

立木茂雄 (2004b)「災害時における異組織間の連携──行政と市民社会組織の協働に向けて──」，『消防防災』7 (2004年冬号)．

立木茂雄 (2007)「ソーシャルキャピタルと地域づくり」，『都市政策』127号，神戸都市問題研究所，pp. 4-19.

立木茂雄 (2008)「ソーシャルキャピタルの視点から見た地域コミュニティの活性度と安全・安心」，『都市問題研究』60号，都市問題研究会，pp. 50-73.

立木茂雄 (2011)「1　被災者の生活再建 1.1 概説──基本的視点」(pp. 130-131)，「1　被災者の生活再建 1.4 暮らしの再建支援方策」(pp. 140-141)，ひょうご震災記念21世紀研究機構災害対策全書編集企画委員会編『災害対策全書3　復旧復興』ぎょうせい．

立木茂雄 (2012)「ソーシャルキャピタルの視点から見た地域コミュニティの活性度と安全・安心 (最新報)」，『都市問題研究』，2012年春号，大阪市，pp. 30-56.

立木茂雄 (2013)「災害とは何か──災害リスクとソーシャルワーク」，上野谷加代子監修『災害ソーシャルワーク入門』中央法規，pp. 2-13.

立木茂雄 (2014a)「災害ソーシャルワークとは何か」，『月刊福祉』2014年3月号，pp. 33-38.

立木茂雄 (2014b)「生活を再建するとは，どういうことか？」，『住民行政の窓』No. 397, 2014年1月号，pp. 7-22.

立木茂雄 (2015a)「第7章　災害時の高齢者や障害者などへの対応──阪神・淡路から東日本大震災までの対応の展開と今後の見通し──」，『翔べフェニックスⅡ』，2015年1月17日刊，pp. 192-230.

立木茂雄 (2015b)『家族システムの理論的・実証的研究〔増補改訂版〕──オルソンの円環モデル妥当性の検討』萌書房．

立木茂雄 (2015c)「事例1　神戸市　生活再建草の根検証ワークショップ」，『ワークショップでつくる防災戦略』日経BPコンサルティング．

立木茂雄 (2015d)「生活再建のために大切なものとは何か？──阪神・淡路大震災と東日本大震災の生活復興調査の比較をもとに考える──」，『都市政策』161号，神戸都市問題研究所，pp. 86-103.

立木茂雄 (2015e)「生活復興のために大切なものとは何か？」，『21世紀ひょうご』17, pp. 3-16.

Tatsuki, S. (2007). Long-term Life Recovery Processes among Survivors of the 1995 Kobe Earthquake: 1999, 2001, 2003, and 2005 Life Recovery Social Survey Results, *Journal of Disaster Research*, 2, 6, pp. 484-501.

Tatsuki, S. (2013). Old Age, Disability, and the Tohoku-Oki Earthquake, *Earthquake Spectra*, 29 (S1), pp. S403-S432.

Tatsuki, S. (2015). Life Recovery Models: Cross Overs between Kobe and Great East Japan Earthquake Recovery Stories, Paper presented at New Technologies for Urban Safety of Mega Cities in Asia, Radisson Hotel, Kathmandu, Nepal, October 29, 2015.

立木茂雄，林春男（2001）「TQM法による市民の生活再建の総括検証――草の根検証と生活再建の鳥瞰図づくり」，『都市政策』第104号，神戸都市問題研究所，pp. 123-141.

立木茂雄，林春男，矢守克也，野田隆，田村圭子，木村玲欧（2004）「阪神・淡路大震災被災者の長期的な生活復興過程のモデル化とその検証――2003年兵庫県復興調査データへの構造方程式モデリング（SEM）の適用」，『地域安全学会論文集』No. 6, pp. 251-260.

Tatsuki, S., & Hayashi, H. (2000). Family System Adjustment and Adaptive Reconstruction of Social Reality among the 1995 Earthquake Survivors. *International Journal of Japanese Sociology*, 9, pp. 81-110.

Tatsuki, S. & Hayashi, H. (2002). Seven Critical Element Model of Life Recovery: General Linear Model Analyses of the 2001 Kobe Panel Survey Data, *Proceedings of 2nd Workshop for Comparative Study Urban Earthquake Disaster Management*, pp. 23-28.

Tierney, K. (2014). *Social Roots of Risk: Producing Disasters, Promoting Resilience*. CA: Stanford University Press.

Tierney, K. J., Petak, W. J., & Hahn, H. (1988). Disabled Persons and Earthquake Hazards. *University of Colorado Institute of Behavioral Science*, Boulder, CO.

Tierney, K., Lindell, M., & Perry, R. (2001). *Facing the Unexpected: Disaster Pre-paredness and Response in the United States*. Washington, DC: Joseph Henry Press.

豊田利久，川内朗（1997）「阪神・淡路大震災による産業被害の推計」，『国民経済雑誌』第176巻第2号．

坪倉裕子，野口啓示，谷口泰史，立木茂雄（1997）「震災ストレスとエコロジカルモデル2――自由記述欄の回答の質的分析――」，『社会学部紀要』76号，関西学院大学社会学部．

Twigg, J., Kett, M., Bottomley, H., Tan, L., & Nasreddina, H. (2011). Disability and Public Shelter in Emergencies, *Environmental Hazards*, 10, pp. 248-261.

上田遼（2012）「重回帰分析を用いた東日本大震災における津波の人的被害の考察――津波性状と社会的要因を考慮した検討――」，『地域安全学会論文集』No. 18, pp. 443-450.

ウェーバー，M./世良晃志郎訳（1960，1962）『支配の社会学（Ⅰ，Ⅱ）』創文社．

WHO (1980). The International Classification of Impairments, Disabilities and Handicaps.

Wisner, B., Blaikie, P., Connon, T. & Davis, I. (2003). *At Risk: Natural Hazards, People's Vulnerability and Disasters*, (2nd Ed.), London: Routledge.

八幡隆司（2012）「東日本大震災からみる障害者市民支援活動と今後の課題」，京都市社会福祉協議会・京都市ボランティアセンター編『人に優しく，災害に強い福祉コミュニティを目指して：福祉ボランティア・社協フェスタ京都市社協法人設立50周年記念シンポジウム報告書』，pp. 12-16.

山岸俊男（1998）『信頼の構造――こころと社会の進化ゲーム』東京大学出版会．

山倉健嗣（1993）『組織間関係』有斐閣．

矢守克也（2012）「津波てんでんこの4つの意味」，『自然災害科学』31, pp. 35-46.

あとがき

　災害と復興について系統的に大学で講じるようになったのは，同志社大学文学部が改組され社会学部が開設された2005年4月に遡る。当初は，1・2回生向けの講義科目「現代社会論」の一環として始め，数年の準備期間を経て2010年4月からは社会学科の専門科目「災害社会学」として開講してきた。本書は，その講義ノートを中心にしてまとめたものである。このうち災害ボランティアの組織論（第7章の一部）や子どもと母親のこころのケア（第9章），災害と家族（第10章）は，1995年阪神・淡路大震災の直後から取り組んできたトピックである。その後，主たる関心領域が地域の安全・安心を生活者の視点からとらえ，その解決策を考える実践的な研究に移った。災害脆弱性と災害時要配慮者（第3章），災害過程（第4章，第5章），災害時の緊急社会システムの展開（第6章）や公式・非公式組織の連携（第7章の後半，第8章），大災害からの生活復興過程（第11章，第12章）といったトピックは，主として地域安全学会を中心とした学際的な防災研究の場での学びや交流，研究を基にしてまとめたものである。

　今回の全12章の中には収めることのできなかったトピックもある。第1は，ソーシャルキャピタルと地域の安全・安心に関する一連の研究である。研究フィールドが神戸市・兵庫県から京都市にまで拡大しており，その成果を書籍としてまとめるには今しばらくの時間が必要である。第2は，2016年3月から東日本大震災の被災地岩手，宮城，福島，茨城の県内各地で実査を行う予定の生活復興（標本）調査である。その解析には数年の時間がかかると思う。そして第3は，東日本大震災の復興過程の全体の構造に関する議論である。地震・津波災害からの復興計画は「災害対策基本法」に準拠し激甚災害時における国からの手厚い財政支援スキームに基づいていたために，結果的にはオーバースペックな復興計画が各地に頻発している。その一方で，原発災害については「原子力損害の賠償に関する法律」に準拠し，一民間原発事業者に無過失で無限の損害賠償責任を負わせたために，福島の復興はアンダースペックなものになっている。このため，どちらの復興も将来の持続可能性に懸念をもたらしている。これらの問題群の展開を見極めるためには今後10年程度の時間は最低でも必要である。これらのテーマについては，稿を改めて考察を続けていきたい。

本書の完成にあたっては，とても多くの方々からのご教示やご支援をいただいた。ここに記し，感謝の言葉を添えていきたい。第1章では，日本の地震学の泰斗，平田直東京大学地震研究所教授から，地震名と震災名の厳密な区別，ならびに気象庁震度と改訂メルカリ尺度の簡易な比較対照について貴重なご指摘をいただいた。防災科学技術研究所の鈴木進吾研究員からは，対数尺度としてのモーメント・マグニチュードの性質について丁寧なご教示をいただいた。戦前・戦後に日本を襲った台風の強度と死者数の変遷に関する福眞（1993）論文については，渡辺正幸元JICA国際協力専門員のご教示によるものである。1959年伊勢湾台風をはじめとする過去の災害教訓に関する資料群の存在については室崎益輝神戸大学名誉教授よりご教示をいただいた。

　第2章の非構造的な被害抑止対策については，1995年神戸の震災後の神戸・阪神間の復興まちづくりの現場から1999年台湾集集震災後の社区総体営造まで，さまざまなフィールドに筆者を導いていただいた株式会社コー・プラン元代表の小林郁雄氏，きんもくせいの天川佳美氏，国立台湾大学名誉教授の陳亮全先生にお礼を申し上げたい。第2章後半の阪神・淡路大震災での災害脆弱性の様相が地域によって異なっていたことの構造方程式による推定，そして第3章前半の東日本大震災被災地の人的被害に影響を及ぼす要因の重回帰式による推定では，同志社大学大学院社会学研究科（当時）の故松本亜沙香氏の粘り強い分析に成果の多くを依拠している。ありがとうございました。さらに，東日本大震災で被災した31市町村の障害者死亡数については，NHK ETV「福祉ネットワーク」および「ハートネットTV」取材班の海老沢真氏，川村雄次氏をはじめとするNHKの関係者の皆様のご厚意によるものであることをここに記し，感謝申し上げたい。

　第3章後半の周囲からの支援を誘発する関係性概念としての災害脆弱性の議論は，文部科学省科学研究費基盤（A）「福祉防災学の構築」（2008年度〜2012年度，研究代表立木茂雄）の成果である。これに続く災害時の合理的な配慮の提供に関する議論では，東日本大震災直後から宮城野区の障害者福祉センターを福祉避難所として開放し，現場で陣頭指揮を執られた仙台市障害者福祉協会会長（東北福祉大学教授）阿部一彦先生をリーダーとする「障害者の減災を実現する仙台イニシアティブ研究会」の高橋洋子仙台市障害福祉課長，金子光宏仙台市

障害者更生相談所長，田脇正一仙台市危機管理課長，渡邊純一仙台市障害者福祉協会事務局長，高橋誠一東北福祉大学教授，菅野淑江東北文化学園大学准教授，阿部利江東北福祉大学助教の皆様との5年近くにわたるディスカッションが考察の大きな基礎となっている。ここに改めて記し，深く感謝申し上げます。

　第4章で紹介した西宮災害エスノグラフィーによる災害過程の研究は，筆者を防災研究の世界に誘う契機となったものである。1998年6月に神戸の朝日ホールで開かれた土木学会関西支部による阪神・淡路大震災調査研究委員会最終報告会で，重川希志依常葉大学教授（現）による被災者の心理社会的な時間の流れが10時間，100時間，1,000時間の節目を持っていたという報告に鳥肌の立つほどの感動を覚えた。さらにその前年の1997年1月にアメリカ，パサディナで開かれた第5回日米都市防災会議に筆者を招いていただき，防災研究の太平洋を越えた相互交流の研究者ワールドの存在を教え，そしてこの世界へと足を一歩踏み出すよう背中を押していただいた林春男防災科学技術研究所理事長（現）に心よりお礼申し上げたい。

　第5章で展開した，復興事業を集中的に行うと，結果的に復興資金が県外事業者に流れ出て被災地内での循環が絶たれる。そのことが阪神・淡路と東日本という2つの大災害後に起こっているという指摘は，永松伸吾関西大学准教授のご教示に依るところが大きい。また，神戸市の統計資料に基づき阪神・淡路大震災前後の81カ月間の国民生活指標の動きから4つのパターンを導出した柄谷友香名城大准教授は，本所執筆にあたって統計資料の取りまとめの詳細についての筆者の質問に丁寧にお答えいただいた。お2人とも神戸にある人と防災未来センターの初代専任研究員として，同センター開設以来親しく接してきた。このような関係から，本書ゲラ段階での個別の問い合わせに答えていただけたのだと思う。迅速な対応に感謝申し上げます。

　第6章で紹介したDRCモデルに基づく災害時要援護者対応に関する調査研究は文部科学省科学研究費萌芽研究「「脆弱性」概念の再構築：福祉防災学の視座確立と実践モデルの開発」（2006年度・2007年度，研究代表立木茂雄）による成果の一部である。当時同志社大学大学院博士課程後期課程の院生として2007年能登半島地震災害の数度のフィールド調査に同行し，地域・事業者・行政の災害対応過程に関する研究の筆頭著者として成果をとりまとめてくれた

ニコール・コマファイ・ハインリッヒ氏，また現地でのワークショップのコーディネーションをお引き受けいただいた輪島市健康推進課(当時)の北浜洋子氏，同課門前総合支所(当時)の飛岡香氏にお礼を申し上げる。

災害ボランティアと行政との協働に関する第7章では，拙編著『ボランティアと社会的ネットワーク』(晃洋書房より1997年に初版，2001年増補改訂版として刊行)で紹介した1997年日本海重油災害時のボランティア団体のフィールド調査結果を踏まえて，考察をさらに深めたものである。同書よりの内容の一部転載をお認めいただいた晃洋書房に感謝申し上げます。

災害時に創発される多元的組織ネットワークに関する第8章では，阪神・淡路大震災から半年後に，当時筆者がプロデュースし，兵庫県内のケーブルテレビ局13局に配信したテレビ番組「ピープルズチャンネル」でのインタビューを資料として理論的考察を行っている。インタビューに応じていただいた西宮ボランティアネットワーク(当時)の伊永勉氏(現エクスプラス災害研究所所長)，芦屋ボランティア委員会(当時)の北垣内敏幸氏，西宮YMCA(当時)の山口元氏(現社会福祉法人光朔会理事長・施設長)に感謝申し上げます。第8章後半の災害時の創発的な多元的組織ネットワークの成否を握る条件に関する議論は，人と防災未来センターでの災害対策専門研修の一コマとして，同研修開設以来続けて来た「市民社会ワークショップ」で，ハローボランティア・ネットワークみえ代表の山本康史氏と同事務局の平野昌氏とのコラボレーションから考察を深めたものである。ここに記し，謝意を表したい。

第9章で紹介したストレス対処資源に関するBASIC-Phモデルは，同章で記したように，阪神・淡路大震災直後にユダヤ系アメリカ人が中心となって資金造成した神戸復興のためのスギハラ基金を通じて来神されたイスラエルのカルメル社会科学研究所所長のルーベン・ガル氏のワークショップを通じて学んだものである。このモデルを用いた被災幼児の「心のやすらぎ保育」に参加した母親への質問紙調査は，1994年度旭硝子財団奨励研究賞の研究資金を受けて，筆者の指導のもと当時関西学院大学大学院社会学研究科の博士課程前期課程に在籍していた野口啓示氏(現地域小規模児童養護施設野口ホーム職員)，坪倉裕子氏，故谷口泰史神戸市児童相談所ケースワーカー(当時，その後大阪府立大学教授)との共同研究によって進めたものである。ここに記し，謝意を表したい。

災害と家族に関する第10章は，拙著『家族システムの理論的実証的研究』（川島書店，1999年刊）の論考を基に信頼の解き放ち理論に関する考察をさらに深め，同書の増補改訂版（萌書房，2015年刊）で展開した議論をほぼそのまま転載している。転載の許可をいただいた川島書店ならびに萌書房に感謝の意を表したい。

　阪神・淡路大震災からの生活再建過程に関する第11章は，震災復興5年目ならびに10年目検証で生活再建に寄与する要素を市民参画型のワークショップを通じて検討した前半と，ワークショップ成果を基にして4度にわたって隔年で実施した兵庫県生活復興調査の結果をまとめた後半に分かれている。草の根検証ワークショップの実施にあたっては，1999年の5年目検証では関西学院大学社会学部立木ゼミ生諸君，2003年・2004年の10年目検証では同志社大学部文学部社会学科立木ゼミ生諸君が，大活躍してくれた。このような学生諸君と出会えたことを誇りに思っている。ワークショップでの成果を踏まえて生活再建7要素モデルが産まれた。このプロジェクト全体の進行管理の主担を務められた神戸市総合計画課の本荘雄一計画課長（当時，現神戸都市問題研究所常務理事），その成果を後期5年の復興計画推進プログラムに取り込んでいかれた生活再建本部長（当時）の金芳外城雄氏（現特定非営利活動法人神戸の絆2005専務理事），同次長（当時）の桜井誠一氏（現日本パラリンピック委員会（JPC）副委員長）の多大なご支援をいただいた。

　第11章の後半では，生活再建7要素モデルに基づいた1999年・2001年・2003年・2005年兵庫県生活復興調査プロジェクトの成果をまとめている。このプロジェクトは，林春男京都大学防災研究所教授（現防災科学技術研究所理事長）と，当時の林研究室の院生であった木村玲央兵庫県立大学准教授（現），関学大・立木研から京大・林研の院生となった田村圭子新潟大学教授（現），同志社大・立木研の院生であった黒宮亜希子吉備国際大学専任講師（現）を中心に，年度によっては野田隆奈良女子大教授，矢守克也京都大学防災研究所教授（現），岩崎信彦神戸大教授（当時）らの参画を得て進めた共同研究である。このプロジェクトを通じて木村・田村・黒宮3氏の博士論文が産まれている。調査の実施にあたっては，兵庫県生活復興局長（当時）の清原桂子氏（現神戸学院大学教授）をはじめとする同局復興推進課（当時）の方々の協力を得て実現できた。こ

こに記し感謝申し上げます。

　東日本大震災から生活再建過程の研究を扱った第12章ならびに第3章の災害時の障害者への合理的配慮の提供に関する研究は，科学技術振興機構（JST）社会技術研究開発センター（RISTEX）の研究開発領域「コミュニティがつなぐ安全・安心な都市・地域の創造」研究開発プロジェクト「借り上げ仮設住宅被災者の生活再建支援方策の体系化」（研究代表立木茂雄）（2013年度〜2016年度）の研究成果の一部である。本プロジェクトの共同研究者である宮城県名取市震災復興部生活再建支援課の藤原淳課長，宇田孝康班長，鈴木智弥主査，中澤真哉主事，神戸市からの応援職員岡本友理子保健師（2014年度）と川津友香保健師（2015年度），東京都豊島区からの応援職員勝亦亜希子主査（2015年度），また同市での現況調査実施の道筋を東日本発災直後につけていただいた三浦亮一総務部長（当時，現副市長）らの第一線で生活再建業務に当たっておられる職員の方がたをはじめ，研究者陣である同志社大学特任助教の松川杏寧氏，東北大国際災害科学研究所助教の佐藤翔輔氏，常葉大の重川希志依教授，田中聡教授，河本尋子准教授，名城大の柄谷友香教授，京都大学の牧紀男教授，尚絅学院大学の水田恵三教授，同志社大の上野谷加代子教授，関西大学の所めぐみ准教授，名古屋大の阪本真由美特任准教授，横浜市立大学の石川永子准教授，人と防災未来センターの菅野拓研究員に厚くお礼を申し上げます。また，本プロジェクトのアドバイザーをお引き受けいただいた奈良由美子放送大学教授，防災科学技術研究所の天野玲子レジリエント防災・減災研究推進センター審議役，そしてRISTEXで本プロジェクトのご担当を務められたアソシエイトフェロー古屋貴司氏のご支援に感謝申し上げます。

　本書の刊行にあたっては，萌書房編集部の小林薫氏に多大な労を執っていただいた。また本書出版をお引き受けいただいた同社の白石徳浩社長に感謝申し上げます。そして本書のカバーに，閖上小の屋上からの写真使用をお認めいただいた小齋誠進氏に心より感謝申し上げます。

　最後に，常に筆者を見守り，支え続けてくれた妻のドナに本書を捧げます。

　　2016年2月

　　　　　　　　　　　　　　　　　　　　　　　　　　立　木　茂　雄

索　引

人　名

Dawkins, R.　139
Drabek, T.　139
Litwak, E.　134
Parsons, T.　132-133
Quarantelli, E.　97, 98, 111-112
Tierney, K.　139

＊

有賀喜左衛門　130
ウェーバー, M.　132
ギルバート・ホワイト　32-33
重川希志依　67
ジンメル, G.　131-132
杉原千畝　145-146
田中聡　67
林春男　21, 67
山岸俊男　170-174
ラッセル・ダインズ　97, 99
ルーベン・ガル　145, 159

数字・アルファベット

1923年関東大震災　114
1978年宮城県沖地震　10
1997年日本海重油災害　114-122
2007年能登半島地震　100-110
　　——時の介護保険事業者組織の対応　104-105, 107-109
　　——時の行政組織の対応　106-108, 110
　　——時の地域組織の対応　102-104, 107
BASIC-Ph　145-148, 157-159
DRC モデル　97-100, 108-110, 111-113
　　→災害社会調査研究も参照
D-T-R-A モデル　111-113, 121-122, 123
　　activities　112-113, 122
　　domain　112-113, 121-122
　　resources　112-113, 121-122
　　tasks　112-113, 121-122

EMON（創発的多元組織ネットワーク）　137-140
JR　30, 67, 93

ア　行

アジア太平洋障害者の10年　57
アンケート震度　26
伊勢湾台風　14-16
一般的信頼（社会的信頼，一般的な他者への信頼）　165-167, 173-174
インクルージョン（排除のないこと）　57
インクルージョン——障害インクルージョン　57
仁川戦略　57
インフォーマル組織　132-140
エスノグラフィー調査　65, 211
応急対応（response）　19-20, 33

カ　行

家族システム円環モデル　162-167
借り上げ仮設住宅　205, 209-211, 214, 222-224
協働　129, 130
　　フォーマル組織とインフォーマル組織の——　132-140
　　ボランティアと行政の——　114-116, 122, 123-125
緊急社会システム　80, 85, 97
クライストチャーチ地震　5-11
繰り返し囚人のジレンマゲーム　139
減災（disaster risk reduction）　20
公共性　117, 130-132
公式組織　111-113→フォーマル組織も参照
洪水保険（アメリカ）　31
構造的な被害抑止　19-20, 32
構造方程式モデリング　153, 196-197
高度経済成長　13

247

神戸港　　94
神戸市長田区　　27-28
神戸市灘区　　28-29
神戸市東灘区　　30-31
神戸ベテランズ　　116-118
合理的配慮　　55-56
国際障害分類　　50-51
国際生活機能分類　　53
国連防災世界会議　　5, 57-59
こころのケア　　141-144, 155
コミットメント関係　　170, 173-176
コレスポンデンス分析　　77

サ　行

災害過程（10時間, 100時間, 1,000時間）　　65-75, 77-80, 80-84, 101-107
災害過程（1,000時間以降）　　85-95
災害過程と被災者の範囲　　81-83
災害社会調査研究（disaster research）　　33, 97
災害弱者　　49-50
災害時要援護者　　54-55, 100-110
災害脆弱性　　20-31
災害ボランティア　　81, 115-122
災害ユートピア　　80, 81, 85
三角測量的方法　　76
自然災害科学研究（hazards research）　　31-33
失見当（何が起こったか分からない）　　80, 81, 85
質的調査と量的調査　　75-76
社会関係資本　　202
重回帰分析　　214, 216-224
集合行動　　111-113
障害者　　4, 53
障害者基本法　　56
障害者差別解消法　　58-59
障害者死亡率　　4
障害者の権利条約　　5, 55-58
障害の医学（個人）モデル　　51
障害の社会モデル　　50-53, 54
将来の重み　　139-140
震災関連死　　25-26

震度（改訂メルカリ震度, 気象庁震度）　　9
信頼の解き放ち理論　　170-174
　　——と機会費用　　170-174
　　——と社会的不確実性の低減　　170-174
　　——と取引費用　　170-174
ストレス　　145, 146
　　——刺激（ストレッサー）　　145, 146, 153, 154-155
　　——対処資源　　145, 146, 147, 148, 154-156
ストレス症状
　　子どもの——　　149-151, 153
　　母親の——　　151-152, 153
生活再建　　4, 81, 184-203
生活再建7要素
　　——①すまい　　186-188, 191, 195-199, 208-211, 213, 215, 216, 219, 222, 225, 227, 229
　　——②つながり　　187-188, 191, 195-199, 208-211, 213, 216, 219, 225-227
　　——③まち　　186-188, 191, 198, 208-211, 213, 217, 220, 225, 229, 230
　　——④こころとからだ　　186-188, 191, 195, 197-199, 208-211, 213, 217, 220, 225-227
　　——⑤そなえ　　187-188, 191, 197-199, 208-211, 213, 217, 221, 225, 227, 229
　　——⑥くらしむき・なりわい　　187-188, 191, 195, 196-199, 208-211, 213, 217, 221, 225, 227-229
　　——⑦行政とのかかわり　　187-188, 191, 197-199, 208-211, 213, 217, 221, 225, 227, 229
　　——が生活復興感に与える効果量　　225
生活再建7要素モデル　　186-189, 208, 211, 213, 214
　　——と生活復興感　　189-194
生活復興過程　　195-198
　　できごと影響度　　195-198
　　できごと評価　　195-198
生活復興パネル調査　　200-203
脆弱性
　　関係性概念としての——　　53-54, 60-63

災害素因としての── 35
セツルメント運動 114
仙台市若林区 3, 4
仙台防災枠組 57-58

タ 行

対境担当者 135-137
台風 13-16
多元的社会圏 131-132
中間支援者 135-137
直接死 24, 25-26
チリ地震 5-11
東北地方太平洋沖地震 13, 17
トラウマ(心的外傷) 141-142

ナ 行

名取市 3, 4, 206, 207
　　──閖上 3, 4, 206
名取市生活再建現況調査 212-231
　　生活再建支援方策としての── 230-231
西宮エスノグラフィー調査 66-75
西宮市 21-26, 66-68
日本障害フォーラム(JDF) 56
ネットワーク組織, ネットワーク型 127-132, 137-139
ノースリッジ地震 18

ハ 行

排除のない防災 57-59
ハイチ地震 5-11
箱ひげ図 150-152
ハザード──災害誘因としての 35
ハザードと脆弱性 12-13, 35
早い復興と納得のいく復興 90-91
阪急電車 31, 67, 73, 93
阪神・淡路大震災 4, 10, 20-31, 179-203
　　──後の神戸市と兵庫県の人口の推移 95
　　──後の神戸市の社会・経済的再建 91-95
　　──後の兵庫県の経済活動 88-91
　　──と家族システムの変化 168-177

　　──と東日本大震災の生活復興調査結果の比較 225-230
　　──の間接被害 86
　　──の経済被害 86
　　──の復興事業の構造 183-184
　　──の復興事業費 86-88
阪神電車 30, 67, 93-94
被害軽減(preparedness) 19-20, 32, 33
被害抑止(mitigation) 19-20, 31-33
東日本大震災 3, 17, 205-231
　　高齢者の被害 36-40, 47-48
　　障害者の被害 40-49
　　──後の経済活動 90-91
非公式組織 112 →インフォーマル組織も参照
非構造的な被害抑止 19-20, 32
被災者の心理的時間区分 →災害過程を参照
被災者の住まいの移動パターン 79
避難行動要支援者 54-55
兵庫県生活復興調査
　　──1999年調査 76-80, 168-174
　　──2001年調査 189-194, 215
　　──2003・2005年調査 195-198
　　──2001・2003・2005年調査 179-203
　　──行政との関わり尺度 193-194
　　──市民性尺度 192-193
　　──心身ストレス尺度 170
　　──生活復興感尺度 169
ピラミッド組織 129-132, 137-139
フィードバック 138
フィードフォワード 138-140
フォーマル組織 132-140
フォーマル, インフォーマル組織の最適課題 134-135
フォーマル, インフォーマル組織の変化のマネジメント原理 138-139
復旧・復興(recovery) 19-20, 33
復旧・復興期 86
復興過程感 214, 217 →生活復興過程も参照
復興カレンダー 179-183 →災害過程も参照

復興需要　89, 91
復興の教科書　82, 83
プレハブ仮設住宅　205, 209-211, 215, 222-224
防災と減災　18-20
ボランティア　114

マ・ヤ・ラ 行

マグニチュード　8
三国町と美浜町　118-121
要配慮者　54-55

弱い紐帯　170
ライフライン　73, 81, 82, 85, 170
略奪　6-7
冷戦　33
レジリエンス　205, 219

ワ 行

ワークショップ　4, 100-101
　生活再建草の根検証──　186-189, 199, 207-211, 224-229
ワイブル分布　21-26

■著者略歴

立木茂雄（たつき　しげお）

- 1955年　兵庫県で生まれる
- 1978年　関西学院大学社会学部卒業
- 1980年　関西学院大学大学院社会学研究科修士課程修了
- 1982年　トロント大学ソーシャルワーク大学院修士（MSW）課程修了
- 1985年　トロント大学ソーシャルワーク大学院博士後期課程単位修得，1994年同課程修了（Ph.D.）
- 1986年　関西学院大学社会学部専任講師，その後，同助教授，教授
- 2001年　同志社大学文学部教授
- 現　在　同志社大学社会学部教授
- 専　門　福祉防災学，家族研究，市民社会論

主要著書・論文

『親と子の行動ケースワーク』ミネルヴァ書房，1982年（共著）／『カウンセリングの成功と失敗』創元社，1991年（共編著）／『ボランティアと市民社会──公共性は市民が紡ぎ出す──〔増補版〕』晃洋書房，2001年（編著）／『民主主義の文法──市民社会組織のためのロバート議事規則入門──〔新装版〕』萌書房，2014年（監訳），『家族システムの理論的・実証的研究〔増補改訂版〕──オルソンの円環モデル妥当性の検討』萌書房，2015年／Family system adjustment and adaptive reconstruction of social reality among the 1995 earthquake survivors. *International Journal of Japanese Sociology*, 9, 2000, pp. 81-110. （共著）／Long-term life recovery processes among survivors of the 1995 Kobe earthquake: 1999, 2001, 2003, and 2005 life recovery social survey results, *Journal of Disaster Research*, 2, 6, 2007, pp. 484-501./Challenges in counter-disaster measures for people with functional needs in times of disaster following the great East Japan Earthquake, *International Journal of Japanese Sociology*, 21 (Special Issue on the East Japan Earthquake), 2012, pp. 12-20. ／Old Age, Disability, and the Tohoku-Oki Earthquake, *Earthquake Spectra*, 29(S1), 2013, pp. S403-S432./Optimal Life Recovery Assistance for Those Who Are Residing in Designated Temporary Housing in Widely Dispersed Locations: Interim Findings on Different Household Groups and on Life Recovery Promotion Parameters, *Journal of Disaster Research*, 10, 5, 2015, pp. 939-947. 他多数。

災害と復興の社会学

2016年3月11日　初版第1刷発行

著　者　立木茂雄
発行者　白石徳浩
発行所　萌書房（きざす）

〒630-1242　奈良市大柳生町3619-1
TEL（0742）93-2234／FAX 93-2235
〔URL〕http://www.3.kcn.ne.jp/kizasu-s
振替　00940-7-53629

印刷・製本　共同印刷工業・藤沢製本

©Shigeo TATSUKI, 2016　　　　　　　　Printed in Japan

ISBN978-4-86065-101-5